PXA320을 이용한

임베디드 리눅스 시스템 응용

남상엽 · 최명복 · 하이버스(주) 기술연구소 공저

도서출판 상학당

Preface

21세기로 접어든 지금 세계 IT 산업은 디지털 기술과 인터넷의 확산으로 디지털, 가전, 컴퓨터, 방송 등 다양한 산업분야가 융합되어 새로운 부가가치를 창출하는 디지털 컨버전스와 사람, 사물, 기계 등 무엇이든지 서로 접속하여 실시간으로 어떠한 정보든지 주고받을 수 있는 환경으로 빠르게 진화하고 있다. 유비쿼터스 컴퓨팅 패러다임은 인간생활을 둘러싼 모든 환경과 사물 속에 특정 용도와 기능 중심의 컴퓨터를 센서, 칩, 배지 등과 같은 포스트 PC 형태로 내장하고 이들을 유무선 네트워크로 연결함으로써 보이지 않은 컴퓨터를 통해 사람, 장소, 사물의 시시각각 변하는 상황정보를 활용할 수 있는 미래 정보화의 핵심으로 떠오르고 있다. 이러한 포스트 PC의 시대에 맞추어 적용되어질 기술적 요소의 무언가가 필요하게 되었고, 그에 따라 등장한 것이 '임베디드(Embedded) 시스템'이다.

이 교재에서 임베디드 시스템(X-Hyper320TKU)의 OS는 커널과 커널을 보조하는 시스템 프로세서, 디바이스 드라이버, API, 데이터 파일, 응용프로그램으로 구성된 리눅스(우분투) 기반으로 실습하도록 구성되어 있다. 우분투(Ubuntu)는 리눅스의 수많은 배포판들 중 한 가지이며, 특히 개인용 PC에 최적화된 배포판을 한다. 우분투에서 할 수 없는 일은 없다고 보는 것이 맞는 것 같다.

임베디드 시스템을 개발하기 위해선 기본적인 요소인 '호스트 PC'는 임베디드 시스템 개발을 위한 컴퓨터를 말하며, '타깃 PC(Target PC)'는 실제 임베디드 시스템이 설치된 개발하고자 하는 하드웨어를 말한다. 호스트에는 개발을 위한 개발 툴, 개발된 응용프로그램을 임시로 수행해 볼 수 있는 타깃 시뮬레이터, 타깃과 연결되어 타깃에 개발된 이미지를 업로드하거나 타깃에 반응하는 디버그 에이전트를 통해 원격 디버깅을 할 수 있게 하는 타깃 서버가 설치되어 있다. 또한 타깃에는 호스트에서 만들어져서 설치된 여러 컴포넌트가 존재하는데 타깃을 부팅하기 위한 부트로더와 커널, 그리고 임베디드 응용프로그램이 존재하게 된다. 호스트에 설치된 개발 툴에는 타깃에서 수행될 수 있는 바이너리를 생성하는 크로스 컴파일러가 존재하며 그 밖에 오류를 검색해 주는 디버거 등으로 이루어져 있다. 임베디드 시스템 개발 과정은 대략적으로 부트로더 개발, 커널 및 파일시스템 개발, 응용프로그램 개발의 세 단계로 볼 수 있다.

이 교재는 32bit 프로세서인 PXA320를 기반으로 한 X-Hyper320TKU 보드를 이용하여 컴퓨터 · 전자 · 통신 분야 관련 학생 및 초보개발자를 대상으로 한 임베디드 시스템 프로

Preface

그램에 대한 기본학습 및 실습을 위한 교재로서, 처음 리눅스를 접하는 학생 및 개발자에게 쉽고 빠르게 접근할 수 있도록 하는 데 초점을 맞추어 편찬되었다.

이 책의 주요 구성은 다음과 같다.

제I부는 임베디드 시스템 개발환경구축으로 1장은 임베디드 시스템 개발환경, 2장은 우분투란, 3장은 가상머신의 개요 및 설치, 4장은 가상머신을 이용한 우분투 설치, 5장은 멀티부팅을 이용한 우분투 설치, 6장은 우분투 실행, 7장은 시리얼 및 이더넷 환경구축, 8장은 부트로더 환경구축, 9장은 커널 및 파일시스템 환경구축, 10장은 네트워크 환경구축과 이미지 전송으로 구성되어 있다.

제II부는 임베디드 시스템 응용실습으로 11장은 스톱워치 응용, 12장은 MP3 플레이어 응용, 13장은 산성비 게임 응용, 14장은 DC 모터 제어 응용, 15장은 버클리 DB 응용, 16장은 GTK Painter 응용, 17장은 PXA 카메라 응용, 18장은 SDL 애니메이션 응용, 부록으로 구성하여 실습을 할 수 있다.

끝으로 이 교재를 집필하는 데 많은 도움을 주신 하이버스(주)의 김태형 사장님과 임직원 관계자 여러분께 감사의 말씀을 전하고, 도서출판 상학당의 관계자 여러분에게 감사의 마음을 전한다. 그리고 어려운 환경 속에서 이 책을 집필하는데 많은 도움을 준 서정훈 군과 이혜룡 군에게 감사의 말을 전한다.

저 자 씀

Contents

제 I 부 임베디드 시스템 개발환경구축

Contents

Contents

제 I 부

임베디드 시스템 개발환경구축

01 임베디드 시스템 개발환경

Chapter

01 임베디드 시스템이란

컴퓨터의 하드웨어인 프로세서, 메모리, 입출력장치와 하드웨어를 제어하는 소프트웨어가 조합되어 특정한 목적을 수행하는 시스템을 임베디드 시스템(Embedded system)이라 한다.

임베디드라는 단어의 사전적인 의미는 "끼어 넣다"라는 뜻이고 보통 컴퓨터 시스템에서는 "내장된 또는 탑재된"이란 의미로 해석하고 있다.

어떤 제품이나 솔루션에 추가로 탑재되어 그 제품 안에서 특정한 작업을 수행하도록 하는 솔루션을 말한다. 예를 들어 주된 용도가 전화인 휴대폰에 카메라, MP3 기능, 텔레비전 기능이 들어가 있다면 카메라, MP3 기능, 텔레비전 기능 등의 시스템이 바로 임베

Embedded Everywhere

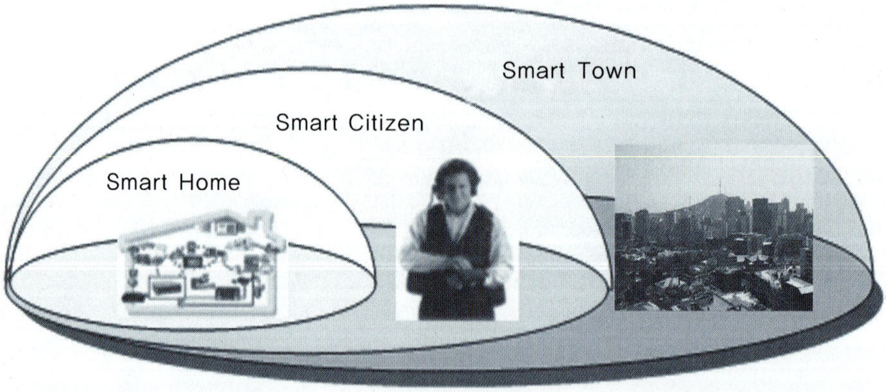

서 버	홈서버	퍼스널 서버	웹서비스 서버
클라이언트	정보가전	웨어러블 단말	임베디드 시스템
통신망	홈네트워크	Personal Area Network	Ubiquitous Network
서비스 유형	홈서비스	모바일 서비스	유비쿼터스 서비스

[그림 1-1] 임베디드 시스템의 전망

디드 시스템이다. 본래의 고유의 기능으로만 동작되지만 다른 제품과 결합하여 본래의 고유기능과 추가적인 기능을 수행하는 시스템이다.

특히 임베디드 시스템은 유비쿼터스 컴퓨팅(Ubiquitous computing) 시스템의 중추적인 요소로서 모바일, 정보가전, 웨어러블 단말 등 미래의 유비쿼터스 시대의 핵심적인 요소가 될 전망이다. [그림 1-1]은 임베디드 시스템의 전망을 나타낸다.

02 임베디드 시스템의 특징

임베디드 시스템은 특정한 기능에 부합하도록 최적화, 소형, 경량화, 저전력화, 안정화, 네트워크화, 멀티미디어 지원, 실시간 처리 등이 [그림 1-2]처럼 주요한 특징을 나타내고 이는 임베디드 시스템 개발시 반드시 고려되는 사항이다.

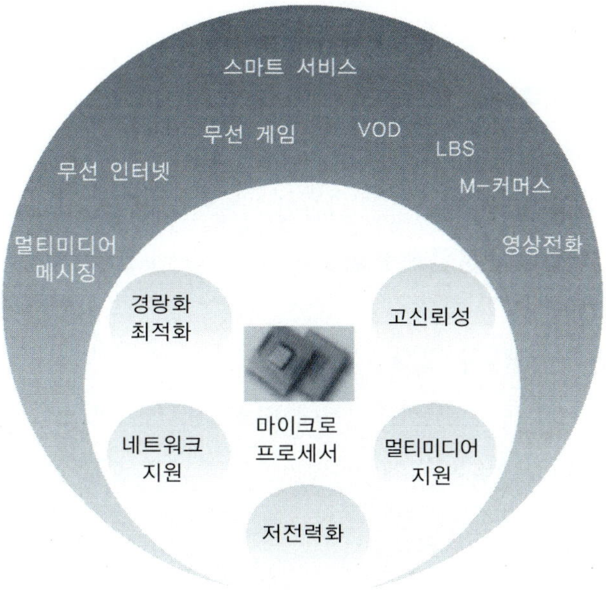

[그림 1-2] 임베디드 시스템의 특징

1) 실시간 처리 지원

실시간 처리가 지원되지 않으면 큰 손실이나 위험을 초래할 수 있는 비행제어 시스템 및 항법 시스템 등에서 실시간 처리를 지원해야 한다.

2) 고신뢰성

원자력 발전, 항공기 및 미사일 제어 등과 같은 S/W 오작동이나 불시의 작동 중지 등으로 심각한 결과를 초래할 수 있는 시스템에서 고도의 신뢰성이 요구된다.

3) 최적화 기술 지원

임베디드 시스템은 크기, 가격 및 발열 등을 이유로 제한된 H/W 자원으로 구성되기 때문에 임베디드 S/W는 경량화, 저전력 지원, 자원의 효율적 관리 등의 측면에서 H/W에 최적화되는 기술을 지원해야 한다.

4) 특정 시스템 전용

범용 데스크톱 또는 서버에서 실행되는 패키지 소프트웨어와 달리 특정 시스템의 실행을 목적으로 개발되는 S/W이다.

5) 네트워크 및 멀티미디어 처리 기능 지원

임베디드 시스템들이 단독형 시스템뿐만 아니라 유무선 네트워크를 통해 연결될 수 있어야 하고, 멀티미디어 정보를 처리하는 기술이 필요한 디지털 TV, PDA 및 스마트폰 등과 같은 임베디드 시스템을 지원해야 한다.

6) 다양한 솔루션과 개발도구 필요

다양한 기종과 규격의 마이크로프로세서에 최적화된 별도의 솔루션이 동시에 제공되어야 하며, 고난도의 임베디드 S/W 애플리케이션을 빠르고 안정되게 개발하기 위해 사용하기 쉬운 개발도구가 필요하다.

03 임베디드 시스템의 구성

임베디드 시스템은 [그림 1-3]처럼 하드웨어와 소프트웨어로 구성된다.

[그림 1-3] 임베디드 시스템의 구성

하드웨어는 명령어를 해석하여 각종 연산과 제어를 실행하는 프로세서, 명령어와 데이터를 저장하는 메모리, 입출력 상태를 감시 및 실행하는 입출력 장치, 그 외 네트워크 장치, 센서, 구동기 등으로 구성되어 있다.

소프트웨어는 운영체계(OS: Operating System), 디바이스를 직접 제어, 통신 프로토콜, 멀티미디어 관련 코덱 그래픽 API 등의 시스템 소프트웨어 및 전화번호부, 인터넷/메시지, 전자다이어리, 전자소리함, 휴대폰 관리, 게임 등의 응용 소프트웨어로 구성되어 있다.

04 임베디드 시스템의 설계

임베디드 시스템을 설계하기 위해 임베디드 시스템의 용도를 분석하여 하드웨어 사양을 결정하고 소프트웨어 사양을 결정하여야 한다. 이 두 사양에 따라 개발이 완료된 후 시스템을 통합하여 임베디드 시스템의 개발이 완료된다. 그러면 하드웨어 사양을 결정하기 위하여 프로세서, 메모리 및 주변 I/O장치를 설정하고 난 뒤 회로도를 설계하고, 그 설계에 따라 CAD인 Artwork 설계를 한 후 그 자료에 의해 PCB 제작을 한 후 하드웨어 조립 및 시험을 통하여 하드웨어 설계가 완성된다. 그리고 소프트웨어 사양 결정을 위해

OS의 사용여부 및 OS선정을 한 후 개발환경을 설정한 후 시스템 소프트웨어, 디바이스 드라이버 및 응용설계가 완성되면 소프트웨어 설계가 완성된다. 이 완성에 따라 하드웨어 시스템과 소프트웨어 시스템과 통합하여 수정 및 시험을 통하여 최적의 임베디드 시스템을 구현한다.

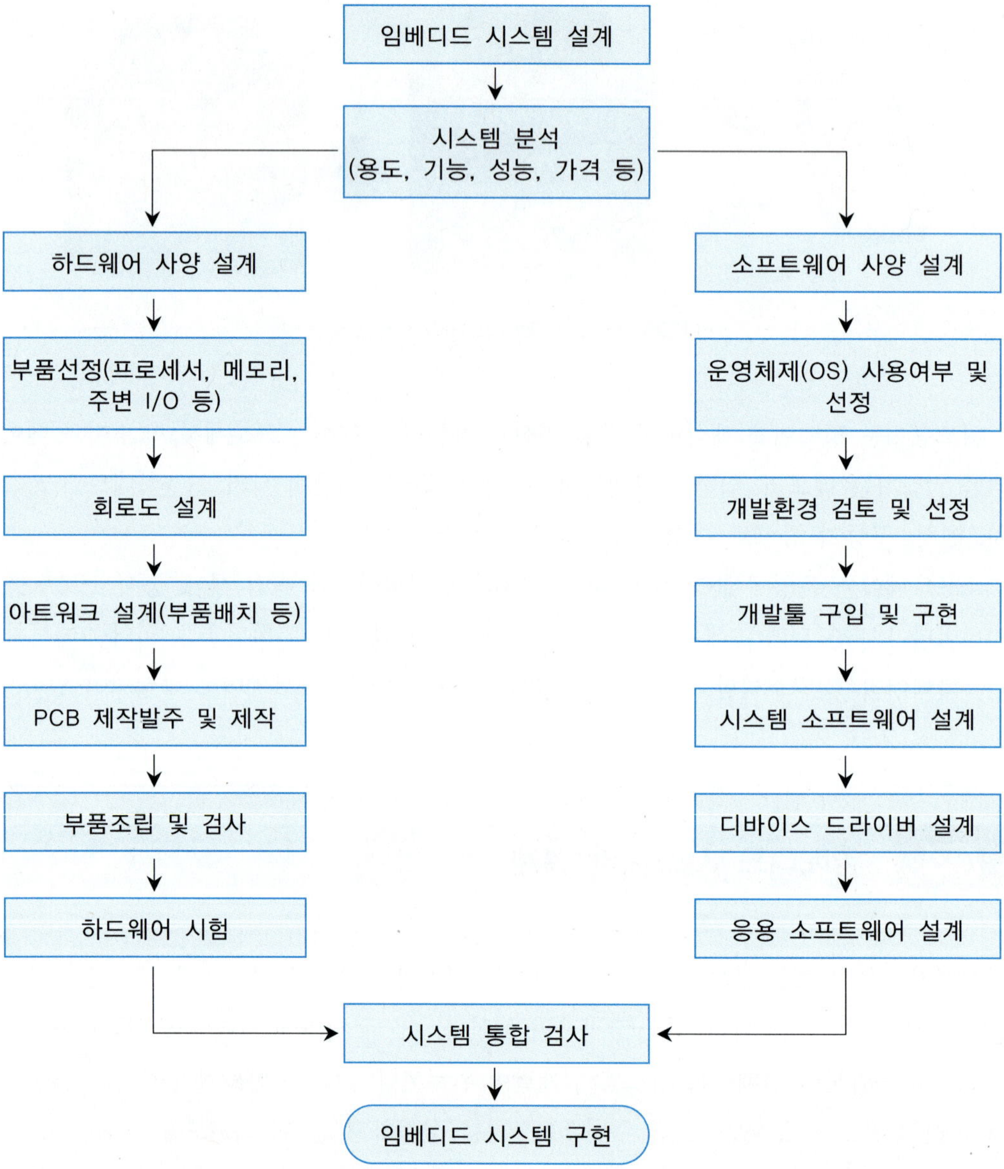

[그림 1-4] 임베디드 시스템 설계과정

1) 임베디드 시스템의 설계과정

임베디드 시스템을 설계하기 위하여 [그림 1-4]처럼 시스템의 용도, 기능, 성능 및 가격 등을 먼저 분석해야 한다. 임베디드 시스템의 분석 결과에 따라서 임베디드 시스템 하드웨어와 소프트웨어의 사양을 결정한다.

임베디드 시스템 하드웨어의 설계는 시스템의 용도, 기능 및 가격을 고려한 프로세서, 메모리, 주변 I/O를 선정하고 회로도를 작성한다. 물론 회로도를 작성할 때는 해당 부품에 대한 사양 및 구매 가능한 부품 리스트를 작성한다. 그리고 회로도에 따라 자체에서 아트워크를 작성할 것인지 아니면 외주 발주할 것인지에 따라서 부품 리스트, 부품사양서를 작성한다. 이때 여러 가지 상황(부품간섭, 노이즈 등)을 고려하여 아트워크 설계가 끝나면 아트워크 설계 완성자료를 PCB 제조업체에 발주한다. 완성된 PCB에 사용될 부품을 장착하여 부품을 조립한 후 시험을 한다.

임베디드 시스템 소프트웨어의 설계는 시스템의 용도, 기능 및 가격을 고려한 운영체제(OS)를 사용할 것인지 아니면 자체에서 개발할 것인지를 결정한다. 만약 OS를 사용하면 개발환경을 선정하여 시스템 소프트웨어인 디바이스 드라이버 또는 응용 소프트웨어를 설계한다. 각각 임베디드 시스템의 하드웨어와 소프트웨어의 시험이 완성되면 시스템을 통합하여 하드웨어에 소프트웨어를 탑재하여 정상적인 기능이 수행되는지 전반적인 사항을 디버깅한다.

2) 임베디드 시스템 하드웨어의 설계

임베디드 시스템 하드웨어는 명령어를 해석하여 각종 연산과 제어를 실행하는 프로세서, 명령어와 데이터를 저장하는 메모리, 입출력 상태를 감시 및 실행하는 입출력 장치, 그 외 네트워크 장치, 센서, 구동기 등으로 구성되어 있다. 하드웨어 설계자는 결정된 하드웨어 사양에 따라 하드웨어 설계를 진행한다.

(1) 프로세서 선정

프로세서 선정시 임베디드 시스템의 특성에 맞고 개발의 용이성, 가격, 안정성과 협력업체의 지원 등을 고려하여 적합한 프로세서의 종류를 설정한다.

(2) 메모리 선정

메모리의 선정은 소프트웨어를 포함하려면 실행코드를 저장할 장소와 실시간 데이터를 처리할 임시 저장소의 필요성을 고려하여 선정한다.

코드와 데이터 저장용 메모리는 각각 ROM 혹은 플래시 메모리(flash memory)와 RAM의 형태를 갖는데, 저장할 코드 및 데이터의 크기, 속도 등에 따라 메모리 소자를 선정한다.

만약 적은 양의 메모리만을 사용한다면 프로세서에 내장된 부분을 사용할 수 있다. 그렇지 않으면 하나 또는 두 종류의 메모리가 프로세서의 외부에 별도의 메모리 칩이 존재한다. 그리고 임베디드 시스템의 기능에 따라 가격 대비 성능을 고려하여 최적의 메모리를 선정한다.

(3) 주변 I/O 선정

임베디드 시스템은 몇 가지 형태의 입출력을 가지고 있다. 시스템 입력은 키보드, 터치패널, 센서와 프로브, 통신신호 등으로 이루어져 있고, 출력은 화면 디스플레이, 통신신호나 물리적인 변화 등으로 이루어져 있다. 몇 가지 공통적인 특징을 제외하면 임베디드 하드웨어의 나머지 부분은 모두 다르다. 이와 같은 차이는 다양한 설계 요구사항 때문에 발생한다. 그러므로 임베디드 시스템의 용도와 특성에 맞게 입출력 장치를 선정한다. 최근에는 SoC(System on a Chip)가 발달하여 용도에 맞는 SoC를 선정하면 개발하려는 필요한 모든 주변장치를 가지고 있으므로 잘 검토하여 진행해야 한다.

(4) 회로도, 아트워크, PCB 설계, 하드웨어 조립 및 시험

하드웨어 개발자는 선정된 프로세서, 메모리 및 주변 I/O장치를 이용하여 회로도를 설계한다. 회로도 설계시에 프로세서, 메모리 및 주변장치에 대한 회로와 전원공급장치, 시스템 리셋 등을 충분히 이해한 후 오류가 발생하지 않도록 설계해야 한다. 회로도, 아트워크 및 PCB를 설계하기 위한 툴은 OrCAD, Power logic, Mentor, PCAD, CADSTAR, CSiEDA5, PowerPCB 등을 설계자의 기호에 맞는 툴을 사용하면 된다.

특히 아트워크나 PCB 설계시 부품배치를 잘 하여 각 신호간의 간섭이나 노이즈 및 EMI, EMC 등 문제가 없도록 고려해서 설계해야 한다. PCB 제작이 완료되면 부품을 조립하고 테스트 프로그램을 이용하여 하드웨어가 정상적으로 동작하는지 검사한다.

3) 임베디드 시스템 소프트웨어의 설계

임베디드 시스템 소프트웨어는 운영체계, 디바이스를 직접 제어, 통신 프로토콜, 멀티미디어 관련 코덱 그래픽 API 등의 시스템 소프트웨어 및 전화번호부, 인터넷/메시지, 전자다이어리, 전자소리함, 휴대폰관리, 게임 등의 응용 소프트웨어로 구성되어 있다.

소프트웨어 설계자는 결정된 소프트웨어 사양에 따라 소프트웨어 설계를 진행한다.

(1) OS의 선정

OS의 선정은 OS의 필요성, 리얼타임 기능, 시스템 메모리의 크기 등에 따라 결정한다. 임베디드 시스템의 운영체제는 제품의 리얼타임 기능의 필요여부에 따라 결정한다. 임베디드 시스템에서 많이 사용하는 운영체제는 상용 RTOS(VxWorks, pSOS, VRTX, uCOS 등), WinCE, 임베디드 리눅스, 임베디드 JAVA 등이 있다.

(2) 운영체제와 커널, 디바이스 드라이버의 포팅 및 응용개발

① 임베디드 시스템 운영체제의 커널 설정

임베디드 시스템의 운영체제의 커널을 시스템에서 실행할 수 있도록 프로세서 관련 처리, 메모리 관리, 트랩 및 인터럽트 처리, 타이머 등을 설정 및 수정을 통하여 운영체제의 스케줄러가 정상적으로 실행하도록 커널을 포팅한다.

② 디바이스 드라이버 설정

LCD, 네트워크 어댑터, 오디오, 키보드, HDD, USB, UART 등의 디바이스를 구동하는데 필요한 프로그램인 디바이스 드라이버를 대상 하드웨어에서 구현되도록 포팅한다.

③ 임베디드 시스템 응용 소프트웨어 개발

임베디드 시스템에서 응용은 그 제품의 사용용도와 특성에 따라서 특정 목적의 처리를 구현하는 작업을 실행한다.

05 임베디드 시스템의 개발환경

1) 임베디드 시스템 개발환경의 개요

임베디드 시스템을 개발하려면 기본적으로 다음과 같은 요소들이 갖춰져 있어야 한다. '호스트 PC'는 임베디드 시스템 개발을 위한 컴퓨터를 말하며, '타깃 PC(Target PC)'는 실제 임베디드 시스템이 설치된 개발하고자 하는 하드웨어를 말한다.

임베디드 시스템을 개발하기 위해서는 PC에서 동작하는 호스트 환경설정과 개발 타깃 시스템의 환경설정이 중요하다. 특히 호스트 환경인 PC에서 프로그램을 작성하고 컴파일하여도 개발하려는 임베디드 시스템인 타깃 시스템에서 사용되는 프로세서에 맞게 컴파일되도록 패치하는 개발환경을 교차개발환경이라 한다.

호스트에는 개발을 위한 개발툴, 개발된 응용프로그램을 임시로 수행해 볼 수 있는 타깃 시뮬레이터, 타깃과 연결되어 타깃에 개발된 이미지를 업로드하거나 타깃에 반응하는 디버그 에이전트를 통해 원격 디버깅을 할 수 있게 하는 타깃 서버가 설치되어 있다. 또한, 타깃에는 호스트에서 만들어져서 설치된 여러 컴포넌트가 존재하는데 타깃을 부팅하기 위한 부트로더와 커널, 그리고 임베디드 응용프로그램이 존재하게 된다.

호스트에 설치된 개발툴에는 타깃에서 수행될 수 있는 바이너리를 생성하는 크로스 컴파일러가 존재하며 그 밖에 오류를 검색해주는 디버거 등으로 이루어져 있다.

교차개발환경은 개발자 프로그램 작성, 디버거, 에디터, 크로스 컴파일 등을 다양한 툴이 통합된 개발환경인 IDE(Integrated Development Environment)를 제공한다.

ARM사에서 제공하는 ADS(ARM Developer Suit), RVDS(RealView Developer Suit) 등은 ARM 프로세서 기반의 교차개발환경이다.

그리고 GNU(Gnu is Not Unix)는 임베디드 리눅스 개발시에 무료로 제공하는 교차개발환경 툴이다.

2) 임베디드 시스템 개발과정

임베디드 시스템 개발과정은 대략 부트로더 개발, 커널 및 파일시스템 개발, 응용프로그램 개발의 세 단계로 볼 수 있다.

(1) 부트로더 개발

부트로더는 타깃 보드에 전원이 인가되면 부트 롬으로부터 가장 먼저 수행되는 프로그램이다. 보통 부트로더는 OS의 커널을 로드하는 순수 로더로서의 기능뿐만 아니라 현재 레지스터나 메모리 값, 버스 상태 등을 살펴볼 수 있는 모니터 기능, 기초적인 네트워크 모듈을 내장해 네트워크를 통한 커널을 다운받아서 로드할 수 있는 기능을 포괄하고 있다. 부트로더는 보통 부트 롬에 내장되어 있으며, 부트로더를 새로 작성하여 타깃에 설치하려면 호스트와 JTAG 인터페이스 혹은 기타 인터페이스를 통하여 설치할 수 있으며, 이외의 방법으로 롬 라이터를 이용하여 롬에 구워서 설치할 수 있다.

대부분 상용 임베디드 OS에서는 부트 롬 부분을 앞서 잠깐 언급한 BSP라 불리는 패키지 일부분으로 규정하고 있다. 반면 임베디드 리눅스는 규격화된 BSP가 존재하지 않으므로 하드웨어 벤더가 리눅스용 BSP를 제공하지 않을 경우 부트 롬 부분을 각 하드웨어 플랫폼에 맞게 작성해야 한다.

(2) 커널 및 디바이스 드라이버 및 파일시스템 개발

커널 및 디바이스 드라이버의 개발은 호스트의 임베디드 시스템 개발툴에서 이뤄진다. 개발을 위해서는 개발자가 먼저 시스템에 대한 하드웨어 사양을 숙지해야 하며 이를 바탕으로 커널 및 디바이스 드라이버를 설정하게 된다. 이렇게 생성된 커널 및 디바이스 드라이버들은 부트 롬과 같이 하나의 이미지 파일 형태로 되어 부트 롬에 저장되거나 별도의 저장장치에 파일시스템을 통한 파일 형태로 구현된다. 만일 부트 롬의 용량이 작거나 기타 저장장치가 없는 경우 부트로더에서 네트워크 모듈을 통해 별도의 서버로부터 커널을 다운받아 부팅이 진행될 수도 있다. 특히 부트 롬이나 저장장치의 용량이 제한적일 경우는 커널 이미지 자체를 압축해 저장되는 것이 일반적이다.

(3) 임베디드 응용프로그램

임베디드 응용프로그램은 앞에서 구현된 커널과 파일시스템을 바탕으로 수행된다. 응용프로그램의 개발은 커널과 마찬가지 방법으로 호스트에서 생성할 수 있으며, 호스트에 설치된 개발툴의 크로스 컴파일러에 의해 타깃 보드에 맞는 바이너리가 생성되게 된다. 생성된 응용프로그램의 실행은 임베디드 OS 개발툴 내의 타깃 에뮬레이터나 실제로 타깃 보드에 옮겨서 실행할 수 있다. 또한, 응용프로그램은 네트워크를 이용한 원거리 디버깅을 이용하거나 JTAG 인터페이스를 이용한 디버깅을 통하여 에러를 확인해 볼 수 있다.

06 임베디드 시스템의 특징 및 구성

1) 임베디드 시스템의 특징

마벨 모나한(Manahan) PXA320기반의 임베디드 시스템(X-Hyper320TKU)에 대한 주요특징 및 임베디드 시스템 사양에 대하여 서술하였다.

이 임베디드 시스템은 최신의 임베디드 시스템 기술 트렌드가 적용된 임베디드 실험실습 시스템이다. 벌버디(Bulverde) 후속인 마벨(Marvell) PXA320 프로세서 기반으로 제작되어 모바일용에 적합한 멀티미디어, 파워 매니지먼트 기술이 강화된 첨단교육 임베디드 실험 시스템이다.

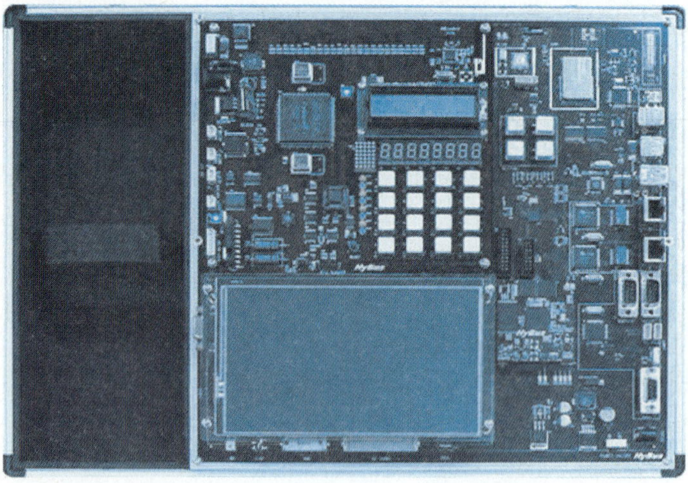

[그림 1-5] 임베디드 시스템 장비

- 이 임베디드 시스템은 CPU 보드 + 메인보드 + IEB 보드로 모듈별 구성되어 있어 추가 기능을 위한 확장 및 CPU 업그레이드, FPGA 독립 실험 등의 가능한 특징이 있다.
- PXA320은 PXA270보다 더 빠른 코어 속도(806MHz)를 제공한다.
- 266MHz DDR SDRAM의 사용으로 SDRAM보다 성능이 뛰어나서 빠른 프로그램 실행속도를 가지고 있다(266MHz DDR SDRAM 128Mbyte).
- PXA320은 내부 SRAM 용량이 768KByte(PXA270은 256K)이어서 800×480 LCD를 사용했을 경우 Refresh를 위한 Frame Buffer를 내부 SRAM으로도 가능하다. 이러한 이점은 저 전력으로 LCD를 구동할 수 있고, 인터페이스 또한 빠르게 동작한다.
- NAND Flash의 장점은 NOR Flash보다 가격이 저렴하며, 보드 수정 없이도 용량이 더 큰 NAND Flash로 교체가 가능하다.
- LCD 및 Mini LCD 제어기(Controller)를 가지고 있어 2개의 LCD를 필요로 하는 스마트폰(Smart Phone)에 적용이 가능하다.
- 터치 제어기(Touch Controller)가 기본 내장되어 별도의 외장 터치 제어기가 필요없다.
- DMB 장착으로 DMB 시청 및 교육이 가능하다.
- Wireless LAN 모듈이 기본 장착되어 터치 제어기가 필요없다.

2) 임베디드 시스템의 구성

(1) CPU 보드

X-Hyper320TKU 임베디드 시스템은 CPU 보드가 별도로 제작되어 있다. 모듈 형태로 제작되어 PXA310, PXA300 등 다른 CPU로 업그레이드 및 변경이 가능하게 설계되어 있다. 이 CPU 모듈을 사용하여 사용자가 별도 임베디드 장비제작도 가능하다. CPU 보드 하드웨어 사양은 [표 1-1]과 같고 [그림 1-6]은 실제 CPU 보드의 실물 사진이다.

[표 1-1] CPU 보드 사양

분 류	항 목	내 용
CPU	PXA320(806MHz)	Monahan-P
메모리	NAND Flash memory 128MByte	
	266MHz DDR SDRAM 128MByte	
PMIC	PMIC	MAX8660

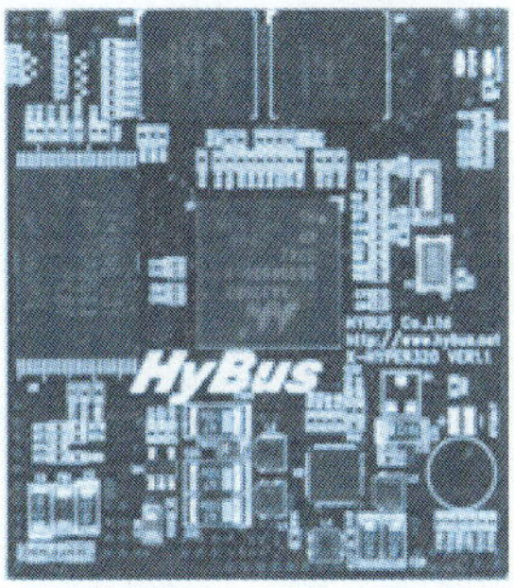

[그림 1-6] 임베디드 시스템의 CPU 보드

(2) 메인보드

X-Hyper320TKU 임베디드 시스템의 메인보드이다. DMB, TFT 7" LCD, Wireless LAN, Ethernet, USB 등 고급 디바이스들이 장착되어 첨단 장비개발이 가능하다. 하드웨어 사양은 [표 1-2]와 같다. [그림 1-7]은 실제 메인보드의 사진이다.

[표 1-2] 메인보드 사양

<table>
<tr><th>분 류</th><th>항 목</th><th>내 용</th></tr>
<tr><td rowspan="24">외부 장치</td><td>CPLD</td><td>Xilinx CoolRunner-II</td></tr>
<tr><td>USB Host 2.0 2Port</td><td>TD242LP</td></tr>
<tr><td>Display</td><td>7" Wide TFT Color LCD</td></tr>
<tr><td>Touch Screen</td><td>CPU 에 내장</td></tr>
<tr><td>IDE I/F</td><td>mini IDE</td></tr>
<tr><td>Analog RGB(VGA Monitor)</td><td>THS8135</td></tr>
<tr><td>Ethernet(10/100)</td><td>2 Port</td></tr>
<tr><td>Wireless LAN</td><td>Max 54Mbps, IEEE802.11g/b</td></tr>
<tr><td>Audio-AC97(WM9712)</td><td>SPEAKER 내장</td></tr>
<tr><td>DMB</td><td>DMB 모듈</td></tr>
<tr><td>Camera</td><td>CMOS Camera 1.3M Pixel</td></tr>
<tr><td>GPS</td><td>GPS Module</td></tr>
<tr><td rowspan="3">USB</td><td>USB Host/Client 1.1 각 1Port</td></tr>
<tr><td>USB Host 2.0 2Port</td></tr>
<tr><td>USB Client 2.0 1Port</td></tr>
<tr><td rowspan="2">UART</td><td>Debug(RS232), GPS(TTL), FFUART(RS232) 1Port(3EA)</td></tr>
<tr><td>Bluetooth(RS232), IrDA(TTL), RS232, TTL 1Port(4EA)</td></tr>
<tr><td>VGA</td><td>VGA I/F</td></tr>
<tr><td>Key Button/LED</td><td>GPIO 4EA</td></tr>
<tr><td>Mic, Speaker</td><td>Jack Type</td></tr>
<tr><td>MMC/SD</td><td>MMC/SD 1Slot</td></tr>
<tr><td>확장 커넥터</td><td>160 Pin</td><td>2.54mm Pitch</td></tr>
</table>

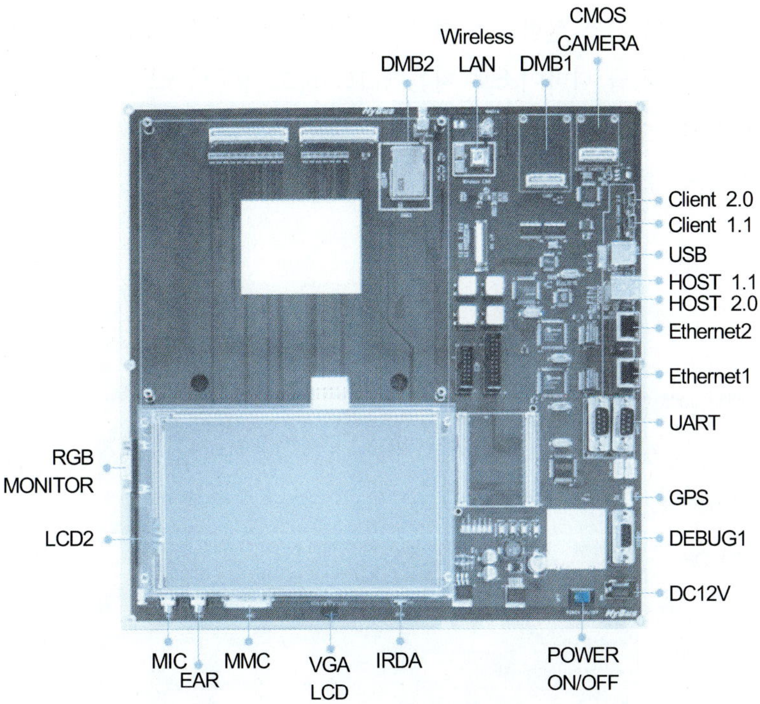

[그림 1-7] 임베디드 시스템의 메인보드

(3) IEB 확장 보드

[표 1-3] IEB 확장 보드의 하드웨어 사양

분류	항 목	내 용
FPGA	EP1C6240PQFP	Cyclone (PQFP-240)
Programming ROM	EPC2	EP2(PLCC/SOCKET)
RF 디바이스	CC2420	CC2420(QLP48)
DC 모터 제어	L298	DIP
Step 모터 제어	L297	DIP
ADC	ADC0804	
DAC	DAC0800	
7-Segment	7-Segment * 8	
DOT Matrix	DOT Matrix	
글자 LCD	글자 LCD	

임베디드 시스템의 기초 실험을 위해서 저급 디바이스만을 모아 놓은 IEB 확장 보드를 제작하여 학생들이 저급 디바이스로 처음에 교육하고 추후에 고급 디바이스로 공부할 수 있도록 단계별 교육이 가능한 장비이다. IEB 확장 보드의 사양은 [표 1-3]과 같다. [그림 1-8]은 IEB보드의 실물 사진이다.

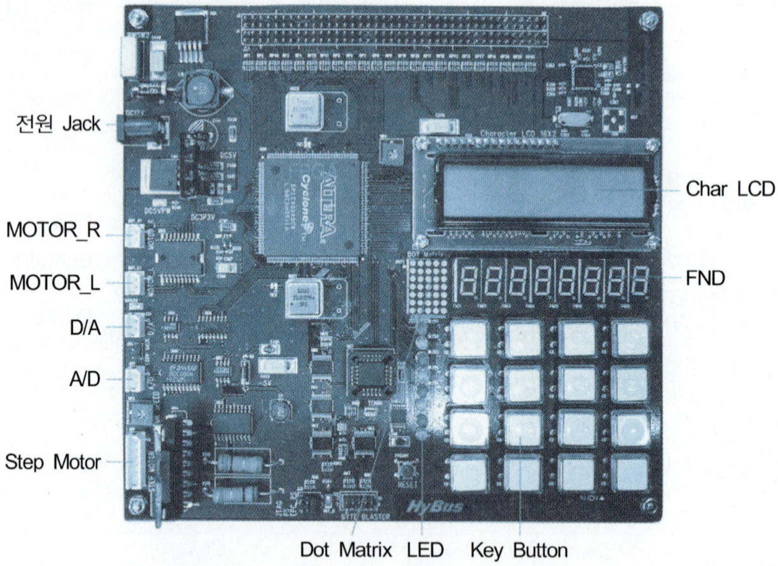

[그림 1-8] 임베디드 시스템의 IEB 확장 보드

(4) 임베디드 시스템의 소프트웨어 사양

[표 1-4] 임베디드 시스템의 소프트웨어 사양

분 류	항 목	내 용
O/S	Linux	Linux 2.6.11
Compiler	GNU Tool for ARM	
JTAG	XDB	OPTION
파일시스템	JFFS2(Rootfile system) Ext2, Ext3, YAFFS, RAMFS, NFS	
Bootloader	Hybus-boot320	
GUI	GTK QT/Embedded	
디바이스 드라이버	Ethernet	10/100Base-T
	Wireless LAN	

분 류	항 목	내 용
	TFT LCD	7 inches TFT LCD Interface
	Touch Screen	Touch Screen Controller
	AC'97 Codec	Audio
	PMIC	
	MMC/SD	
	USB 1.1 Host/Client	
	USB 2.0 Host/Client	
	CMOS Camera	
	PCMCIA/CF	
	VGA	
	IDE	mini-IDE
응 용	Tiny X-Server	
	MatchBox	Windows manager
	MP3 Player	
	동영상 Player	MPEG1, 2, 4, WMV1/2/3, DivX 5
	Web Brower	
	USB CAM	OV511 CAM 지원
	Access Pointer	802.a, 802.b

(5) IEB 확장 보드의 소프트웨어 사양

[표 1-5] IEB 확장 보드의 소프트웨어 사양

분 류	항 목	내 용
디바이스 드라이버	DC Motor Control	L298
	Step Motor Control	L297
	ADC	ADC0804
	DAC	DAC0800
	7-Segment	8 EA
	DOT Matrix	5 * 7
	Character LCD	2 * 16
응 용	IEB Test Program	

(6) 임베디드 시스템의 GUI 응용

이 임베디드 시스템은 [그림 1-9]처럼 응용프로그램을 GUI 형태로 제작하여 동작할 수 있도록 제작되어 있다. 임베디드 시스템에서 응용에 대한 요구가 많아지는 실정에서 이런

아이콘을 학생이 직접 제작하여 만들어서 연동 실험한다면 좋은 효과가 있을 것이다.

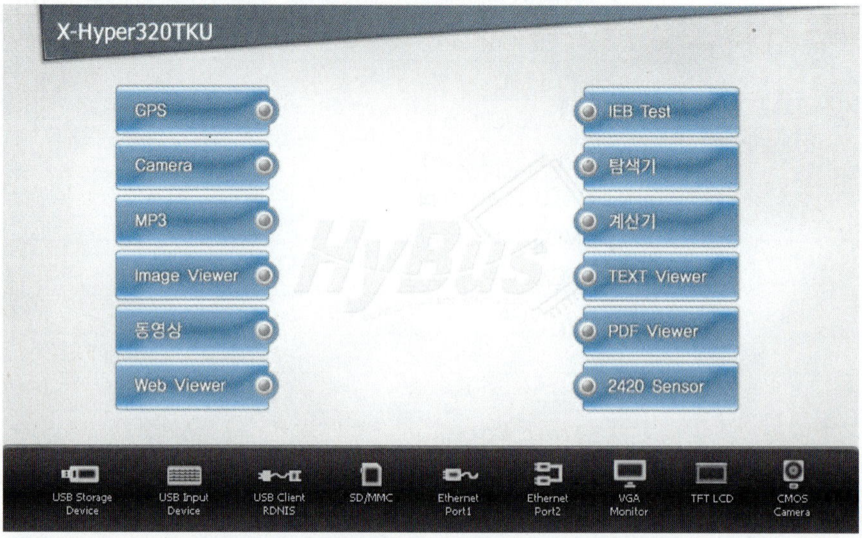

[그림 1-9] 임베디드 시스템의 응용 GUI 화면

02 우분투란

Chapter

01 우분투의 개요

우분투(Ubuntu)는 비영리 리눅스 프로젝트 데비안에서 파생됐다. 데스크톱용 제품이 대표적이지만 서버 버전도 있다. 어느 리눅스처럼 전 세계 리눅스 개발자들이 공동으로 소스코드 연구에 참여한다. 마크 셔틀워스의 캐노니컬은 우분투 상용화를 주도하는 업체다. 마크 셔틀워스는 캐노니컬과 별도로 1000만달러를 기부해 우분투 연구를 후원하고 있기 때문에 개발자들은 '자칭 자애로운 종신독재자(Self-Appointed Benevolent Dictator For Life)'를 줄여 그를 SABDFL이라는 애칭으로 부른다.

우분투라는 이름은 남아프리카어로 '공동체 의식에 바탕을 둔 인간애'를 뜻한다. 우리의 '홍익인간(弘益人間)'과 비슷한 개념이다.

우분투의 가장 큰 경쟁력은 레드햇이나 수세 리눅스보다 개인이 사용하기 쉽게 개발됐다는데 있다. 전문가가 아닌, 윈도우 환경에 너무나 익숙한 일반 사용자들도 다루기 편리하도록 윈도와 유사한 화면을 제공한다. 설치 시간도 비교적 짧아 네트워크 환경에 따라 차이가 있지만 20~30분 가량 소요된다. MP3 파일이나 그림·동영상 파일 등도 대부분 지원되며 '베릴' 등 일부 기능은 윈도우를 능가하는 성능을 제공한다.

리눅스를 말하면 항상 몇 가지 나오는 단어가 있다.

① 어렵다

② 게임 안돌아가자나

③ 오피스도 안 돌아가는데

④ 인터넷 뱅킹도 안된다

위에 말들은 다 맞을 수도 있고, 다 틀릴 수도 있다.

우분투(Ubuntu)는 리눅스의 수 많은 배포판들 중 한 가지이며, 특히 개인용 PC에 최적화된 배포판을 한다. 우분투에서 할 수 없는 일은 없다고 보는 것이 맞는 것 같다.

02 우분투의 다운받기

① 인터넷 주소창에서 http://www.ubuntu.com 입력한다. 그리고 Download를 클릭한다.

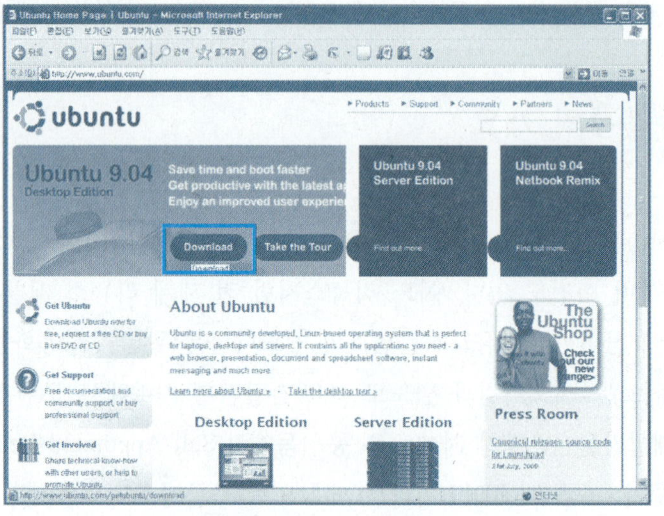

[그림 2-1] Download를 클릭

② Please choose a location에서 korea를 선택하고 밑에 Download를 클릭한다.

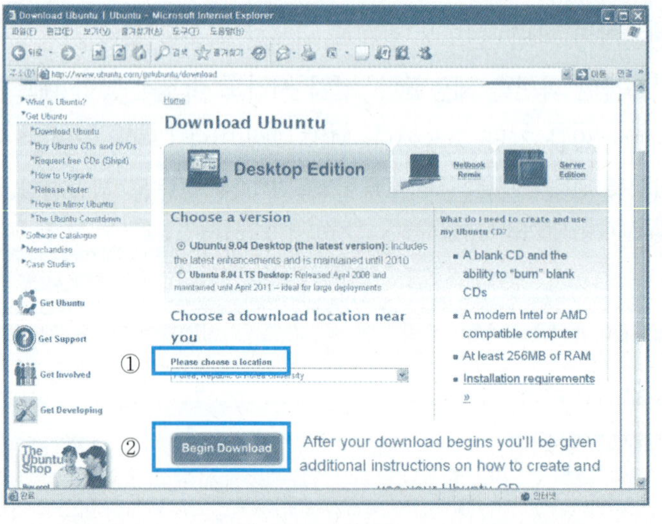

[그림 2-2] korea를 선택하고 밑에 Download를 클릭

③ 팝업창에 뜨게 되면 클릭을 해서 파일 다운로드를 클릭한다.

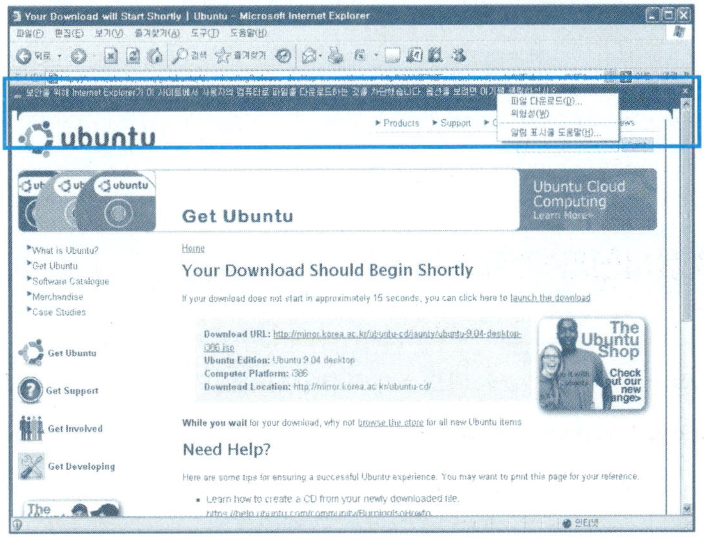

[그림 2-3] 파일 다운로드를 클릭

④ 다음과 같은 창이 뜨게 되면 저장을 클릭 후 저장할 곳을 지정한다.

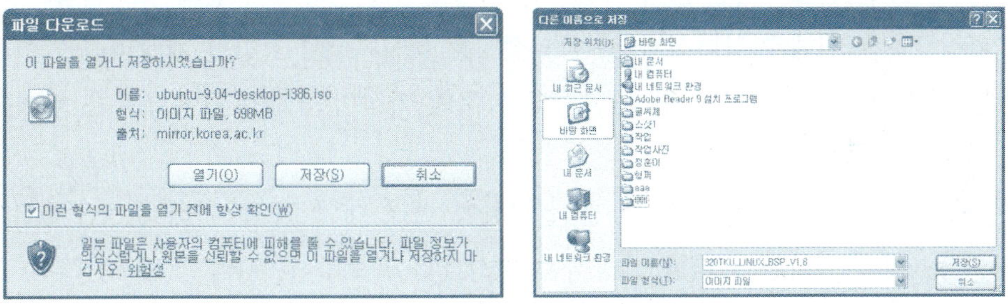

[그림 2-4] 저장을 클릭 후 저장할 곳을 지정

바탕화면에다가 지정을 하였기 때문에 다운로드가 완료되면 바탕화면에 저장이 되어 있는 것을 확인할 수 있다.

CHAPTER 02

03 Chapter 가상머신의 개요 및 설치

01 가상머신의 개요

가상머신(VMware)은 VMware 워크스테이션(VMware Workstation)과 프리웨어 제품인 VMware Server와 VMware Player를 포함한 x86 호환 컴퓨터를 위한 가상화 소프트웨어를 공급한다. VMware 소프트웨어는 마이크로소프트 윈도우, 리눅스, 그리고 맥에서 돌아간다.

"VMware"라는 이름과 브랜드는 가상머신(Virtual Machine)으로서의 "VM"의 전통적인 해석에 따른 것이다.

가상머신 유틸리티로 가장 많이 사용되는 가상머신을 이용하여 임베디드 리눅스 시스템의 환경구축을 위해 가상머신과 리눅스 설치를 하도록 한다. 만일 가상머신을 이용하지 않고 듀얼 부팅이나 리눅스만 사용하고자 하면 가상머신 설정하는 부분은 넘어가고 바로 우분투를 설치한다.

가상머신은 하나의 PC에 가상 PC를 설치하여 여러 대의 PC에 여러 운영체제(OS)를 구동시키는 것과 유사한 효과를 제공하는 가상 PC 프로그램이다.

실제로 여러 운영체제를 설치하여 구현 환경을 설치하면 PC를 여러 대 있어야 하지만, 가상머신을 이용하면 컴퓨터 한 대에 기본 운영체제인 윈도우를 설치하고 가상머신을 설치하면 추가적으로 함께 사용할 운영체제인 리눅스인 우분투를 가상 PC에 설치하면 한 대의 PC만으로 2대의 PC에 윈도우(Windows)와 리눅스인 우분투 운영체제를 설치하는 것처럼 동시에 2개의 운영체제를 사용할 수 있다.

가상머신(VMware)의 특징은 다음과 같다.

- 1대의 PC에서 여러 종류의 운영체제(OS)를 설치하여 사용가능
  여러 대의 PC에 여러 운영체제를 설치하여 사용하는 것과 동일한 효과
- 윈도우 7, Vista, XP는 물론 리눅스(Linux), 노벨 네트웨어(Novel Netware), 선 솔라이스(Sun Solaris), 프리(free)BSD, 도스(DOS) 등을 비롯한 여러 가지 운영체제에 설치

하여 사용가능

- 호스트 컴퓨터 운영체제에 영향을 주지 않고 소프트웨어 설치 및 사용가능
- 소프트웨어 테스트, 운영체제 테스트 등의 용도로 사용가능
- CPU 개수 지원가능 : 64비트 듀얼(Dual) CPU나 2개 이상의 CPU가 장착된 마더보드에서 가상 PC에서 사용할 CPU 개수 지정가능

02 가상머신 설치

① VMware6.5.2.exe을 클릭한다. 그러면 다음과 같은 창이 뜨게 된다.

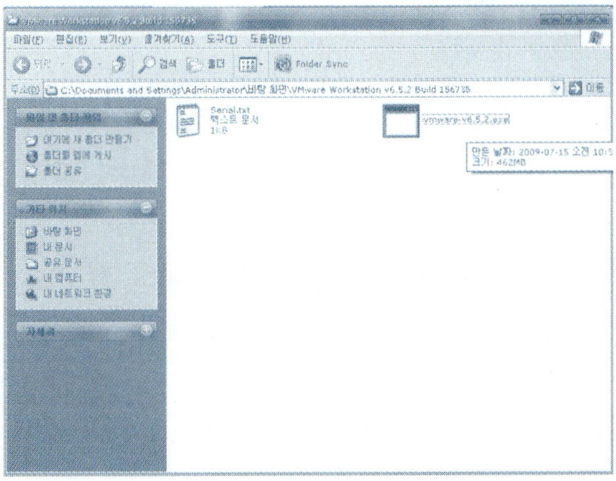

[그림 3-1] VMware6.5.2.exe을 클릭

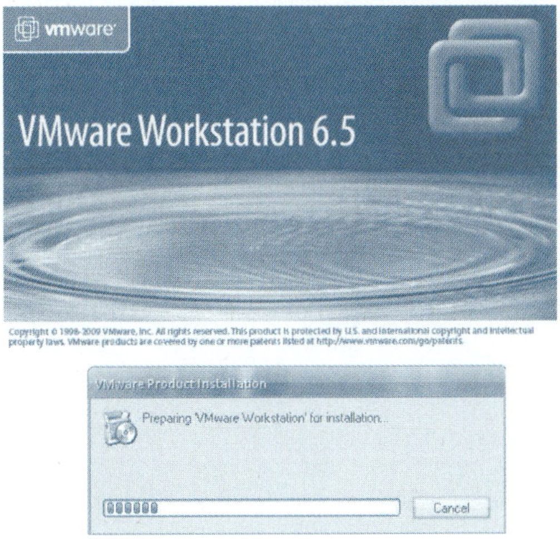

[그림 3-2] VMware6.5.2.exe을 설치과정

② 설치화면이 뜨면 Next를 클릭한다.

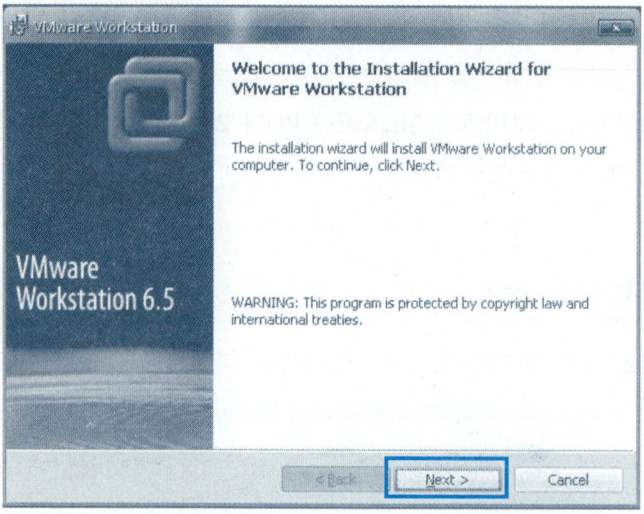

[그림 3-3] 설치화면이 뜨면 Next를 클릭

③ Setup Type창이 나오게 되는 setup type을 Typical로 설정한 후 Next를 클릭한다.

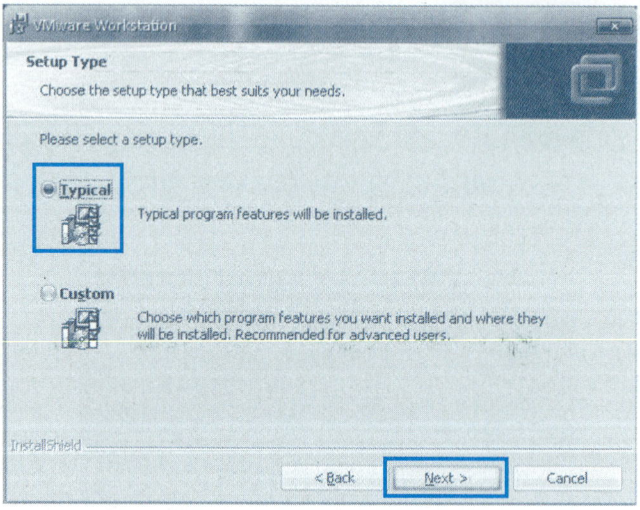

[그림 3-4] setup type을 Typical로 설정한 후 Next를 클릭

④ 경로를 지정하는 창이 나오게 되면 원하는 경로명을 지정한 후 Next를 클릭한다.

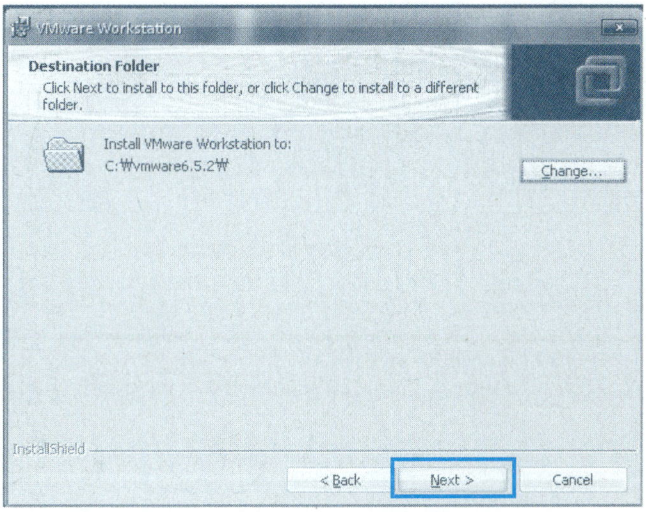

[그림 3-5] 원하는 경로명을 지정한 후 Next를 클릭

⑤ Creates program shortcuts 창이 뜨게 되면 전부 선택한 후 Next를 클릭한다.

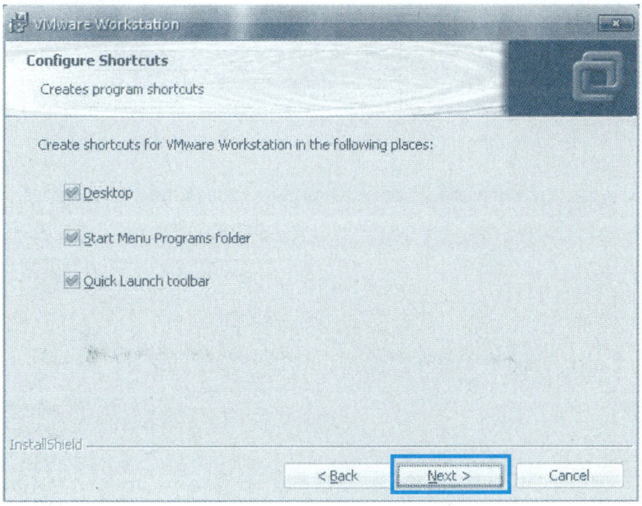

[그림 3-6] 전부 선택한 후 Next를 클릭

⑥ 모든 설정이 끝나고 이제 Install 버튼을 클릭하게 되면 설치를 시작한다.

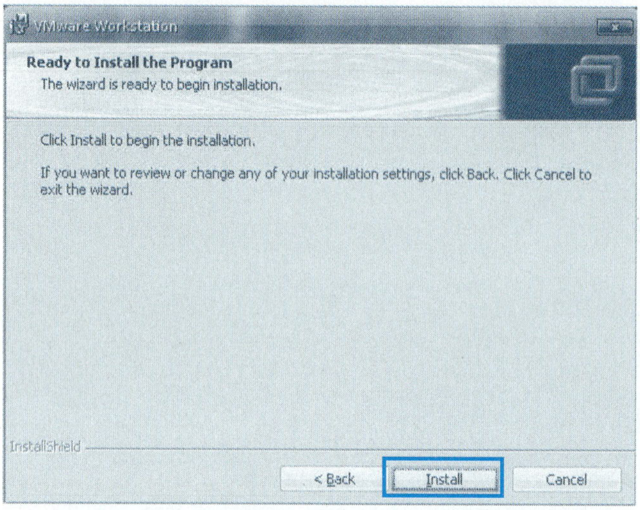

[그림 3-7] 모든 설정이 완성 후 Install 버튼을 클릭

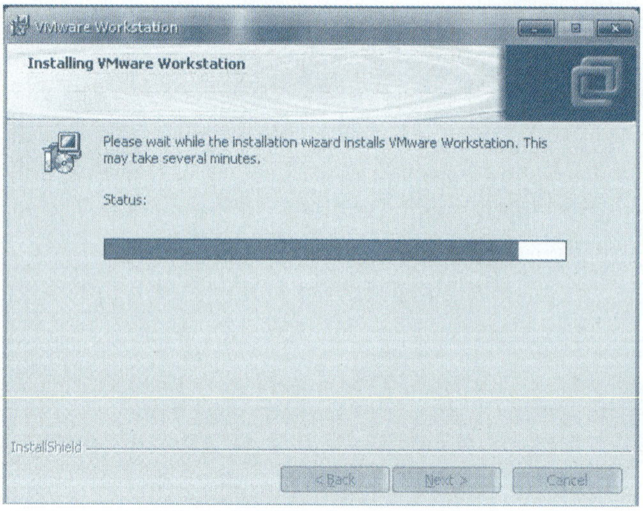

[그림 3-8] VMware 설치시작

⑦ 설치가 완료되고 나면 재부팅을 해야 한다는 버튼이 나오게 된다. 나중에 재부팅을 하지 말고 바로 재부팅을 하여야 한다.

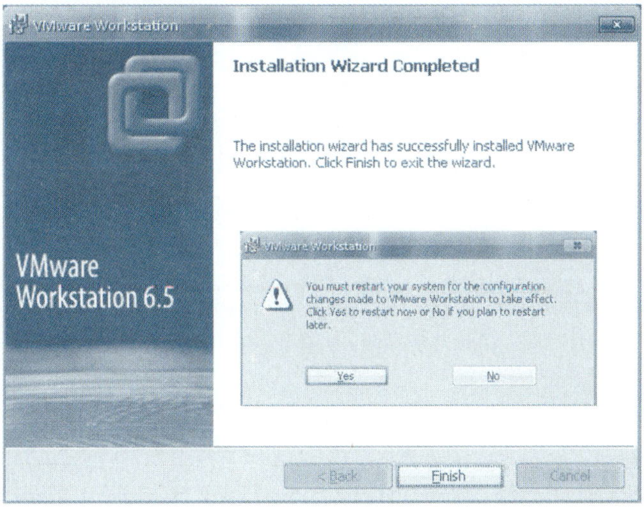

[그림 3-9] 재부팅을 해야 한다는 버튼 생성

⑧ 재부팅을 하고 바탕 화면을 보게 되면 VMware 버튼이 생겼는데 이것을 클릭하면 VMware 화면이 뜨게 된다.

[그림 3-10] 바탕 화면의 VMware 버튼 생성

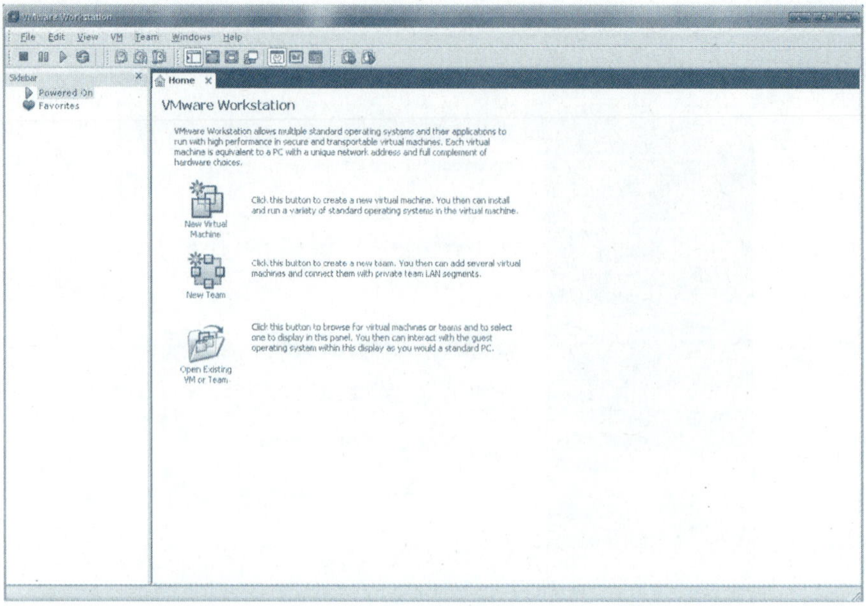

[그림 3-11] VMware 버튼 클릭하여 VMware 화면 생성

이것으로 VMware 설치가 끝나게 된다. 이제 VMware를 이용해서 ubuntu를 설치해 보겠다.

04
Chapter

가상머신을 이용한 우분투 설치

가상머신(VMware)을 통하여 임베디드 리눅스인 우분투를 윈도우상에서 사용할 수 있도록 설정한다.

① VMware을 실행을 시킨 후 file → new → virtual machine를 클릭한다.

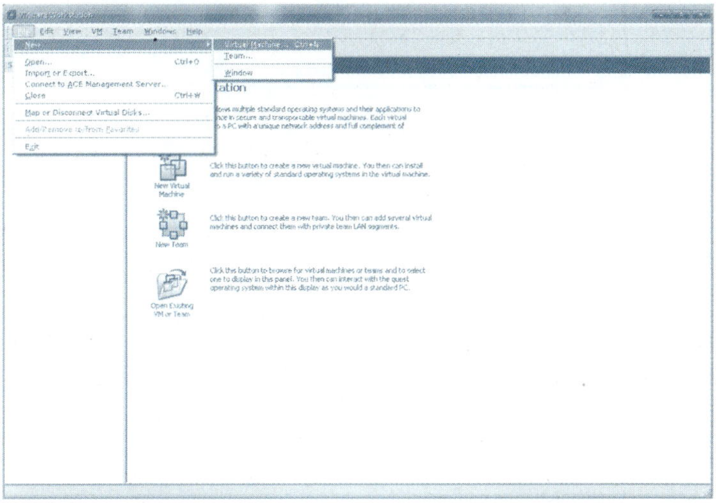

[그림 4-1] file → new → virtual machine를 클릭

② New Virtual Machine Wizard 창에 뜨게 되면 Typical을 선택 후 Next를 클릭한다.

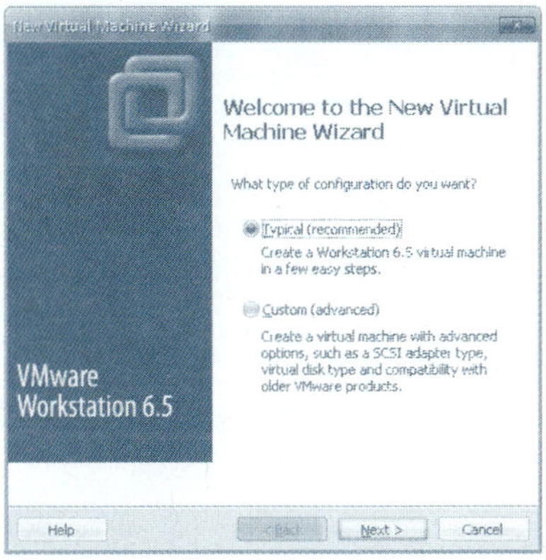

[그림 4-2] Typical을 선택 후 Next를 클릭

③ I will install the operating system later를 선택 후 Next를 클릭한다.

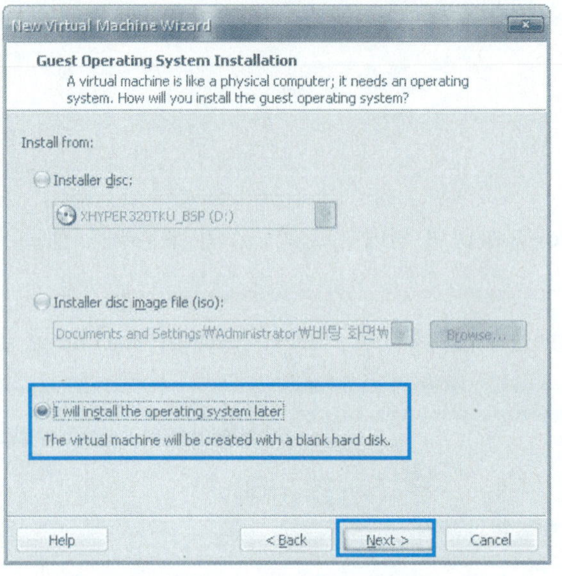

[그림 4-3] 선택 후 Next를 클릭

④ Linux를 선택 후 Version을 선택해야 하는데 Ubuntu를 선택 후 Next를 클릭한다.

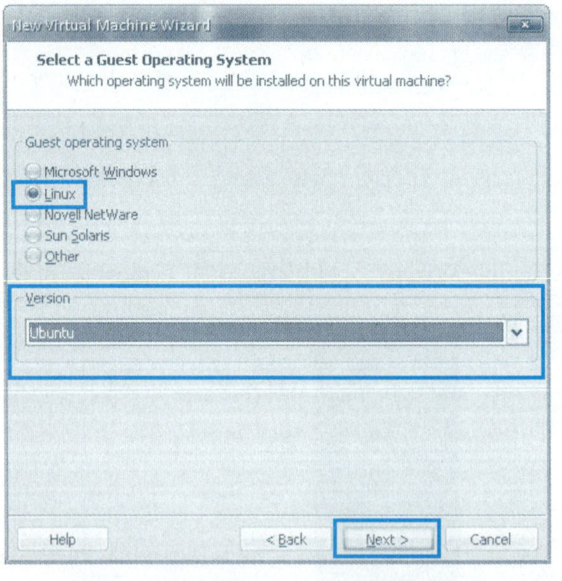

[그림 4-4] Ubuntu를 선택 후 Next를 클릭

⑤ name(이름)과 location(경로)를 지정 후 Next를 클릭한다.

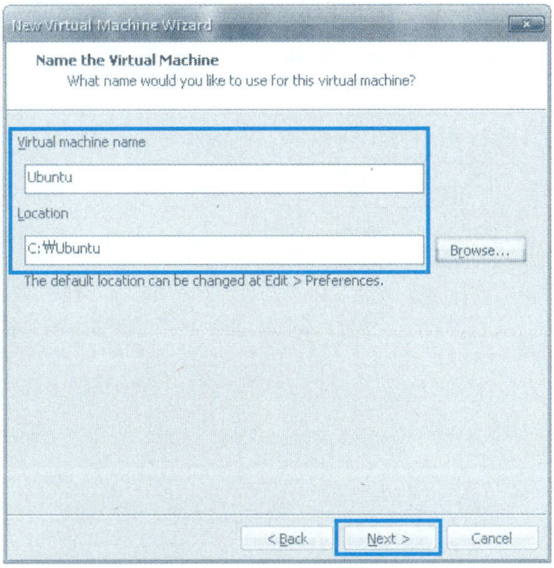

[그림 4-5] 지정 후 Next를 클릭

⑥ 가상으로 쓸 용량을 지정해야 하는데 20GB로 정하고 Next를 클릭한다.

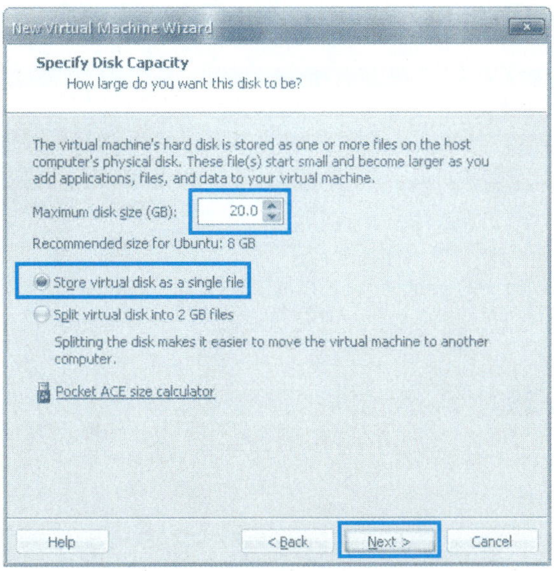

[그림 4-6] 20GB로 정하고 Next를 클릭

⑦ 지금까지 설정한 내용들이다. 확인 후 Finish를 클릭한다.

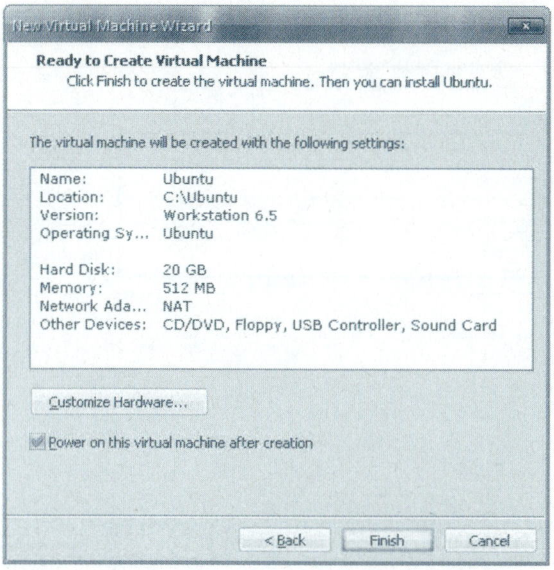

[그림 4-7] 확인 후 Finish를 클릭

⑧ 왼쪽 화면에서 Ubuntu를 클릭해서 CD/DVD를 클릭한다.

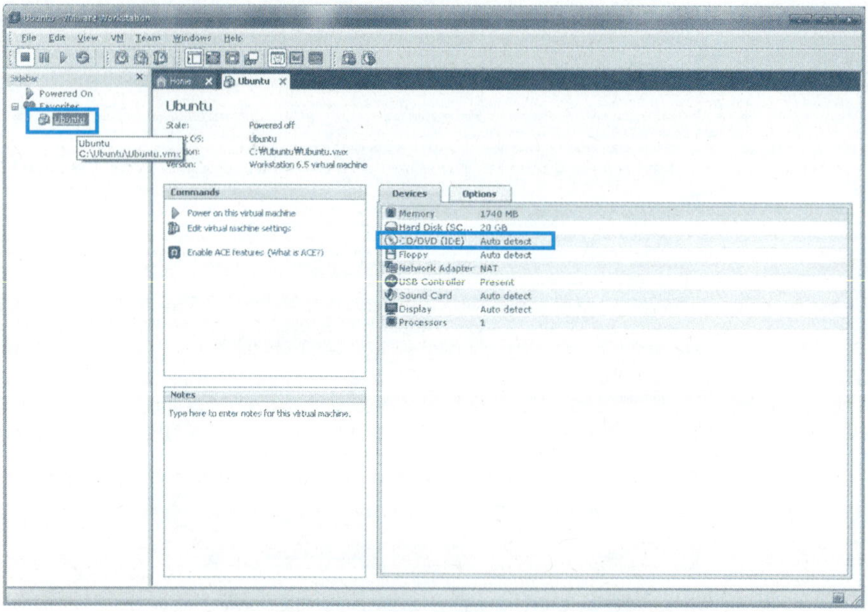

[그림 4-8] Ubuntu를 클릭해서 CD/DVD를 클릭

⑨ 위에서 Ubuntu를 받은 경로로 이동 후 Ubunut.iso을 선택하고 Ok를 클릭한다.

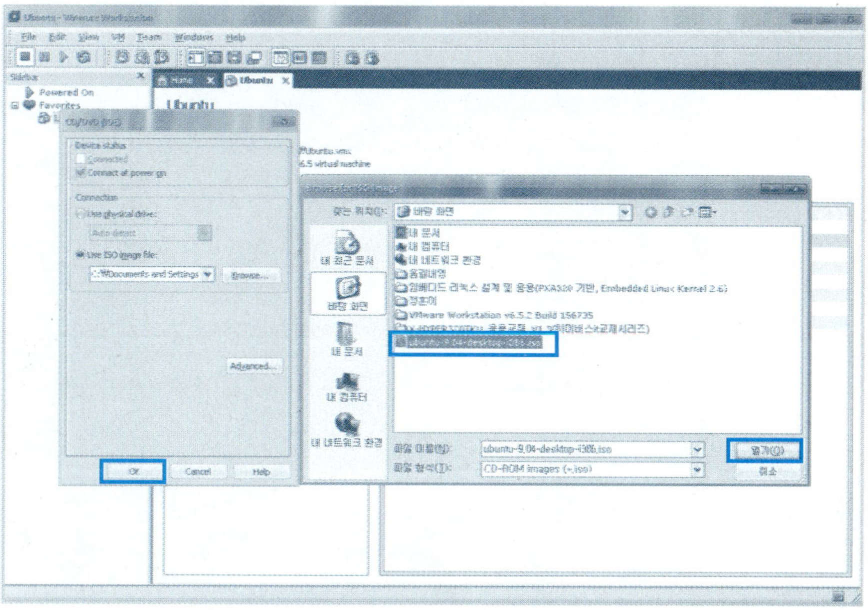

[그림 4-9] Ubunut .iso 선택하고 Ok 클릭

⑩ CD/DVD가 들어가 있는 것을 확인 후 (가상) Power on this virtual machine을 클릭한다.

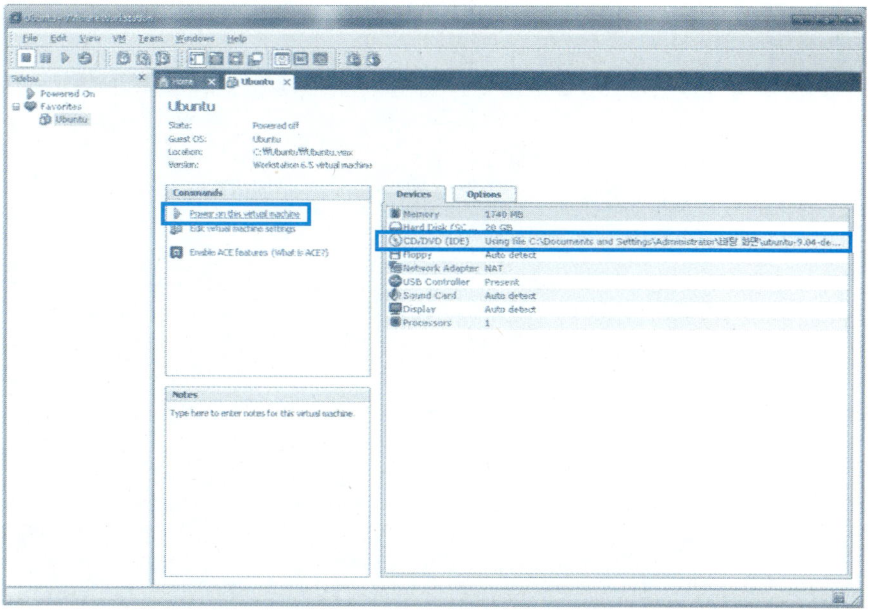

[그림 4-10] Power on this virtual machine을 클릭

⑪ 언어를 선택하는 화면이다. 한국어를 선택하고 Enter를 친다.

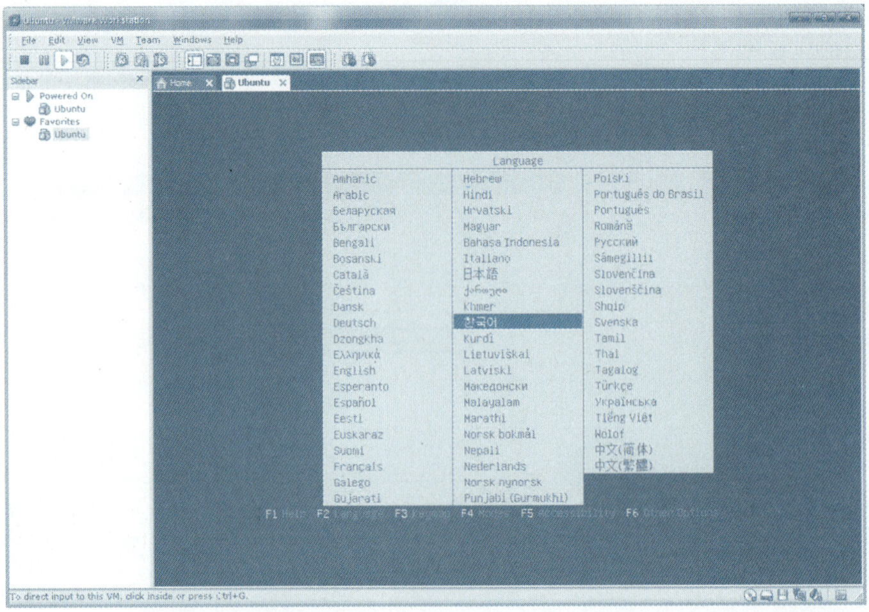

[그림 4-11] 한국어를 선택하고 Enter

⑫ 우분투를 설치할 것인지, 아니면 다른 것을 할 것인지 확인하는 창이다. 우분투 설치를 선택하고 Enter를 친다.

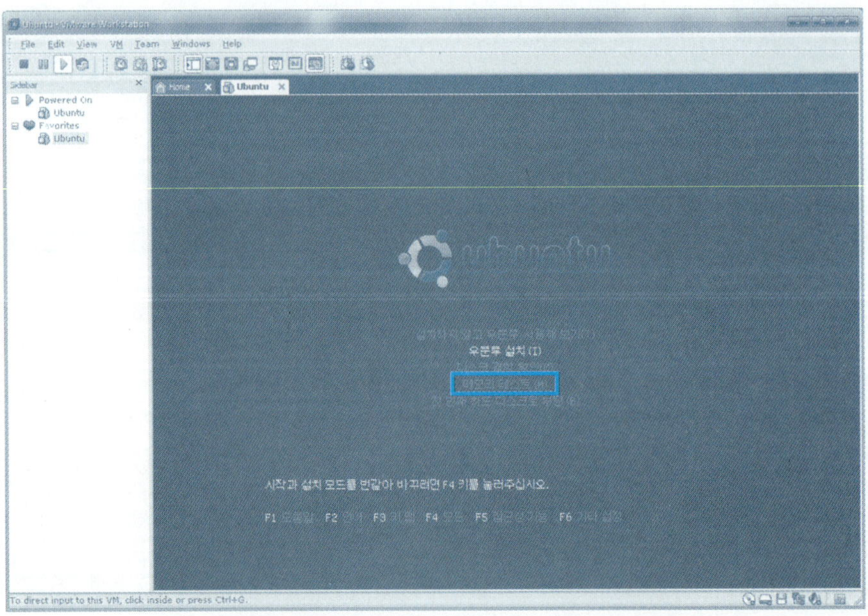

[그림 4-12] 우분투 설치를 선택하고 Enter

⑬ 우분투 사용시 어떤 언어를 사용할 것인지 확인하는 창이다. 한국어를 선택하고 앞으로를 클릭한다.

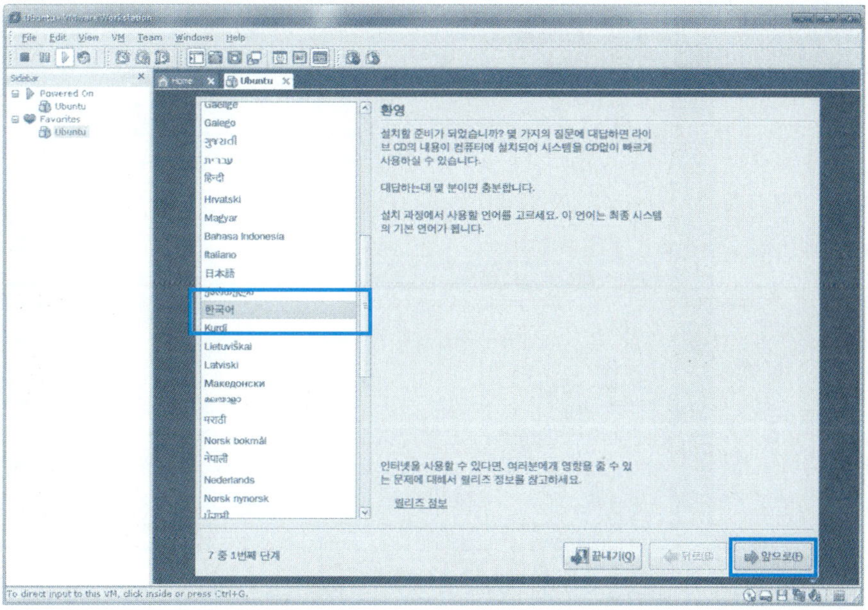

[그림 4-13] 한국어를 선택하고 앞으로를 클릭

⑭ 현재 살고 있는 지역을 선택하는 창이다. 서울을 선택 후 앞으로를 클릭한다.

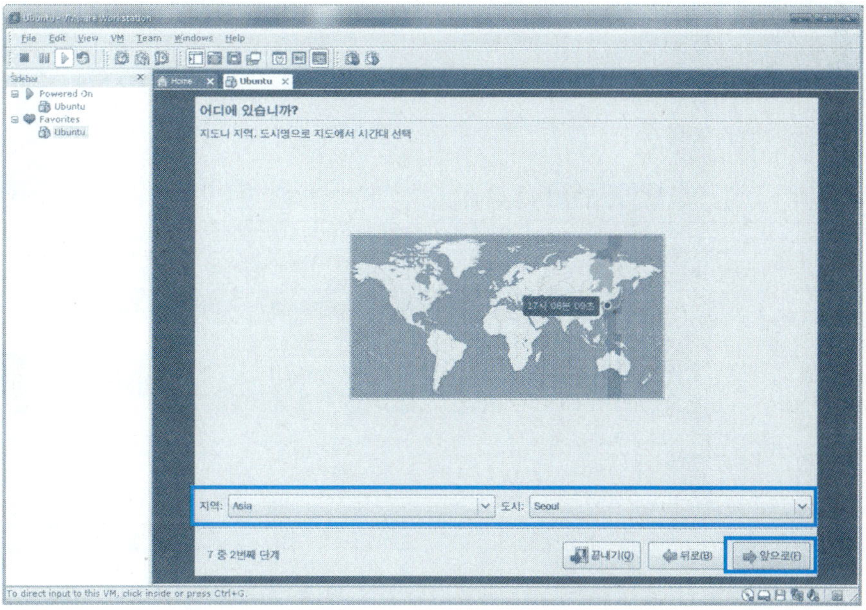

[그림 4-14] 서울을 선택 후 앞으로를 클릭

⑮ 키보드를 선택하는 창이다. Korea를 찾아서 앞으로를 클릭한다.

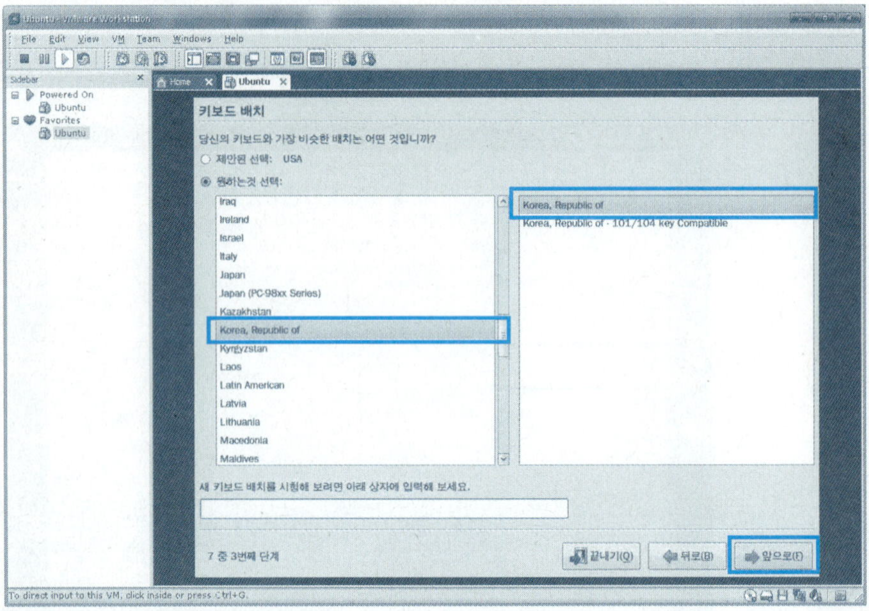

[그림 4-15] Korea를 찾아서 앞으로를 클릭

⑯ 디스크 공간을 분배하는 화면이다. 디스크 전체 사용을 선택 후 앞으로를 클릭한다.

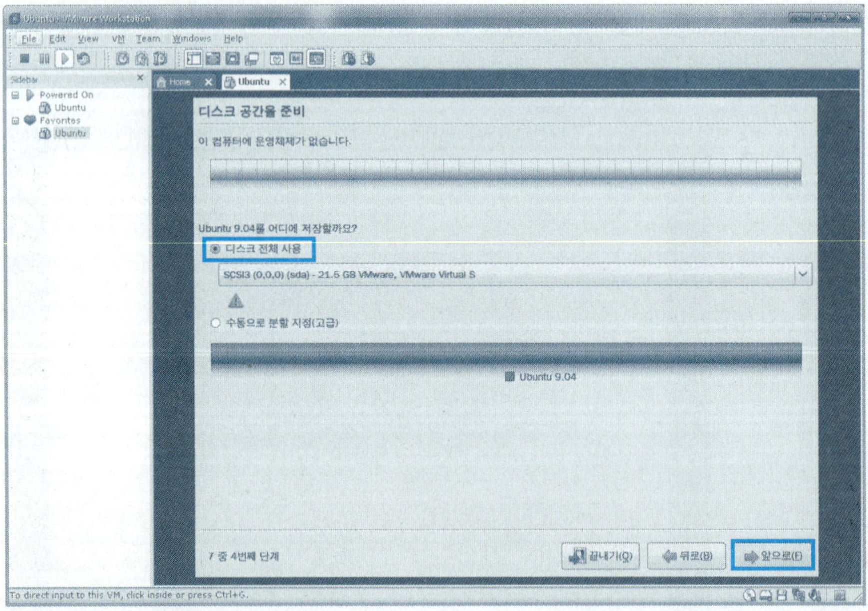

[그림 4-16] 디스크 전체 사용을 선택 후 앞으로를 클릭

⑰ 이름과 암호를 입력하는 화면이다. 이름과 암호를 입력 후 앞으로를 클릭한다. (암호를 잘 기억해놓아야 한다.)

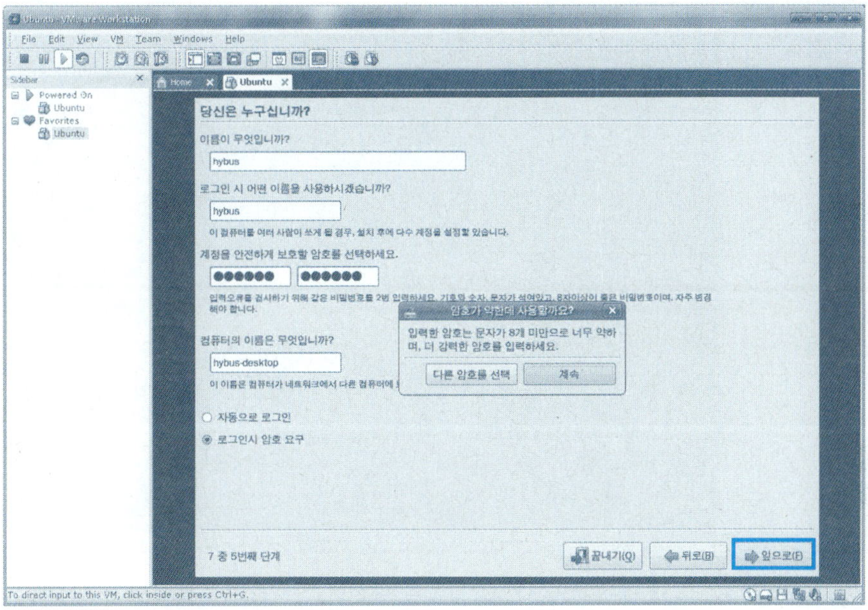

[그림 4-17] 이름과 암호를 입력 후 앞으로를 클릭

⑱ 지금까지 환경설정을 확인하는 창이다. 아무 이상이 없으면 설치를 클릭한다.

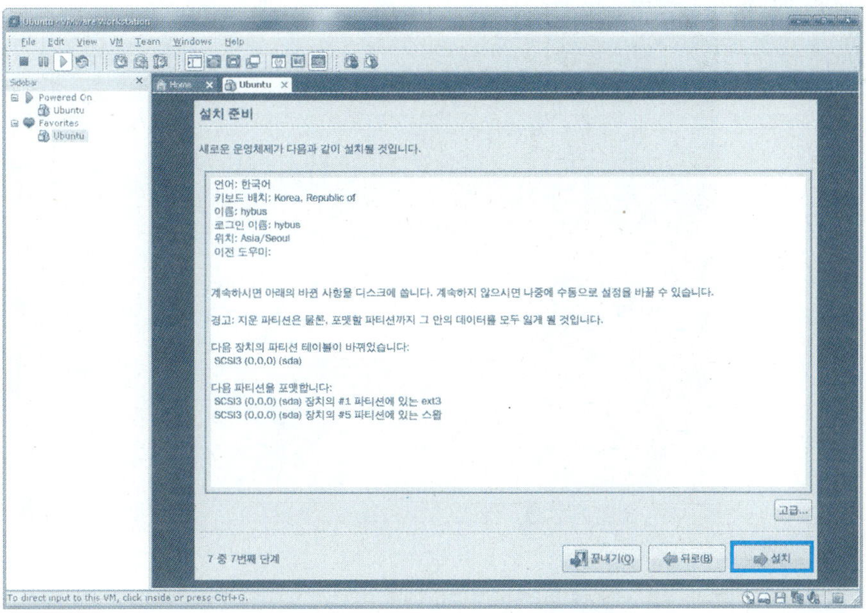

[그림 4-18] 아무 이상이 없으면 설치를 클릭

CHAPTER 04

⑲ 우분투를 설치하는 화면이다. 컴퓨터 사항에 따라서 시간이 다소 오래 걸릴 수 있다.

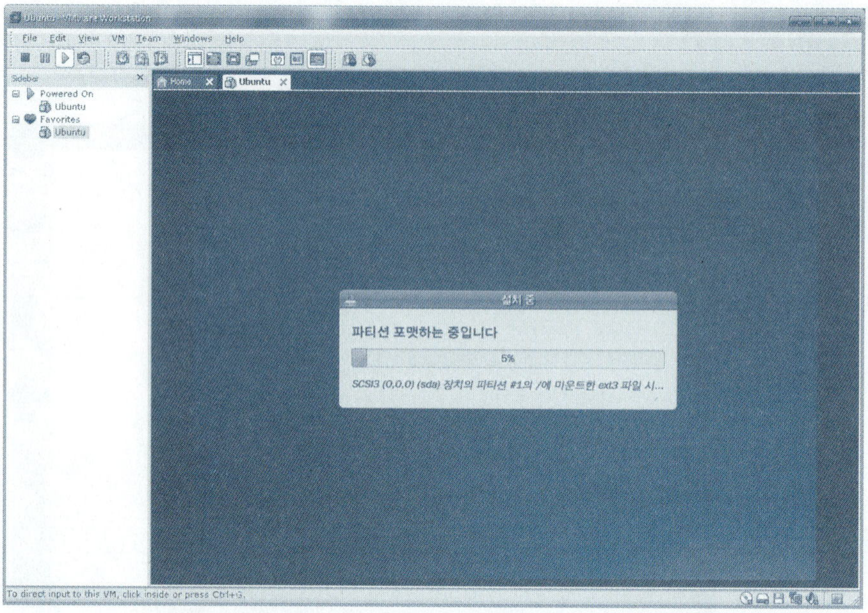

[그림 4-19] 우분투를 설치하는 화면

⑳ 설치가 완료되게 되면 지금 다시 시작을 클릭한다.

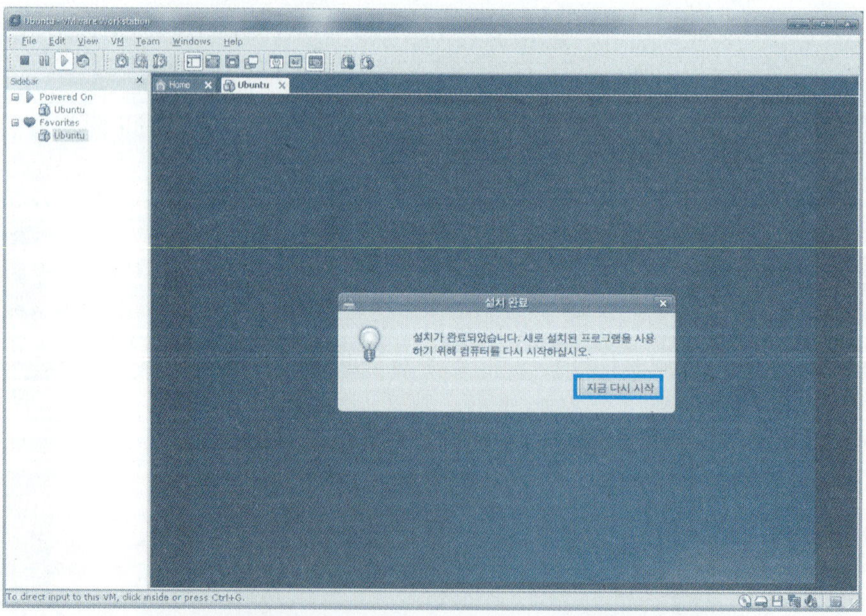

[그림 4-20] 지금 다시 시작을 클릭

㉑ 설치가 완료되면 아까 iso 파일을 꺼낼 것인지 확인하는 창이다. Yes를 선택한다.

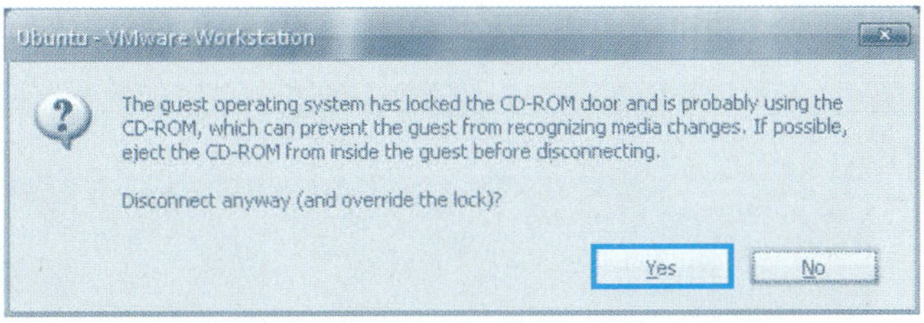

[그림 4-21] iso 파일을 꺼낼 것인지 확인 창에서 Yes를 선택

㉒ CD를 확인하는 화면이다. Enter를 누르면 된다.

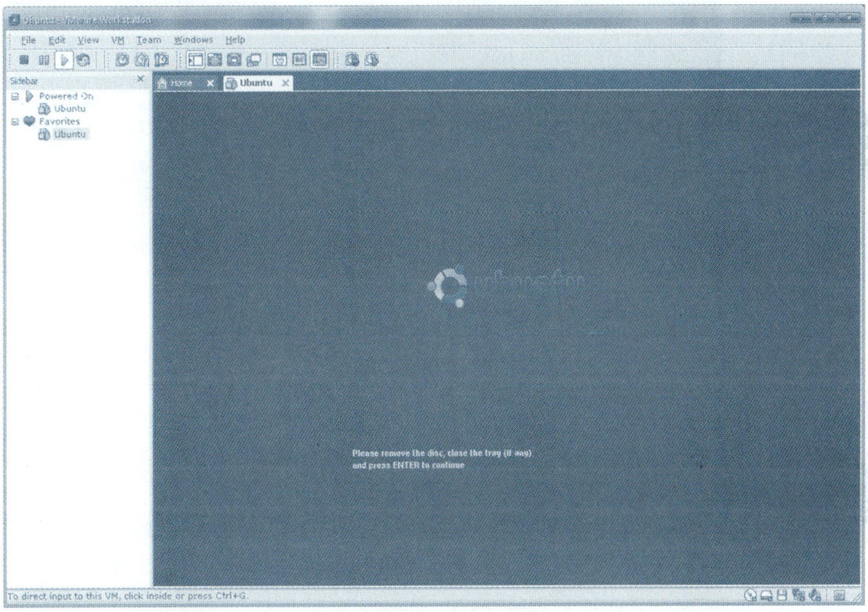

[그림 4-22] CD를 확인하는 화면

㉓ 재부팅이 완료되고 나면 설치시 입력했던 사용자 이름을 입력하고 나면 비밀번호를 입력하는 창이 나오게 된다. 비밀번호까지 입력한다.

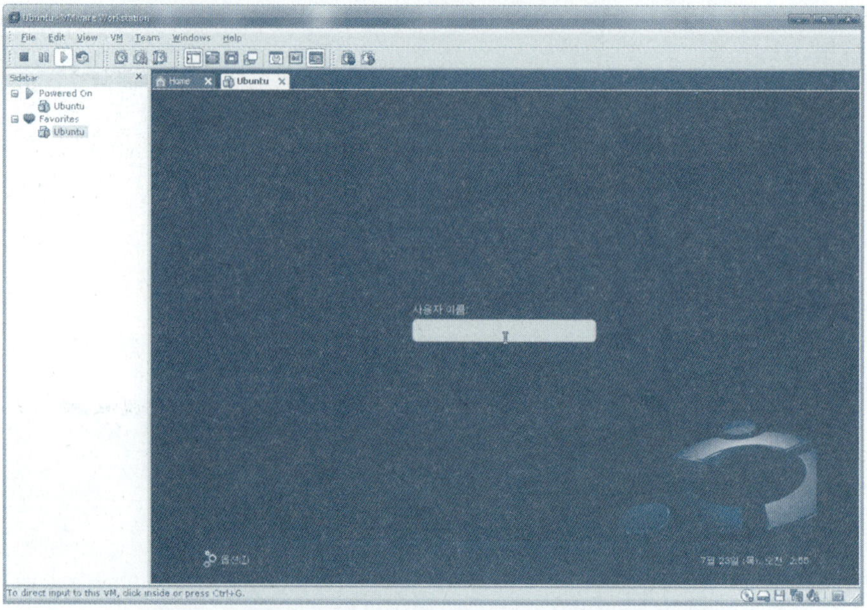

[그림 4-23] 사용자 이름을 입력하고 비밀번호를 입력

㉔ 설치가 완료된 화면이다.

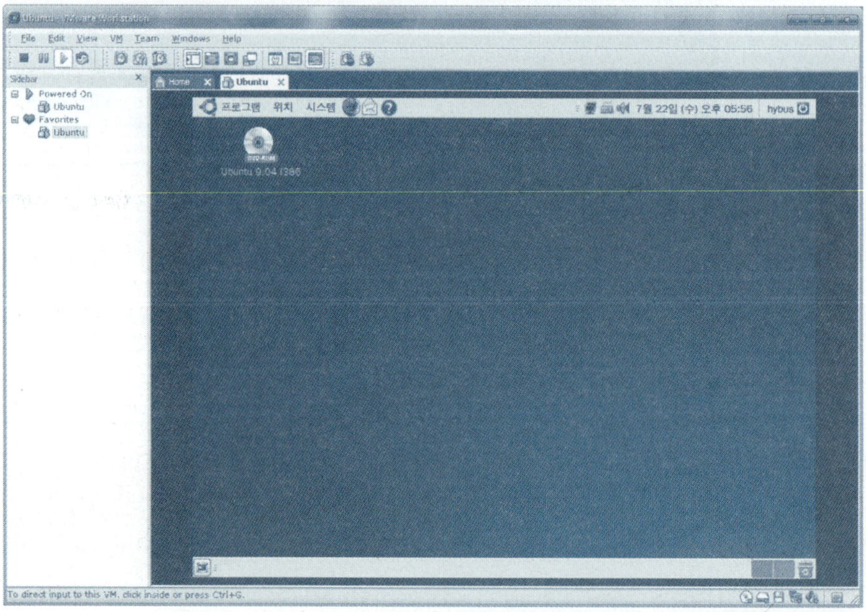

[그림 4-24] 설치가 완료된 화면

Chapter 05 멀티부팅을 이용한 우분투 설치

① 우분투(Ubuntu) CD를 넣고 컴퓨터를 부팅을 한다. 그러면 언어를 선택하라는 창이 나오게 된다.

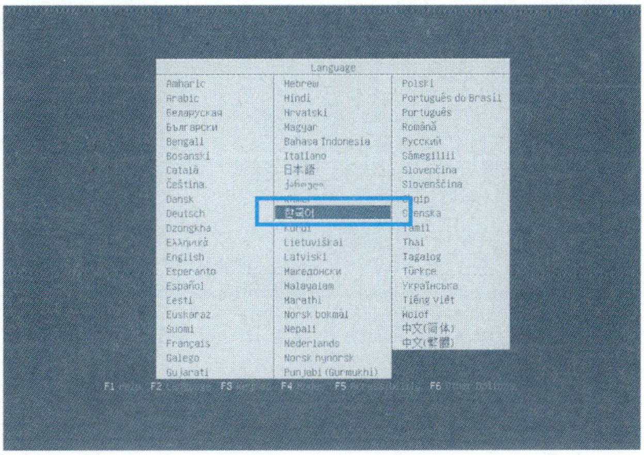

[그림 5-1] 언어를 선택

② 우분투를 설치할 것인지, 아니면 다른 것을 할 것인지 확인하는 창이다. 우분투 설치를 선택하고 Enter를 친다.

[그림 5-2] 우분투 설치를 선택

③ 우분투 사용시 어떤 언어를 사용할 것인지 확인하는 창이다. 한국어를 선택하고 앞으로를 클릭한다.

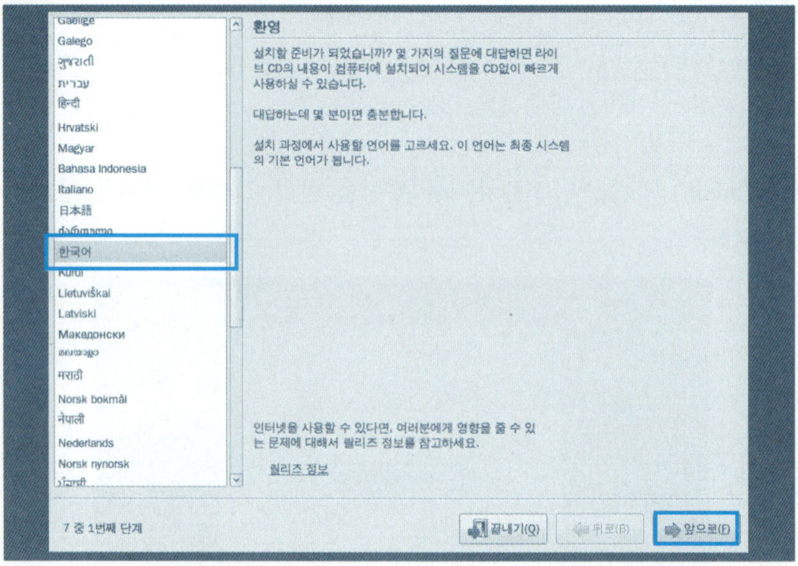

[그림 5-3] 한국어를 선택하고 앞으로를 클릭

④ 현재 살고 있는 지역을 선택하는 창이다. 서울을 선택 후 앞으로를 클릭한다.

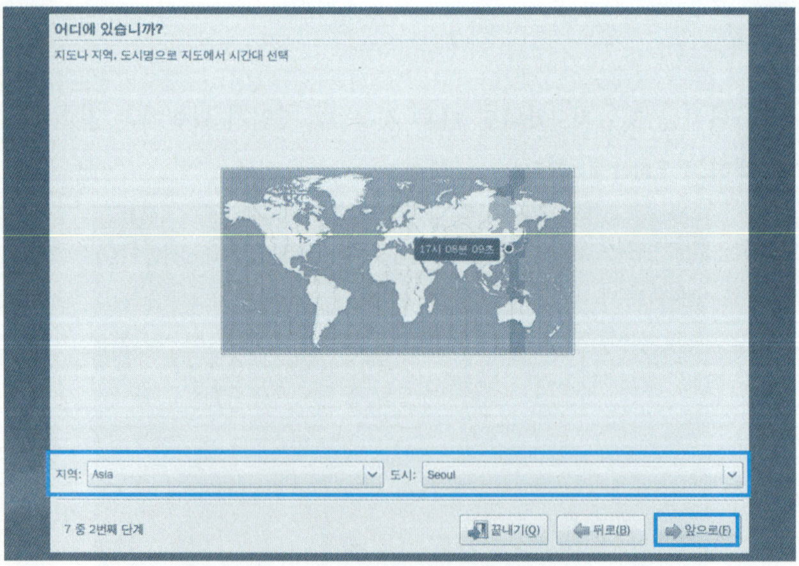

[그림 5-4] 서울을 선택 후 앞으로를 클릭

⑤ 키보드를 선택하는 창이다. Korea를 찾아서 앞으로를 클릭한다.

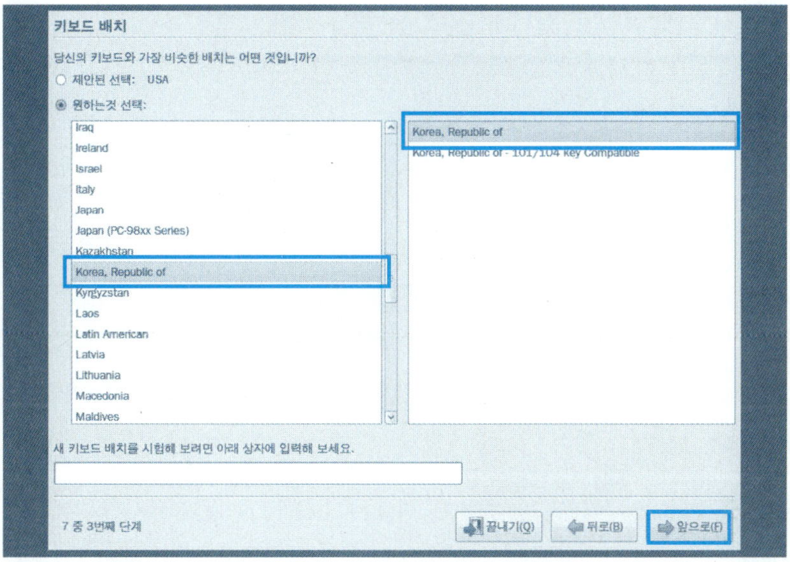

[그림 5-5] Korea를 찾아서 앞으로를 클릭

⑥ 디스크 공간을 분배하는 화면이다. 디스크 전체 사용을 선택 후 앞으로를 클릭한다.

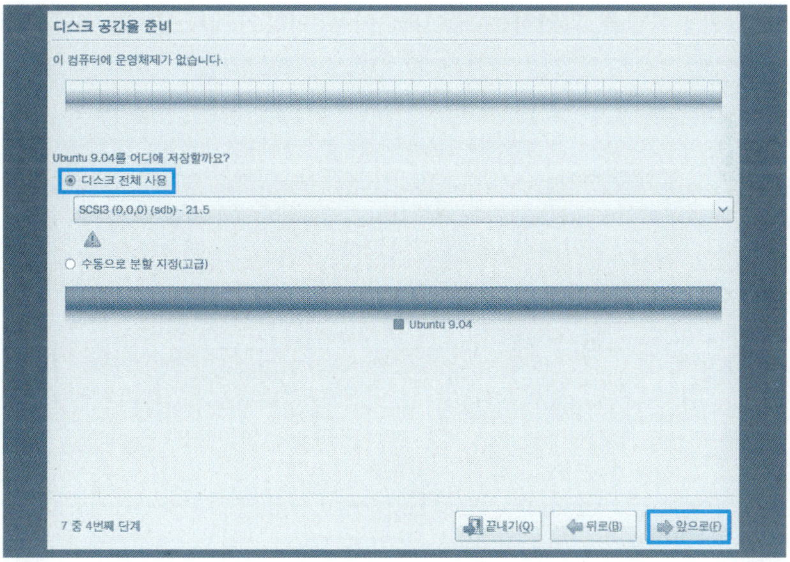

[그림 5-6] 디스크 전체 사용을 선택 후 앞으로를 클릭

⑦ 이름과 암호를 입력하는 화면이다. 이름과 암호를 입력 후 앞으로를 클릭한다. (암호를 잘 기억해 놓아야 한다.)

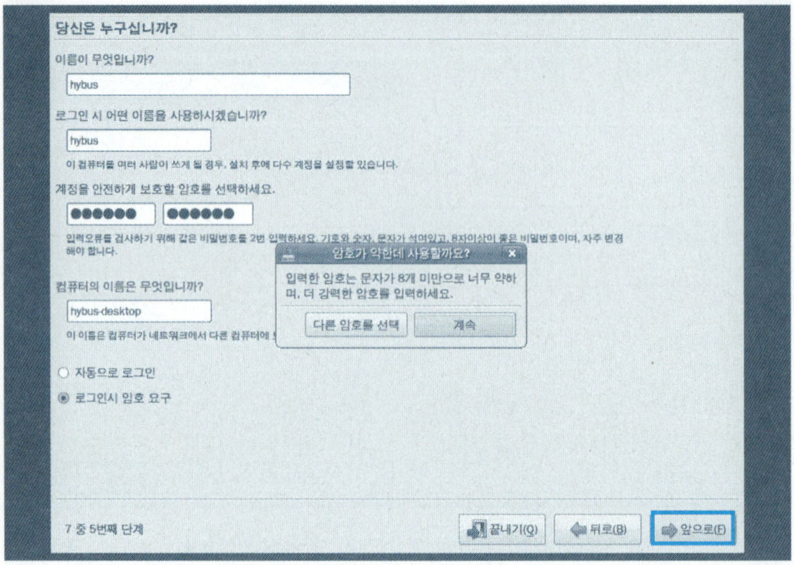

[그림 5-7] 이름과 암호를 입력 후 앞으로를 클릭

⑧ 지금까지 환경설정을 확인하는 창이다. 아무 이상이 없으면 설치를 클릭한다.

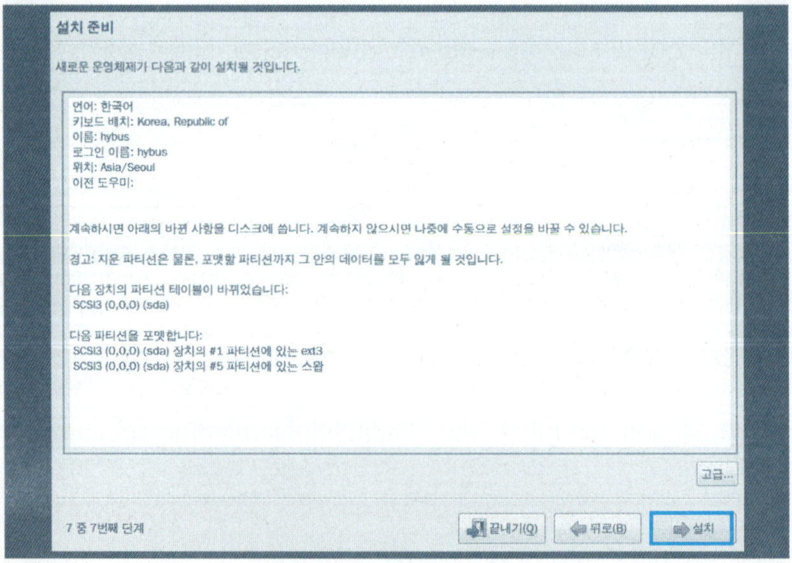

[그림 5-8] 환경설정을 확인

⑨ 우분투를 설치하는 화면이다. 컴퓨터 사항에 따라서 시간이 다소 오래 걸릴 수 있다.

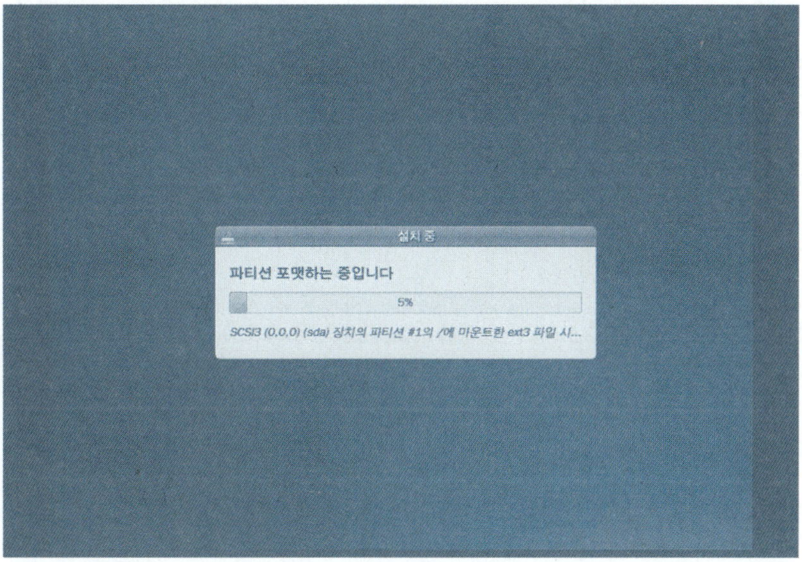

[그림 5-9] 우분투를 설치하는 화면

⑩ 설치가 완료되게 되면 지금 다시 시작을 클릭한다.

[그림 5-10] 설치가 완료

CHAPTER 05

⑪ CD를 확인하는 화면이다. Enter를 누르면 된다.

[그림 5-11] CD를 확인하는 화면

⑫ 재부팅시 우분투(Ubuntu)를 들어갈 것인지 윈도우로 들어갈 것인지 선택하는 화면이다. 우리는 우분투로 들어가야 하기 때문에 우분투를 선택한다.

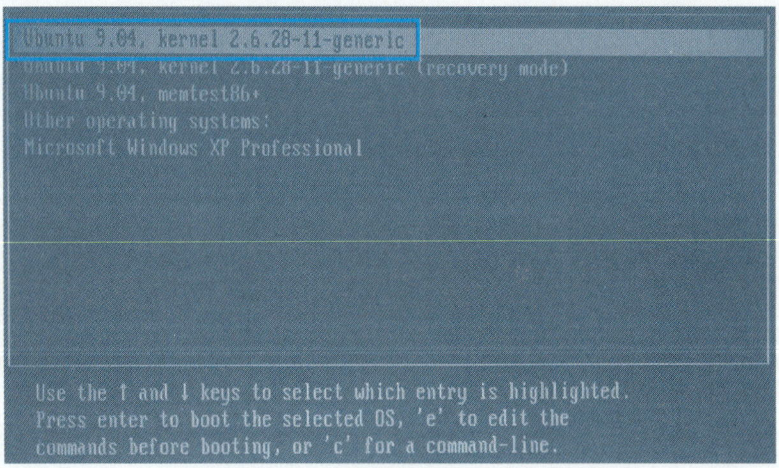

[그림 5-12] 재부팅시 우분투를 선택

⑬ 재부팅이 완료되고 나면 설치시 입력했던 사용자 이름을 입력하고 나면 비밀번호를 입력하는 창이 나오게 된다. 비밀번호까지 입력한다.

[그림 5-13] 사용자 이름을 입력하고 비밀번호를 입력

⑭ 설치가 완료된 화면이다.

[그림 5-14] 설치가 완료된 화면

06 Chapter 우분투 실행

1) 우분투 root 계정 패스워드 만들기

① 프로그램 → 보조프로그램 → 터미널을 실행시킨다.

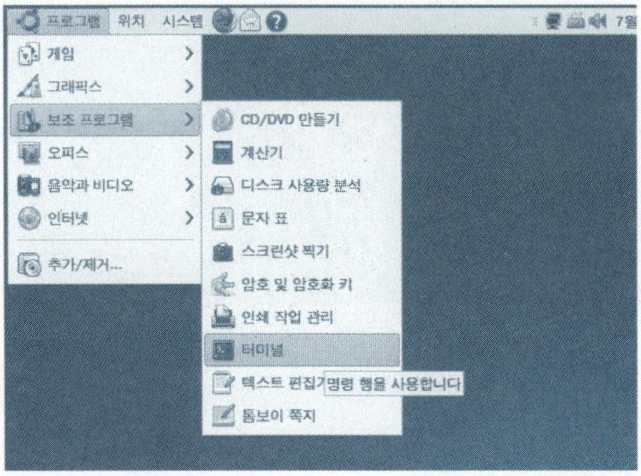

[그림 6-1] 터미널 실행

② 터미널창이 열리면 sudo passwd라고 입력한다.

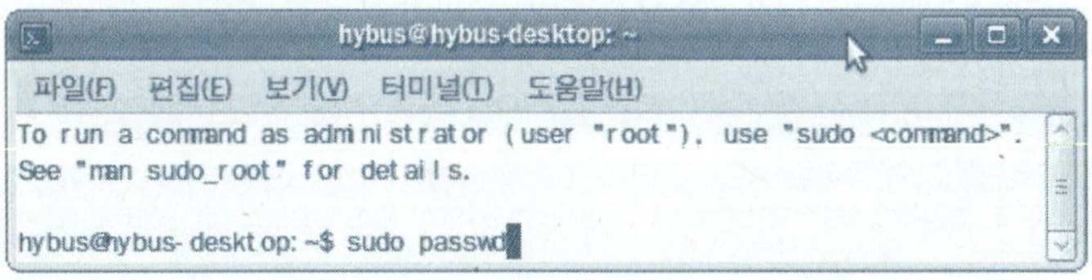

[그림 6-2] sudo passwd 입력

③ 사용자 비밀번호와 내가 사용할 root 계정 비밀번호를 두 번 입력한다.

[그림 6-3] 사용할 root 계정 비밀번호 입력

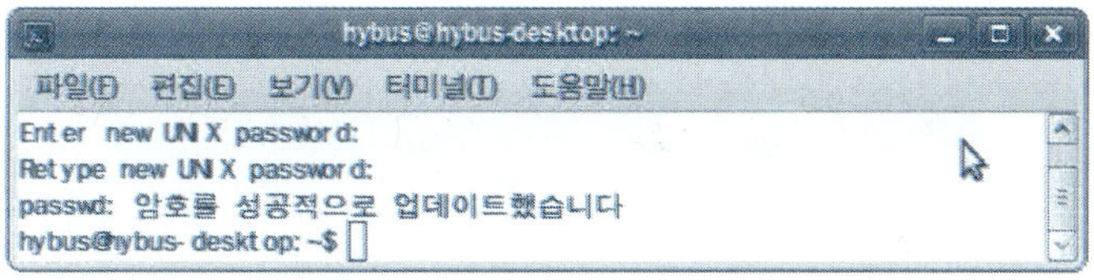

[그림 6-4] 비밀번호를 두 번 입력

2) 인터넷 연결하기

① 윈도우에서 내 네트워크 환경을 선택 후 오른쪽 마우스를 클릭 속성을 선택한다.

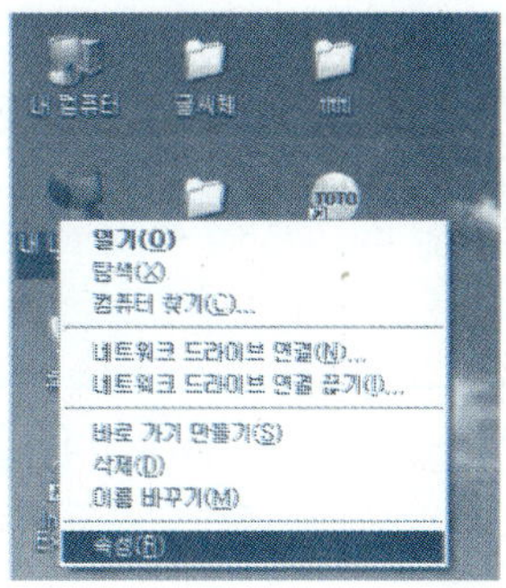

[그림 6-5] 네트워크 환경을 선택

② 로컬 영역 연결을 선택 후 오른쪽 마우스를 클릭 속성을 선택한다.

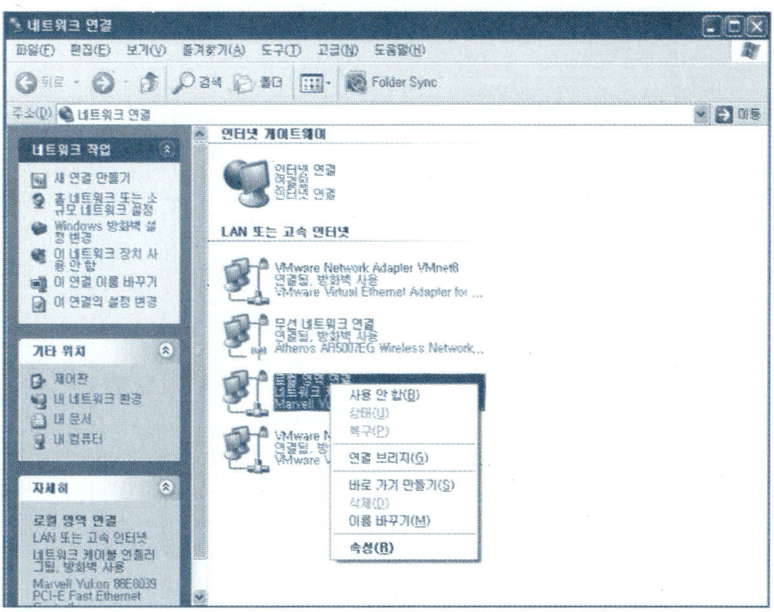

[그림 6-6] 로컬 영역 연결을 선택

③ 인터넷 프로토콜(TCP/IP)을 더블클릭한다.

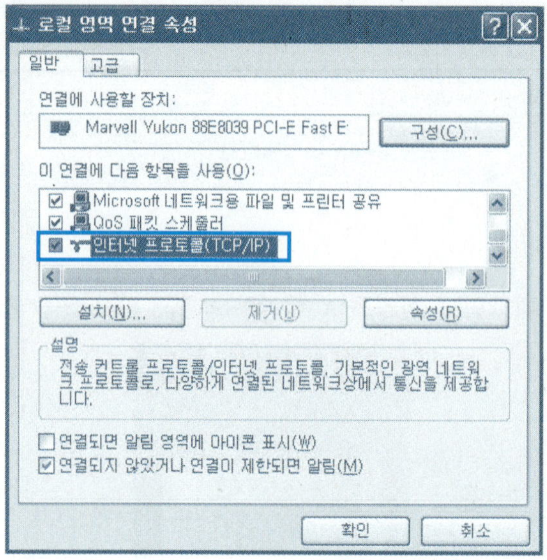

[그림 6-7] 인터넷 프로토콜(TCP/IP)을 더블클릭

④ 창을 보면 현재 사용하고 있는 IP를 알 수가 있다. 여기서 자동으로 되어 있는 경우 그냥 바로 우분투로 가면 되고 자동이 아니라 IP가 적혀 있으면 현재 화면에 나와 있는 IP를 기억을 한다. 그리고 우분투로 부팅을 한다.

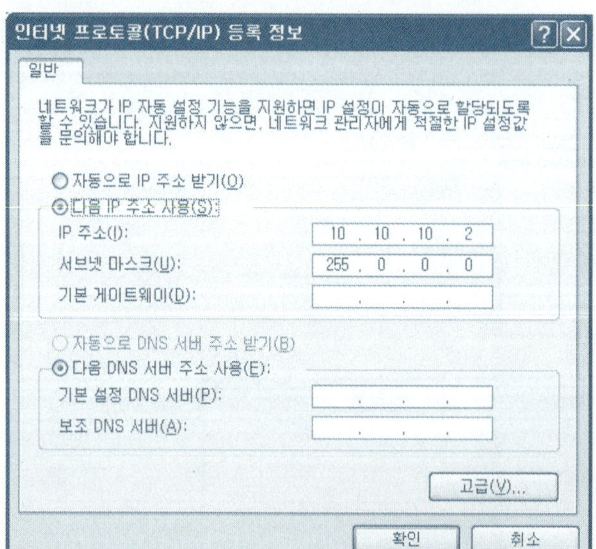

[그림 6-8] 현재 사용하고 있는 IP 확인

⑤ 우분투로 들어와서 시스템 → 기본설정 → 네트워크 연결을 클릭한다.

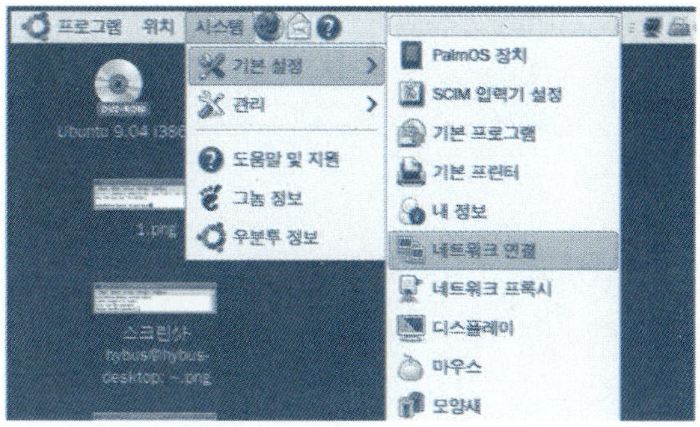

[그림 6-9] 네트워크 연결을 클릭

⑥ Auto eth0을 더블클릭한다.

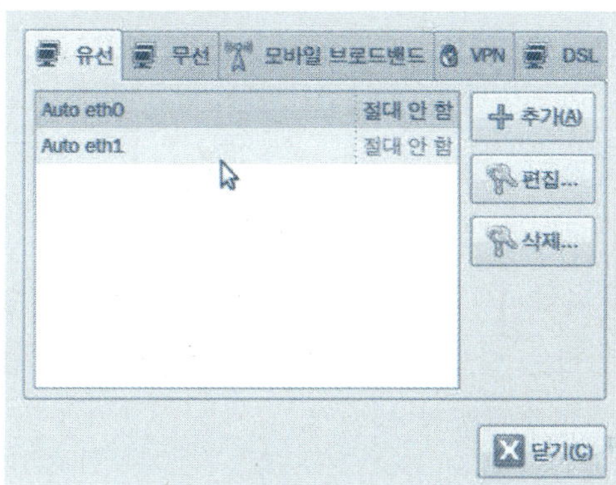

[그림 6-10] Auto eth0을 더블클릭

⑦ 사용자 암호를 입력하라고 하는 창이 나오면 암호를 입력하고 인증을 클릭한다.

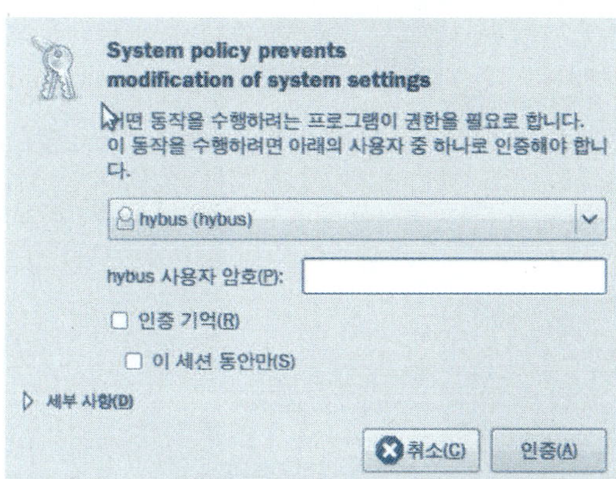

[그림 6-11] 암호를 입력하고 인증을 클릭

CHAPTER 06

8 윈도우에서 보았던 IP, 넷마스크, 게이트웨이를 입력하고 적용을 클릭한다.

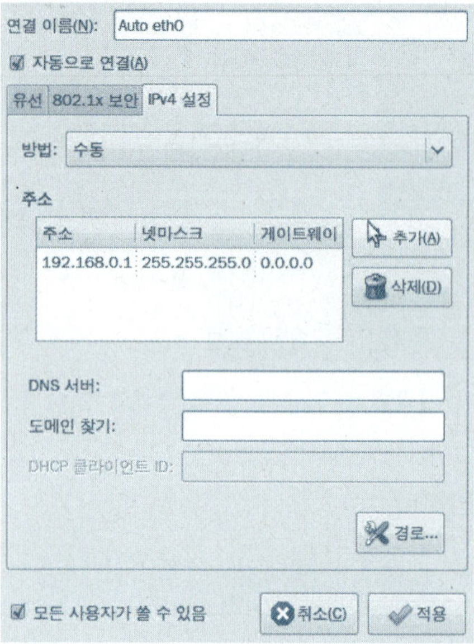

[그림 6-12] IP, 넷마스크, 게이트웨이를 입력

그리고 닫기 버튼을 클릭한 후 컴퓨터를 재부팅한다. 그러면 인터넷 설정이 끝나게 된다. 인터넷이 되는지 확인하는 방법은 시스템 옆에 있는 아이콘을 클릭하거나, 프로그램→인터넷→Firefox 웹브라우저를 클릭한다.

3) 우분투 업데이트

1 터미널창을 연다.

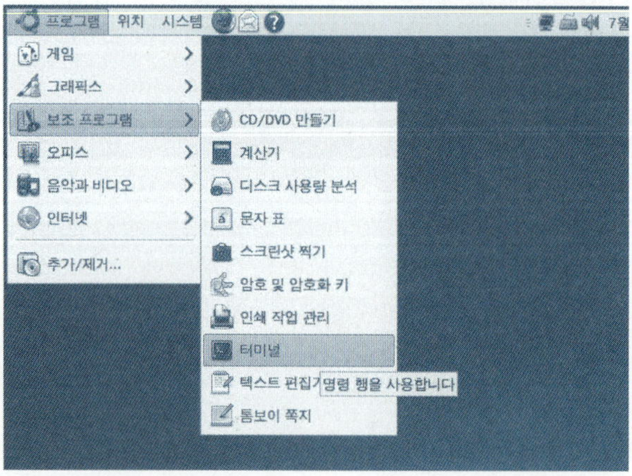

[그림 6-13] 터미널창

② sudo apt-get update를 입력한다.

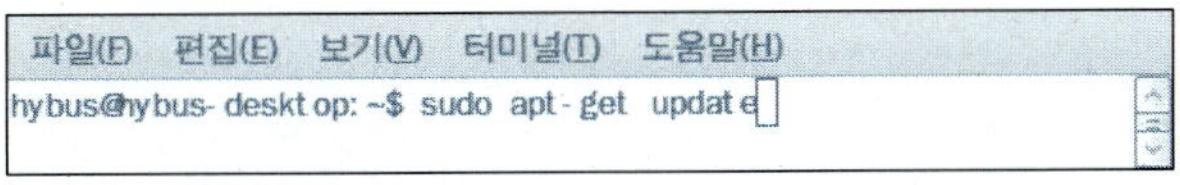

[그림 6-14] sudo apt-get update 입력

③ sudo apt-get upgrade를 입력한다.

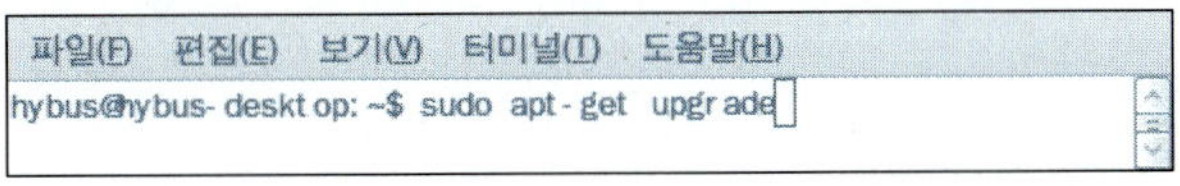

[그림 6-15] sudo apt-get upgrade 입력

apt-get은 인터넷이 연결되어 있어야만 가능한 명령어이다. 이것으로 업데이트는 끝나게 된다.

4) linux 명령어

① ls : 디렉토리와 파일의 목록을 보여준다.

```
ls -adglsFR { 파일명 }* { 디렉토리명 }*
```

-a	모든 파일 보기
-l	자세히 보기
-c	생성 시간순으로 정렬해서 보기
-d	디렉토리만 보기
-i	아이노드와 함께 보기
-k	파일의 크기를 KB 단위로 표시하기
-t	변경 시간순으로 정렬해서 보기
-R	하위 디렉토리의 파일까지 보여주기
-color=yes	파일 속성에 따라 다른 색상으로 표시하여 보여주기

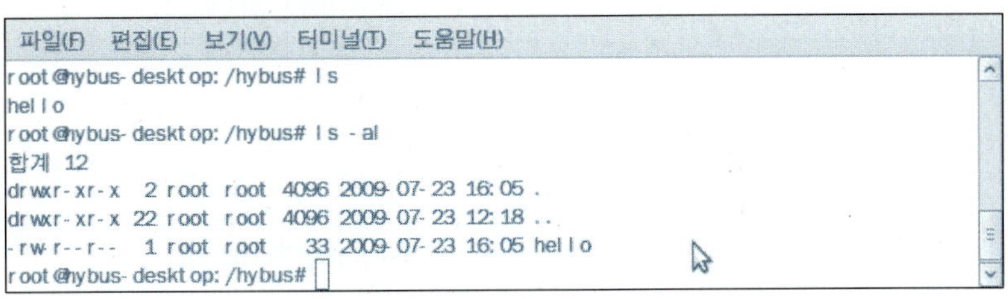

[그림 6-16] 디렉토리와 파일의 목록

② cat : 텍스트 파일 내용을 표준 출력으로 보여준다.

```
cat -n { 파일명 }*
```

[그림 6-17] 텍스트 파일 내용을 표준 출력

③ rm : 파일을 지울 수 있다.

```
rm -fir {파일명}*
```

-i	삭제할 때 확인
-f	강제 삭제
-r	디렉토리를 삭제할 때 하위 디렉토리와 파일도 모두 삭제
-v	rm 명령어 진행과정 출력

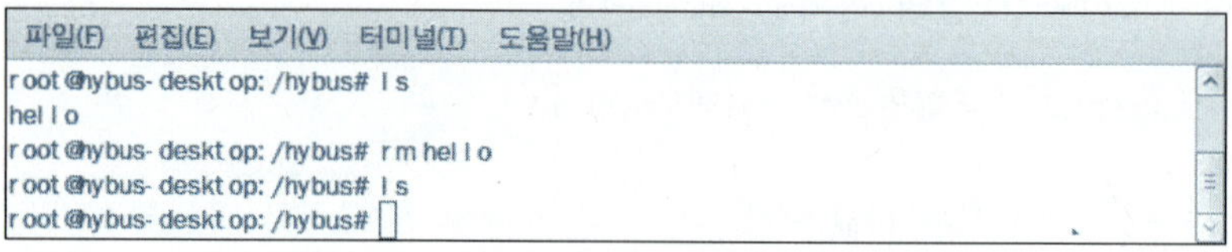

[그림 6-18] 파일 삭제

④ cp : 파일을 복사할 수 있다.

cp의 첫 번째 형식은 기존 파일명의 내용을 생성 파일명으로 복사한다. 생성 파일명이 이미 존재한다면 그 내용은 기존 파일명의 내용에 의해 대체된다. -i 옵션은 우연히 기존 내용에 덮어쓰지 않도록 생성 파일명이 이미 존재한다면 확인을 위한 절차를 거친다.

cp의 두 번째 형식은 디렉토리명에 해당하는 디렉토리로 파일을 복사한다. -r 옵션은 디렉토리인 소스 파일을 재귀적으로 복사하여, 전체 디렉토리 구조를 복사할 수 있다.

```
cp -i 기존 파일명 생성 파일명
cp -ir {파일명}* 디렉토리명
```

```
파일(F) 편집(E) 보기(V) 터미널(T) 도움말(H)
root@hybus-desktop:/hybus# ls
hello
root@hybus-desktop:/hybus# cp hello /my/
root@hybus-desktop:/hybus# 
```

[그림 6-19] 파일을 복사

```
파일(F) 편집(E) 보기(V) 터미널(T) 도움말(H)
root@hybus-desktop:/my# ls
root@hybus-desktop:/my# ls
hello
root@hybus-desktop:/my# 
```

[그림 6-20] 파일 복사 확인

⑤ mv : 파일명을 바꿀 수 있다.

mv의 첫 번째 형식은 기존 파일명을 변경하고자 하는 파일명으로 바꾼다. 만일 변경하고자하는 파일명이 이미 존재한다면, 그 파일의 내용은 기존 파일명의 내용으로 바뀐다.

두 번째 형식은 파일을 다른 디렉토리로 이동시킬 수 있게 하며, 세 번째 형식은 전체 디렉토리를 이동시킬 수 있게 한다.

```
mv -i 기존 파일명 변경 파일명
mv -i {파일명}* 디렉토리명
mv -i 기존 디렉토리명 변경 디렉토리명
```

-b	이동할 자리에 같은 이름의 파일 존재시 백업파일 생성
-f	강제 이동
-i	이동할 때 확인
-u	이동할 때 갱신
-v	이동과정 상세출력

```
파일(F) 편집(E) 보기(V) 터미널(T) 도움말(H)
root@hybus-desktop:/hybus# ls
hello
root@hybus-desktop:/hybus# mv hello hybus
root@hybus-desktop:/hybus# ls
hybus
root@hybus-desktop:/hybus# 
```

[그림 6-21] 파일명을 수정

⑥ find : 파일을 찾을 수 있다.

```
파일(F) 편집(E) 보기(V) 터미널(T) 도움말(H)
root@hybus-desktop:/hybus# find hello
hello
root@hybus-desktop:/hybus#
```

[그림 6-22] 파일을 찾기

⑦ • mkdir : 디렉토리를 생성할 수 있다.

```
mkdir -p 생성 디렉토리명
```

• rmdir

디렉토리를 삭제할 때 사용한다.

```
rmdir {디렉토리명}+
```

```
파일(F) 편집(E) 보기(V) 터미널(T) 도움말(H)
root@hybus-desktop:/hybus# ls
hello
root@hybus-desktop:/hybus# mkdir test
root@hybus-desktop:/hybus# ls
hello  test
root@hybus-desktop:/hybus#
```

[그림 6-23] 디렉토리를 생성

⑧ tar : 파일을 묶기/풀기를 할 수 있다.

–c	하나의 파일로 묶기
–x	묶인 파일 풀기
–v	파일을 묶거나 풀 때 진행과정을 자세히 보여줌
–f	묶음 파일명, tar 명령어를 사용할 때 반드시 사용
–z	gzip과 관련하여 압축/복원을 동시에 수행
–j	bzip2와 관련하여 압축/복원을 동시에 수행

```
파일(F) 편집(E) 보기(V) 터미널(T) 도움말(H)
root@hybus-desktop:/hybus# ls
hello
root@hybus-desktop:/hybus# tar zcvf hello.tar hello
hello
root@hybus-desktop:/hybus# ls
hello  hello.tar
root@hybus-desktop:/hybus# clear
```

[그림 6-24] 파일을 묶기

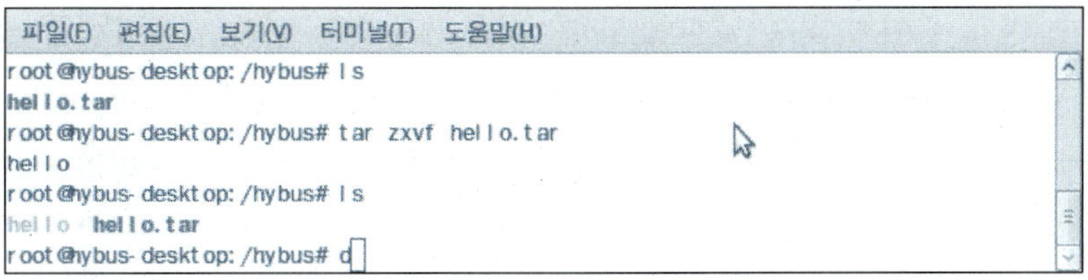

[그림 6-25] 파일을 풀기

⑨ chmod : 파일 권한을 바꿀 수 있다.

```
chmod -R change {,change}*{파일명}+
```

허가권은 다음과 같이 네 부분으로 나누어져 있다. 첫 번째 부분은 하나의 문자로 구성되며 일반 파일은 하이픈(-) 디렉토리는 d, 링크는 l(L의 소문자)로 표시된다. 그리고 나머지 세 부분은 파일의 접근 권한을 의미한다.

접근 권한은 3개 문자 단위로 나타나며 소유자(user), 그룹(group), 그리고 기타(other) 순서로 나타낸다. 각 사용자를 위한 3개의 문자는 아래와 같은 의미를 가지며 chmod 명령어로 변경할 수 있다.

[표 6-1] 허가권의 의미와 허가권 값

허가권	값(8진수)
R = 읽기(Read)	4
W = 쓰기(Write)	2
X = 실행하기(EXecute)	1

파일의 허가권을 파일 소유자만 일기, 쓰기, 실행하기가 가능하도록 변경하고자 하는 '700'을 사용하면 된다. '700'에서 7은 파일 소유자에 대한 접근 권한으로 RWX의 값이 모두 1로써 2진법의 111, 즉 8진법의 7(4+2+1)을 의미한다. 나머지 2개의 0은 파일 소유자 이외 사용자에 대한 접근 권한으로 RWX에 대한 값이 2진법의 000, 즉 0을 나타낸다.

이 외에도 파일 접근 권한을 변경하기 위해 기호를 사용할 수 있다. 파일 소유자, 그룹 사용자, 기타 사용자에 대해 각각 u, g, o로 표기하며 읽기, 쓰기, 실행을 위해 각각 r, w, x로 표기한다. 또한 권한을 추가하기 위해 +기호, 제거하기 위해 −기호를 사용한다.

기호 모드에서 사용하는 문자와 기호의 의미는 [표 6-2]와 같다.

예를 들어, 현재 주어진 파일 권한에 대해 파일 소유자와 그룹 사용자에게 실행 권한을 추가하고자 한다면 ug+x'라는 옵션을 사용한다. 이와 같은 기호를 사용한 파일 접근 권한 변경은 현재의 접근 권한을 유지한 채 일부 접근 권한만 변화시킬 경우 유용하게 사용될 수 있다.

[표 6-2] 기호 모드에서 사용하는 문자와 기호

문자/기호	의미
u	파일 소유자
g	소유자가 속한 그룹
o	소유자와 그룹 이외의 기타 사용자
+	권한 부여
–	권한 제거
r	읽기 권한
w	쓰기 권한
x	실행 권한

```
파일(F) 편집(E) 보기(V) 터미널(T) 도움말(H)
root@hybus-desktop:/hybus# ls -al
합계 12
drwxr-xr-x  2 root root 4096 2009-07-23 16:34 .
drwxr-xr-x 23 root root 4096 2009-07-23 16:07 ..
-rw-rw-rw-  1 root root   33 2009-07-23 16:09 hello
root@hybus-desktop:/hybus# chmod 777 hello
root@hybus-desktop:/hybus# ls -al
합계 12
drwxr-xr-x  2 root root 4096 2009-07-23 16:34 .
drwxr-xr-x 23 root root 4096 2009-07-23 16:07 ..
-rwxrwxrwx  1 root root   33 2009-07-23 16:09 hello
root@hybus-desktop:/hybus#
```

[그림 6-26] 파일 권한 변경

⑩ ping

원격 시스템이 정상적으로 네트워크에 연결되어 있는지 확인하는 명령어이다. 이 명령어를 통하여 네트워크에 접속된 컴퓨터에 대한 접근 여부와 데이터 패킷의 왕복시간에 관한 정보를 알 수 있다. ping 명령어를 실행하면 끊임없이 원격 컴퓨터로부터 패킷을 가져오는데 ctrl+c 키를 입력함으로써 명령어 실행을 중단할 수 있다.

```
ping {ip 주소 | URL}
```

⑪ ifconfig

네트워크 인터페이스를 설정 및 확인하는 명령어이다.

```
ifconfig [dev] [ip] [netamsk] [broadcast_address]
```

첫 번째 ifconfig 명령은 eth0의 현재 아이피의 주소를 확인하는 것이다.

두 번째 ifconfig 명령은 eth0의 ip 주소로 예를 들자면 (192.168.100.222)로 보여준 것이다.

⑫ gzip/bzip2

파일을 압축할 때 사용하는 명령어이다. 옵션 d를 사용하면 압축된 파일을 푼다.

```
gzip 파일명
bzip2 파일명
```

첫 번째 gzip 명령은 test1이라는 파일을 압축한 것이다. bzip2도 동일한 방법으로 test2라는 파일을 압축한 것이다.

두 번째 gzip 명령은 첫 번째 명령에서 압축한 test1.gz 파일을 푼 것이다. bzip2도 역시 test2.bz2를 푼 것이다(bzip2는 gzip과 다르게 .bz2 확장자까지 입력해야 압축을 풀 수 있다).

⑬ rpm

파일이나 디렉토리를 지정된 정보를 가지고 묶거나 지정된 디렉토리를 푸는 명령어이다. rpm은 다수의 파일을 하나로 묶는 패키지 관리 프로그램으로 Redhat Package Manager의 약어다. tar 명령어와는 달리 묶여진 파일들이 지정된 디렉토리에 풀어진다. rpm으로 묶여진 파일을 살펴보면 패키지 버전, 프로세서 종류와 같은 정보가 파일 이름에 포함되어 있다.

–i	패키지를 설치
–v	진행과정을 자세히 보여줌
–h	진행과정을 해쉬 마크로 보여줌
–q	질의 모드
–a	모든 패키지를 조사
–U	기존에 다른 버전이 설치되어 있다면 업그레이드
–e	설치된 패키지를 삭제함

첫 번째 rpm 명령은 tftp라는 rpm이 설치되어 있는지 확인한다. 두 번째 rpm 명령의 예로 tftp-server-0.17-9라는 설치되어 있는 패키지를 지우 것이다. 세 번째 rpm 명령의 예로 tftp-server-0.17-0.i386.rpm 이라는 패키지를 설치하는 것이다.

⑭ mount/umount

mount는 CD-ROM 혹은 플로피 디스크 등과 같은 디바이스를 디렉토리와 연관시켜 파이과 같이 사용할 수 있도록 인식시킬 때 사용한다.

umount 명령어는 마운트된 디바이스를 디렉토리에서 해제할 때 사용한다. 리눅스에서 사용하는 모든 디바이스는 /dev 디렉토리에 있다. 디바이스는 일반적으로 /mnt 디렉토리 아래에 마운트할 디렉토리를 생성하여 마운트한다.

```
mount -o {장치 디렉토리 마운트 디렉토리}
umount 마운트 디렉토리
```

⑮ ln

파일간의 하드 링크와 심벌릭 링크를 모두 생성할 때 사용하는 명령어이다. -s 옵션을 사용하지 않으면 하드 링크 파일을 생성한다. 일반적으로 -s 옵션을 사용하는 심벌릭 링크를 사용한다.

하드 링크를 생성하면 동일한 아이노드(inode)를 가리키는 새로운 파일이 생성되고, 소프트 링크(심벌릭 링크)를 생성하면 신규 아이노드가 생성되며 생성된 아이노드는 원본 데이터 파일과 연결된다.

따라서 원본 데이터 파일을 옮기면 하드 링크는 동일한 아이노드를 사용하기 때문에 원본 데이터 파일에 접근할 수 있다. 그러나 소프트 링크는 별도의 아이노드를 사용하기 때문에 원본 데이터의 이동을 인식하지 못하여 접근할 수 없어 윈도우의 바로가기와 유사하다. 그러나 파일시스템이 다른 곳에서 하드링크를 생성할 수 없다.

```
ln -sf 오리지널 파일명 { 링크할 파일명 }
ln -sf { 오리지널 파일명 }+ 디렉토리명
```

⑯ touch

파일이 존재할 경우 파일 수정날짜를 변경할 수 있으며, 해당 파일이 존재하지 않는다면 빈 파일(크기 0)이 명령어를 수행한 사용자 소유로 생성된다.

```
touch -c { 파일명 }+
```

⑰ cd

디렉토리 이동을 위한 명령어이다.

리눅스에서 디렉토리 구분자는 '/' 이며, 일반 사용자의 대개 홈디렉토리(로그인할 때 처음 위치하는 디렉토리)로 /home 디렉토리 아래에 사용자의 계정이름과 같은 이름의 디렉토리를 사용한다.

```
cd [ 디렉토리명 ]
```

첫 번째 명령의 예는 하위 디렉토리 bin으로 이동하라는 명령어이다.

예 cd bin

참고로 pwd는 현재 위치에 있는 디렉토리를 보여주는 명령어이다.

두 번째 cd 명령의 예는 홈디렉토리로 이동하라는 것이다.

예 cd ~

세 번째 cd 명령의 예는 절대 경로인 루트(/)를 이용해 usr이라는 디렉토리로 이동하라는 명령어이다.

예 cd /usr

네 번째 cd 명령의 예는 하위 디렉토리에서 상위 디렉토리로 이동하라는 명령어이다. 예는 cd ..은 한 단계, cd ../..는 두 단계 상위 디렉트리로 이동하는 명령어이다.

예 cd .. 혹은 cd ../..

07 Chapter 시리얼 및 이더넷 환경구축

01 시리얼 연결 및 구축

1) 시리얼 연결

시리얼 케이블을 연결한다. X-Hyper320TKU에는 그림과 같이 시리얼 케이블로 보드의 DEBUG1이라고 쓰여져 있는 시리얼 커넥터와 호스트 PC의 COM포트에 연결해주면 된다. DEBUG1 포트와 PC의 시리얼 포트에 연결한다.

[그림 7-1] 시리얼 케이블을 연결

2) 시리얼 셋팅

① 터미널창을 연다.

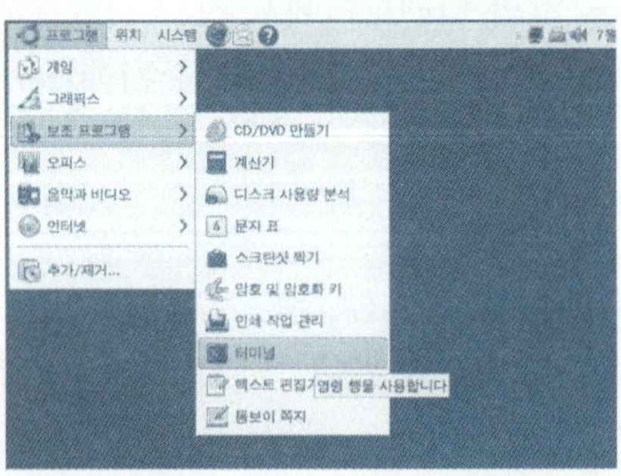

[그림 7-2] 터미널창 클릭

② sudo apt-get install minicom을 입력한다.

```
파일(F)  편집(E)  보기(V)  터미널(T)  도움말(H)
root@hybus-desktop:/home/hybus# sudo apt-get install minicom
패키지 목록을 읽는 중입니다... 완료
의존성 트리를 만드는 중입니다
상태 정보를 읽는 중입니다... 완료
제안하는 패키지:
  lrzsz
다음 새 패키지를 설치할 것입니다:
  minicom
0개 업그레이드, 1개 새로 설치, 0개 지우기 및 0개 업그레이드 안 함.
175kB바이트 아카이브를 받아야 합니다.
이 작업 후 1188kB바이트의 디스크 공간을 더 사용하게 됩니다.
받기:1 http://kr.archive.ubuntu.com jaunty/main minicom 2.3-1ubuntu1 [175kB]
내려받기 175kB바이트, 소요시간 0s (274kB바이트/초)
전에 선택하지 않은 minicom 패키지를 선택합니다.
(데이터베이스 읽는중 ...
```

[그림 7-3] sudo apt-get install minicom을 입력

③ 설치가 완료되면 sudo minicom -s를 입력한다.

```
파일(F)  편집(E)  보기(V)  터미널(T)  도움말(H)
hybus@hybus-desktop:~$ minicom -s
```

[그림 7-4] sudo minicom -s 입력

④ "serial port setup"에서 Bps 38400 8N1, Hardware Flow Control : NO로 세팅한다. Serial Device에서 /dev/ttyS0는 COM1, /dev/ttyS1은 COM2이다. USB to serial을 사용할 경우 /dev/ttyUSB0로 시작된다.

```
+-----[configuration]------+
| Filenames and paths      |
| File transfer protocols  |
| Serial port setup        |
| Modem and dialing        |
| Screen and keyboard      |
| Save setup as dfl        |
| Save setup as..          |
| Exit                     |
| Exit from Minicom        |
+--------------------------+
```

[그림 7-5] "serial port setup"에서

```
+-----------------------------------------------------------------------+
| A -    Serial Device      : /dev/ttyS0                                |
| B - Lockfile Location     : /var/lock                                 |
| C -   Callin Program      :                                           |
| D -  Callout Program      :                                           |
| E -    Bps/Par/Bits       : 38400 8N1                                 |
| F - Hardware Flow Control : 아니오                                    |
| G - Software Flow Control : 아니오                                    |
|                                                                       |
|    Change which setting?                                              |
+-----------------------------------------------------------------------+
```

[그림 7-6] 시리얼 포트 설정

⑤ 설정이 모두 끝났으면 "Save setup as dfl"로 저장하고 종료한 후 다시 minicom을 실행한다.

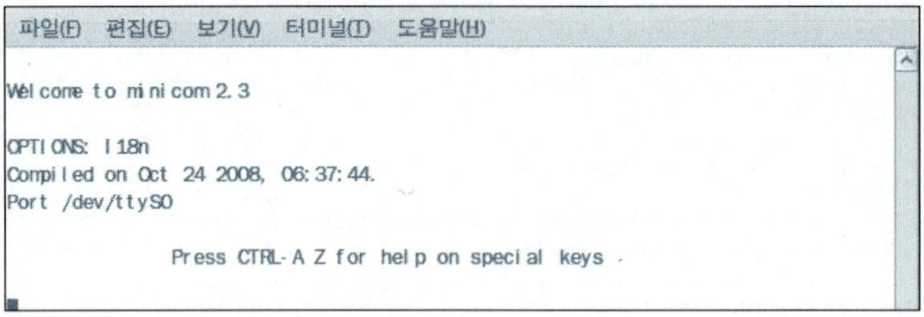

[그림 7-7] minicom을 실행

02 이더넷 연결 및 구축

이더넷 크로스 케이블(Ethernet cross cable)을 연결한다. X-Hyper320TKU의 이더넷 포트(Ethernet port) (LAN)와 Host PC의 RJ45(이더넷 카드)를 제공한 크로스 LAN 케이블로 연결한다. (X-Hyper320TKU를 이더넷 허브에 직접 연결하려면 일반 Direct LAN cable을 연결하면 된다.) 이더넷 포트는 2가지가 있는데 현재 2차 Beta 버전에는 [그림 7-8]의 포트를 사용한다.

[그림 7-8] 이더넷 크로스 케이블을 연결

08 Chapter 부트로더 환경구축

1) 부트로더 설치

① Hybus에서 제공한 CD를 넣은 다음 터미널창을 연다.

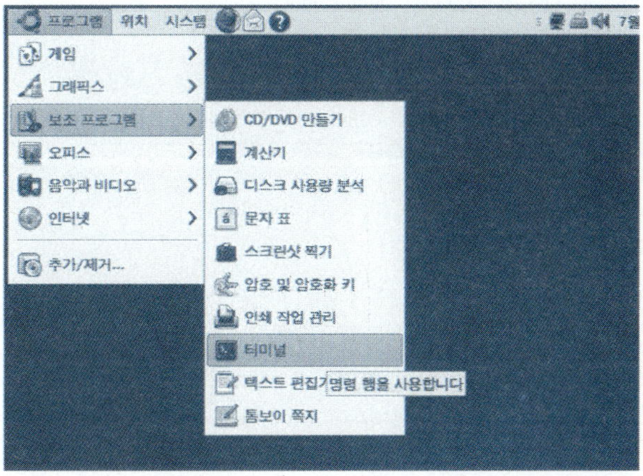

[그림 8-1] 터미널창을 설정

② /media/cdrom/Toolchaine/ 이동한다.

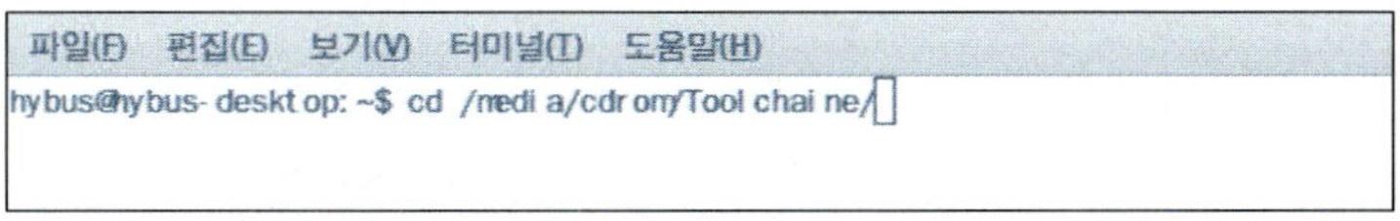

[그림 8-2] /media/cdrom/Toolchaine/ 이동

③ arm-linux-4.1.1.tgz 파일을 /usr/local/로 이동시킨다.

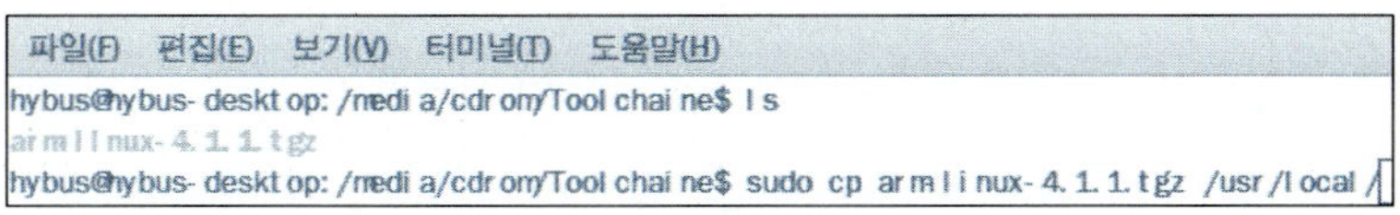

[그림 8-3] arm-linux-4.1.1.tgz 파일을 /usr/local/로 이동

④ /usr/local로 이동한다.

```
파일(F)  편집(E)  보기(V)  터미널(T)  도움말(H)
hybus@hybus-desktop:/media/cdrom/Toolchaine$ cd /usr/local
hybus@hybus-desktop:/usr/local$ ls
arm-linux-4.1.1.tgz  bin  etc  games  include  lib  man  sbin  share  src
hybus@hybus-desktop:/usr/local$
```

[그림 8-4] /usr/local로 이동

⑤ arm-linux-4.1.1.tag 압축을 푼다.

```
파일(F)  편집(E)  보기(V)  터미널(T)  도움말(H)
hybus@hybus-desktop:/usr/local$ ls
arm-linux-4.1.1.tgz  bin  etc  games  include  lib  man  sbin  share  src
hybus@hybus-desktop:/usr/local$ sudo tar zxvf arm-linux-4.1.1.tgz
```

[그림 8-5] arm-linux-4.1.1.tag 압축을 푼다

⑥ vi 에디터를 사용해서 PATH를 지정한 후 "source /etc/profile"로 적용한다.

```
파일(F)  편집(E)  보기(V)  터미널(T)  도움말(H)
hybus@hybus-desktop:~$ sudo vi /etc/profile
[sudo] password for hybus:
```

[그림 8-6] vi 에디터를 사용

```
파일(F)  편집(E)  보기(V)  터미널(T)  도움말(H)
      . $i
    fi
  done
  unset i
fi

if [ "$PS1" ]; then
  if [ "$BASH" ]; then
    PS1='\u@\h:\w\$ '
    if [ -f /etc/bash.bashrc ]; then
        . /etc/bash.bashrc
    fi
  else
    if [ "`id -u`" -eq 0 ]; then
      PS1='# '
    else
      PS1='$ '
    fi
  fi
fi

umask 022
PATH=$PATH:/usr/local/arm-linux-4.1.1/bin/
```

[그림 8-7] PATH를 지정

```
파일(F) 편집(E) 보기(V) 터미널(T) 도움말(H)
hybus@hybus-desktop:~$ source /etc/profile
```

[그림 8-8] "source /etc/profile"로 적용

7 which 명령어를 통해서 PATH가 적용된 것을 확인한다.

```
파일(F) 편집(E) 보기(V) 터미널(T) 도움말(H)
hybus@hybus-desktop:~$ which arm-linux-gcc
/usr/local/arm-linux-4.1.1/bin//arm-linux-gcc
hybus@hybus-desktop:~$
```

[그림 8-9] which 명령어를 통해서 PATH가 적용 확인

2) 부트로더 컴파일

1 CD를 넣고 터미널창을 연다.

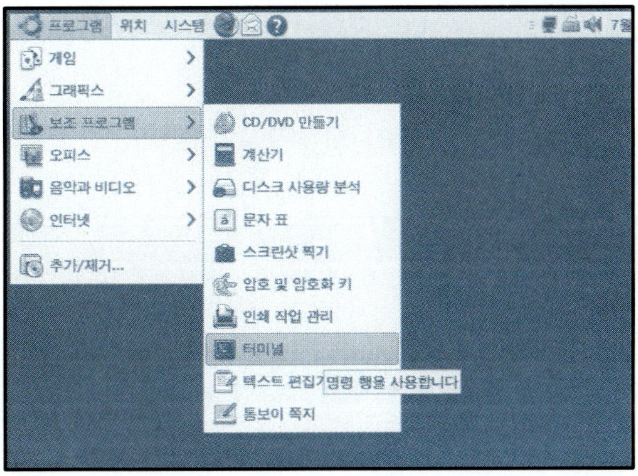

[그림 8-10] 터미널창을 오픈

2 /media/cdrom/Bootloader로 이동한다.

```
파일(F) 편집(E) 보기(V) 터미널(T) 도움말(H)
hybus@hybus-desktop:~$ cd /media/cdrom/Bootloader/
```

[그림 8-11] /media/cdrom/Bootloader로 이동

3 디렉토리를 만든 후 Bootloader를 복사한다.

```
파일(F) 편집(E) 보기(V) 터미널(T) 도움말(H)
hybus@hybus-desktop:/media/cdrom/Bootloader$ sudo cp Bootloader.tgz /Bootloader/
```

[그림 8-12] 디렉토리를 만듬

CHAPTER 08

```
파일(F) 편집(E) 보기(V) 터미널(T) 도움말(H)
hybus@hybus-desktop:/media/cdrom/Bootloader$ sudo mkdir /Bootloader
```

[그림 8-13] Bootloader를 복사

④ /Bootloader로 이동한다.

```
파일(F) 편집(E) 보기(V) 터미널(T) 도움말(H)
hybus@hybus-desktop:/media/cdrom/Bootloader$ cd /Bootloader/
hybus@hybus-desktop:/Bootloader$ ls
Bootloader.tgz
hybus@hybus-desktop:/Bootloader$
```

[그림 8-14] /Bootloader로 이동

⑤ Bootloader 압축을 푼다.

```
파일(F) 편집(E) 보기(V) 터미널(T) 도움말(H)
util/mkfs.jffs2
hybus@hybus-desktop:/Bootloader$ ls
Bootloader.tgz  blob  Image  mobm  util
hybus@hybus-desktop:/Bootloader$
```

[그림 8-15] 리스트 확인

```
파일(F) 편집(E) 보기(V) 터미널(T) 도움말(H)
hybus@hybus-desktop:/Bootloader$ sudo tar zxvf Bootloader.tgz
```

[그림 8-16] Bootloader 압축을 푼다

⑥ /Bootloader/blob 디렉토리로 이동한다.

```
파일(F) 편집(E) 보기(V) 터미널(T) 도움말(H)
hybus@hybus-desktop:/Bootloader$ cd /Bootloader/blob
hybus@hybus-desktop:/Bootloader/blob$
```

[그림 8-17] /Bootloader/blob 디렉토리로 이동

⑦ ./config.sh를 이용해 blob를 빌드한다.

```
파일(F) 편집(E) 보기(V) 터미널(T) 도움말(H)
hybus@hybus-desktop:/Bootloader/blob$ ./config.sh
```

[그림 8-18] ./config.sh를 이용

```
파일(F) 편집(E) 보기(V) 터미널(T) 도움말(H)
Compiling BLOB done!
2009. 07. 28. (화) 11:52:32 KST
hybus@hybus-desktop:/Bootloader/blob$
```

[그림 8-19] blob를 빌드

⑧ /Bootloader/mobm 디렉토리로 이동한다.

```
파일(F) 편집(E) 보기(V) 터미널(T) 도움말(H)
hybus@hybus-desktop:/Bootloader$ cd /Bootloader/mobm/
hybus@hybus-desktop:/Bootloader/mobm$
```

[그림 8-20] /Bootloader/mobm 디렉토리로 이동

⑨ make를 이용해 mobm를 빌드한다.

```
파일(F) 편집(E) 보기(V) 터미널(T) 도움말(H)
hybus@hybus-desktop:/Bootloader/mobm$ sudo make
```

[그림 8-21] make를 이용해 mobm를 빌드

⑩ /Bootloader/image 디렉토리로 이동한다.

```
파일(F) 편집(E) 보기(V) 터미널(T) 도움말(H)
hybus@hybus-desktop:/Bootloader$ cd /Bootloader/image/
hybus@hybus-desktop:/Bootloader/image$
```

[그림 8-22] /Bootloader/image 디렉토리로 이동

⑪ mk_boot.sh 스크립트를 이용해서 boot.bin 이미지를 생성한다.

```
파일(F) 편집(E) 보기(V) 터미널(T) 도움말(H)
hybus@hybus-desktop:/Bootloader/image$ sudo ./mk_boot.sh
[sudo] password for hybus:
hybus@hybus-desktop:/Bootloader/image$
```

[그림 8-23] mk_boot.sh 스크립트를 이용

```
파일(F) 편집(E) 보기(V) 터미널(T) 도움말(H)
hybus@hybus-desktop:/Bootloader/image$ ls
blob  boot.bin  mk_boot.sh  mobm
hybus@hybus-desktop:/Bootloader/image$
```

[그림 8-24] boot.in 이미지를 생성

이미지가 생성되었으면 이제 부트로더를 타깃보드에 퓨징해 보겠다.

3) 부트로더 퓨징

X-Hyper320TKU보드는 기본적으로 부트로더가 퓨징(fusing)되어 출시된다. 아래와 같이 부트로더 동작 메시지가 확인되면 XDB 사용부분은 패스하고 "커널" 장으로 넘어가면 된다.

① 부트로더 이미지(boot.bin)를 PXA320 Nand Flash에 Write하기 위해서는 XDB debbugger가 필요하다. XDB를 보드에 연결한다.

[그림 8-25] XDB를 보드에 연결

② Hybus 홈페이지에서 XDB용 소프트웨어 Marvell C++ Software Development Tool Suite for Intel XScale® Microarchitecture, Professional, v2.1을 PC에 설치한다.

③ Marvell(R) XDB Debugger를 실행하고 New를 선택한다.

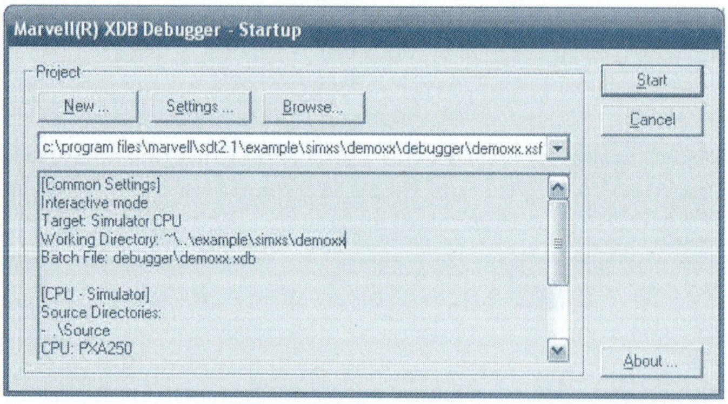

[그림 8-26] Marvell(R) XDB Debugger를 실행하고 New를 선택

④ Target과 Initial Batch File을 설정한다.

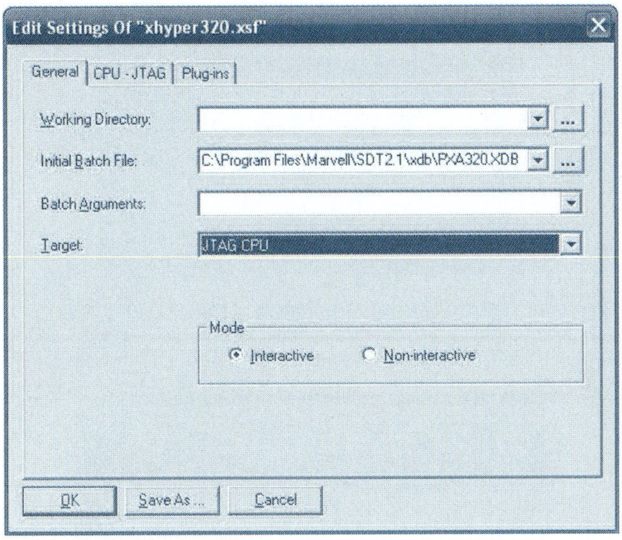

[그림 8-27] Target과 Initial Batch File을 설정

⑤ CPU-JTAG에서 Board를 PXA3XX로 세팅한다.

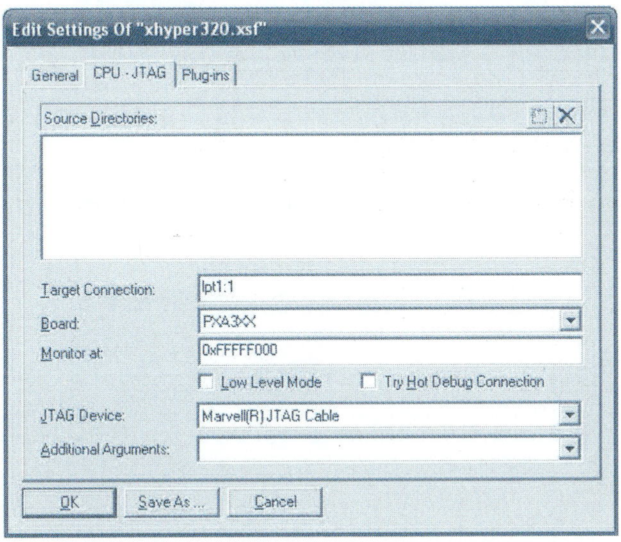

[그림 8-28] CPU-JTAG에서 Board를 PXA3XX로 세팅

⑥ 완료되었으면 Save As하여 Pxa320_hybus.xsf라고 저장한다.

⑦ 저장되었으면 보드에 전원을 on하고 Start를 눌러 실행한다. 케이블 연결이 잘 되었는지 시스템이 잘 구동되었는지 확인한다. 설정이 올바르다면 XDB가 시작되고 타

깃 장치와 연결된다. 디버거가 시작되고 Marvell® XDB Debugger창을 화면에서 볼 수 있다.

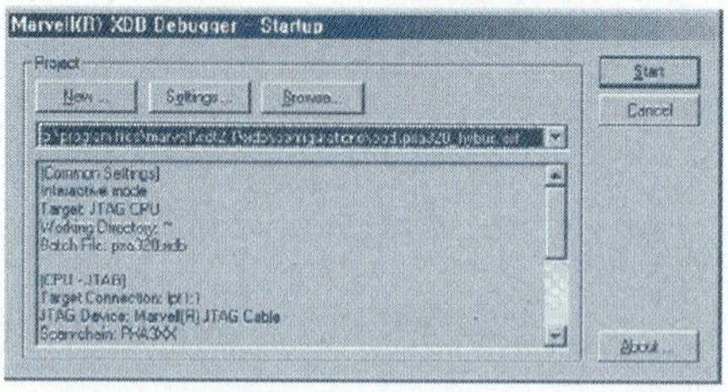

[그림 8-29] 설정이 올바르다면 XDB가 시작되고 타깃 장치와 연결

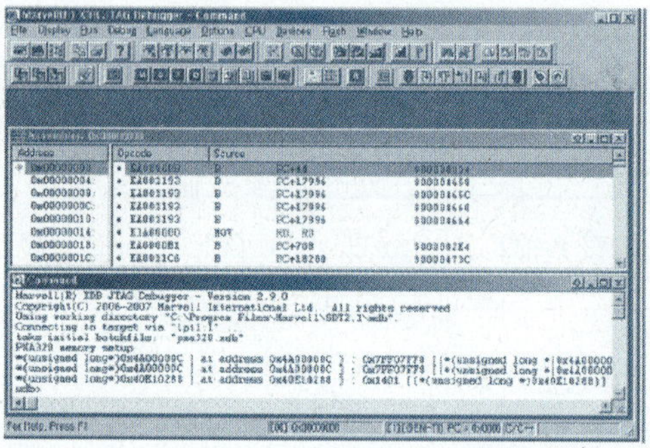

[그림 8-30] 디버거가 시작되고 Marvell® XDB Debugger창을 화면에서 가능

⑧ Flash fusing은 상단의 [icon] 아이콘을 클릭해서 fusing한다.

⑨ Extended Flash Functionality 탭에서 Print bad block table을 선택하고 Execute를 클릭한다.

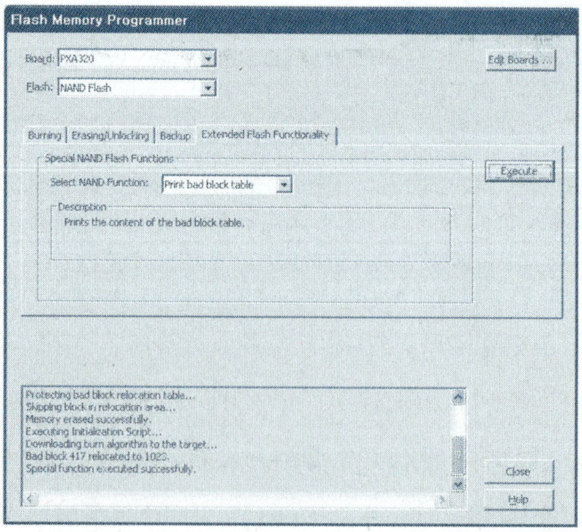

[그림 8-31] Print bad block table을 선택하고 Execute를 클릭

⑩ Erasing/Unlocking 탭에서 All Blocks을 선택하고 Erase를 클릭한다.

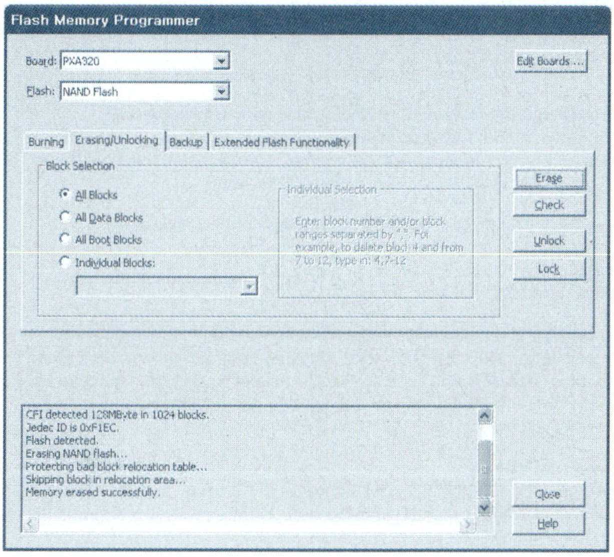

[그림 8-32] All Blocks을 선택하고 Erase를 클릭

⑪ All Blocks Erase을 실행한 후에 이제 Burning 탭에서 퓨징할 부트로더를 선택하고 Offset은 0x0000으로 하고 Burn을 눌러서 boot.bin 부트로더 이미지를 퓨징을 시작한다.

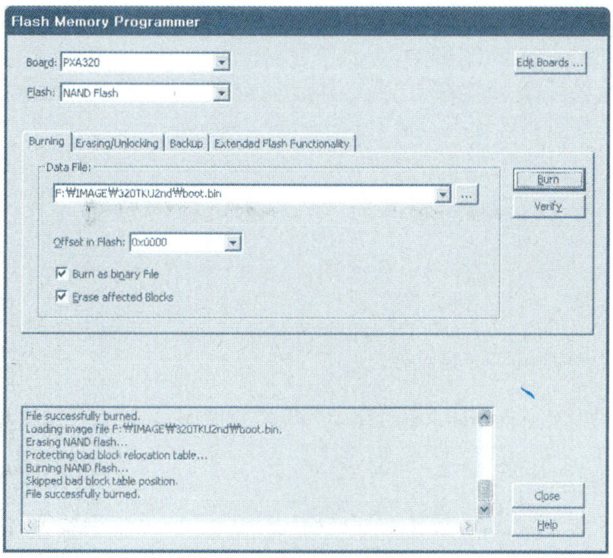

[그림 8-33] boot.bin 부트로더 이미지를 퓨징을 시작

⑫ Fusing이 끝나면 XDB상에서 RUN을 하거나 시스템을 재부팅해서 확인해본다.

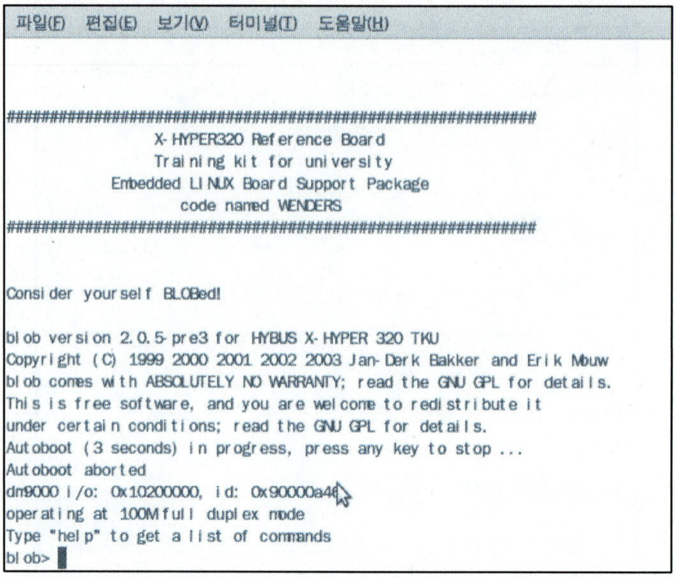


```
##############################################################
              X-HYPER320 Reference Board
              Training kit for university
          Embedded LINUX Board Support Package
                 code named WENDERS
##############################################################


Consider yourself BLOBed!

blob version 2.0.5-pre3 for HYBUS X-HYPER 320 TKU
Copyright (C) 1999 2000 2001 2002 2003 Jan-Derk Bakker and Erik Mouw
blob comes with ABSOLUTELY NO WARRANTY; read the GNU GPL for details.
This is free software, and you are welcome to redistribute it
under certain conditions; read the GNU GPL for details.
Autoboot (3 seconds) in progress, press any key to stop ...
Autoboot aborted
dm9000 i/o: 0x10200000, id: 0x90000a46
operating at 100M full duplex mode
Type "help" to get a list of commands
blob>
```

[그림 8-34] XDB상에서 RUN을 하거나 시스템을 재부팅해서 확인

09 Chapter 커널 및 파일시스템 환경구축

01 커널 환경구축

1) 커널 컴파일

① CD를 넣은 다음 터미널창을 연다.

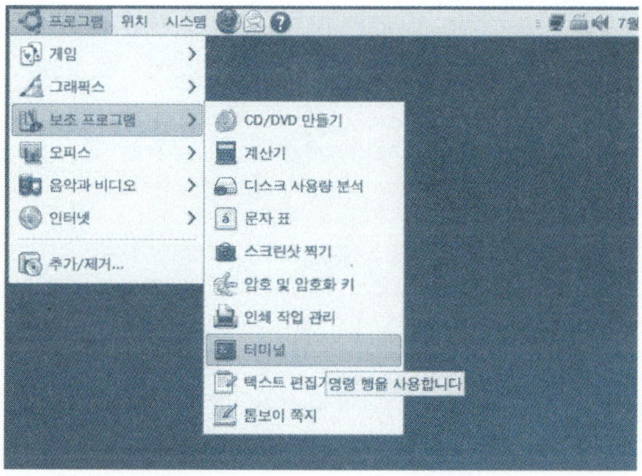

[그림 9-1] 터미널창을 오픈

② /media/cdrom/Kernl 디렉토리로 이동한다.

[그림 9-2] /media/cdrom/Kernl 디렉토리로 이동

③ /에 Kernel 디렉토리를 생성한다.

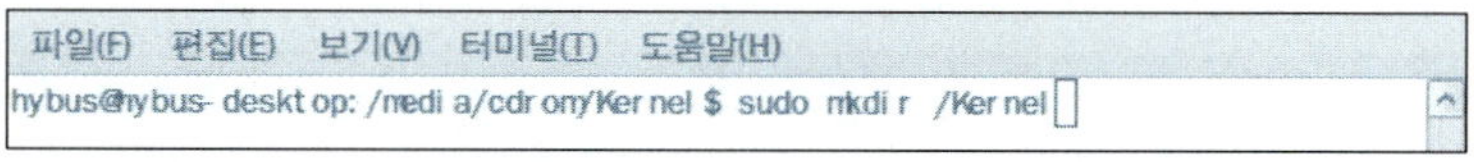

[그림 9-3] Kernel 디렉토리를 생성

④ linux.tar.gz 파일을 /Kernel 디렉토리로 복사한다.

```
파일(F) 편집(E) 보기(V) 터미널(T) 도움말(H)
hybus@hybus-desktop:/media/cdrom/Kernel$ sudo cp linux.tar.gz /Kernel/
```

[그림 9-4] /Kernel 디렉토리로 복사

⑤ /Kernel 디렉토리로 이동한다.

```
파일(F) 편집(E) 보기(V) 터미널(T) 도움말(H)
hybus@hybus-desktop:/media/cdrom/Kernel$ cd /Kernel/
```

[그림 9-5] /Kernel 디렉토리로 이동

⑥ linux.tar.gz 파일의 압축을 푼다.

```
파일(F) 편집(E) 보기(V) 터미널(T) 도움말(H)
hybus@hybus-desktop:/Kernel$ sudo tar zxvf linux.tar.gz
```

[그림 9-6] linux.tar.gz 파일의 압축을 푼다

```
파일(F) 편집(E) 보기(V) 터미널(T) 도움말(H)
linux/init/do_mounts_initrd.c
linux/MAINTAINERS
linux/Makefile
hybus@hybus-desktop:/Kernel$ ls
linux  linux.tar.gz
hybus@hybus-desktop:/Kernel$
```

[그림 9-7] 리스트 확인

⑦ /Kernel/linux 디렉토리로 이동한다.

```
파일(F) 편집(E) 보기(V) 터미널(T) 도움말(H)
hybus@hybus-desktop:/Kernel$ cd /Kernel/linux/
```

[그림 9-8] /Kernel/linux 디렉토리로 이동

⑧ make zImage 명령어를 통해 커널을 컴파일한다.

```
파일(F) 편집(E) 보기(V) 터미널(T) 도움말(H)
hybus@hybus-desktop:/Kernel/linux$ sudo make zImage
```

[그림 9-9] make zImage 명령어를 통해 커널을 컴파일

⑨ 컴파일이 완료되면 arch/arm/boot/zImage is ready라는 말이 뜨게 된다.

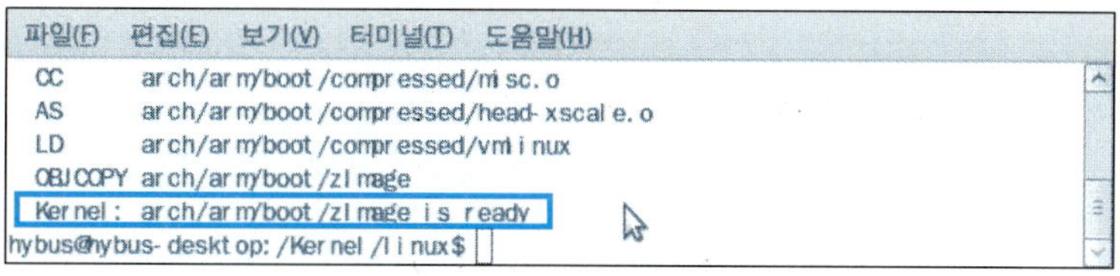

[그림 9-10] arch/arm/boot/zImage is ready라는 말이 뜬다.

⑩ /Kernel/linux/arch/arm/boot 디렉토리로 이동한다.

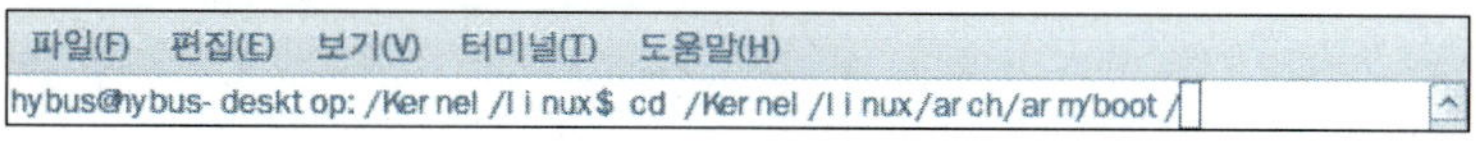

[그림 9-11] /Kernel/linux/arch/arm/boot 디렉토리로 이동

⑪ zImage가 생성된 것을 확인할 수 있다.

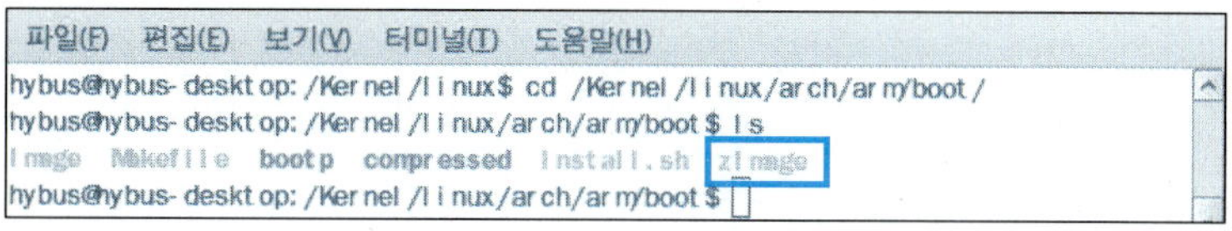

[그림 9-12] zImage가 생성된 것을 확인

02 파일시스템 환경구축

1) 파일시스템 컴파일

① CD를 넣은 다음 터미널창을 연다.

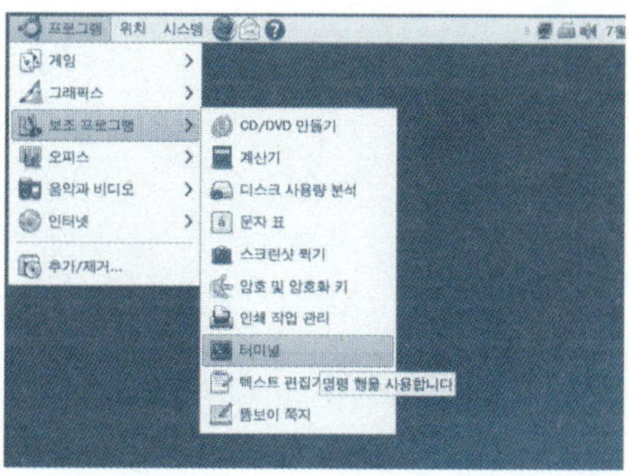

[그림 9-13] 터미널창을 연다

CHAPTER 09

② /media/cdrom/Filesystem 디렉토리로 이동한다.

```
파일(F) 편집(E) 보기(V) 터미널(T) 도움말(H)
hybus@hybus-desktop:~$ cd /media/cdrom/Filesystem
```

[그림 9-14] /media/cdrom/Filesystem 디렉토리로 이동

③ /에 Filesystem 디렉토리를 생성한다.

```
파일(F) 편집(E) 보기(V) 터미널(T) 도움말(H)
hybus@hybus-desktop:/media/cdrom/Filesystem$ sudo mkdir /Filesystem
```

[그림 9-15] Filesystem 디렉토리를 생성

④ mkyaffs2imge와 rootfs_gtk 파일을 /Filesystem 디렉토리로 복사한다.

```
파일(F) 편집(E) 보기(V) 터미널(T) 도움말(H)
hybus@hybus-desktop:/media/cdrom/Filesystem$ sudo cp mkyaffs2image rootfs_gtk.tgz /Filesystem
```

[그림 9-16] /Filesystem 디렉토리로 복사

⑤ /Filesystem 디렉토리로 이동한다.

```
파일(F) 편집(E) 보기(V) 터미널(T) 도움말(H)
hybus@hybus-desktop:/media/cdrom/Filesystem$ cd /Filesystem
```

[그림 9-17] /Filesystem 디렉토리로 이동

⑥ rootfs_gtk.tgz의 압축을 푼다.

```
파일(F) 편집(E) 보기(V) 터미널(T) 도움말(H)
hybus@hybus-desktop:/Filesystem$ sudo tar zxvf rootfs_gtk.tgz
```

[그림 9-18] rootfs_gtk.tgz의 압축을 푼다

```
파일(F) 편집(E) 보기(V) 터미널(T) 도움말(H)
hybus@hybus-desktop:/Filesystem$ ls
mkyaffs2image  rootfs_gtk  rootfs_gtk.tgz
hybus@hybus-desktop:/Filesystem$
```

[그림 9-19] 리스트 확인

⑦ mkyaffs2image 스크립터를 이용해 gtk.img 파일시스템을 생성한다.

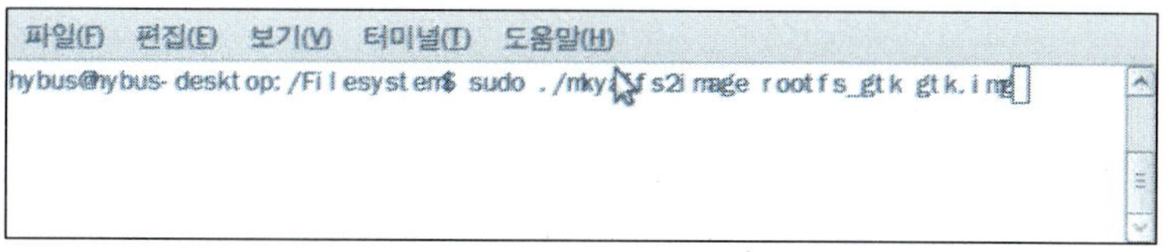

[그림 9-20] mkyaffs2image 스크립터를 이용

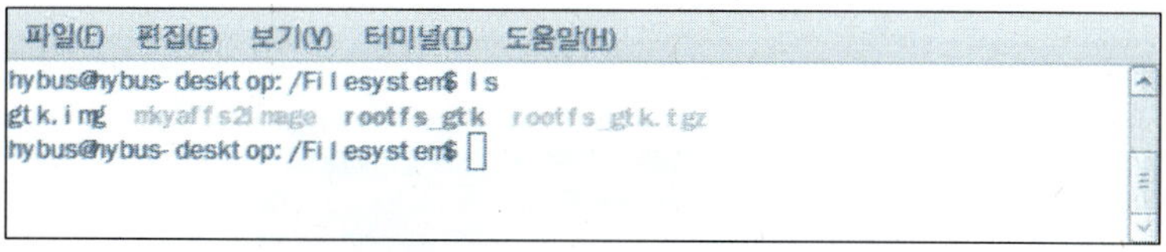

[그림 9-21] gtk.img 파일시스템을 생성

이로서 파일시스템 생성이 끝나게 된다. 이제 커널 이미지와 파일시스템 이미지를 보드에 퓨징하는 방법에 대해서 알아보겠다.

10 Chapter 네트워크 환경구축과 이미지 전송

1) ip설정

① 터미널창을 연다.

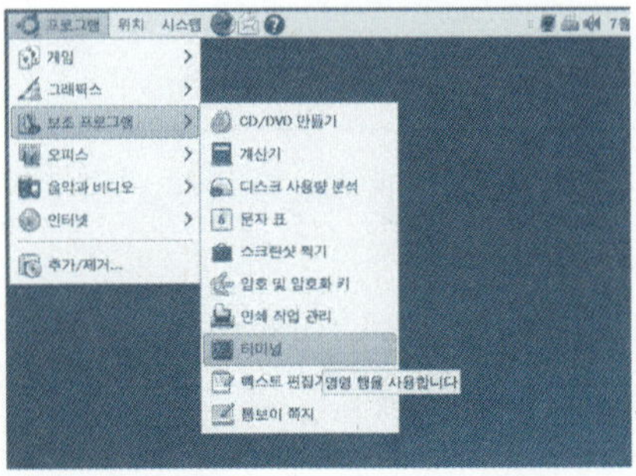

[그림 10-1] 터미널창을 연다.

② minicom을 실행시킨다.

[그림 10-2] minicom을 실행

③ blob로 들어가서 setip 통해 호스트 PC의 아이피와 타깃보드의 아이피를 확인한다.

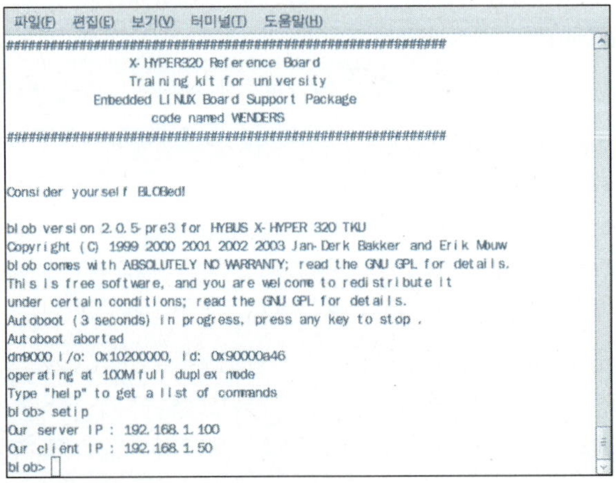

[그림 10-3] 호스트 PC의 아이피와 타깃보드의 아이피를 확인

④ 시스템 → 기본설정 → 네트워크 연결로 들어간다.

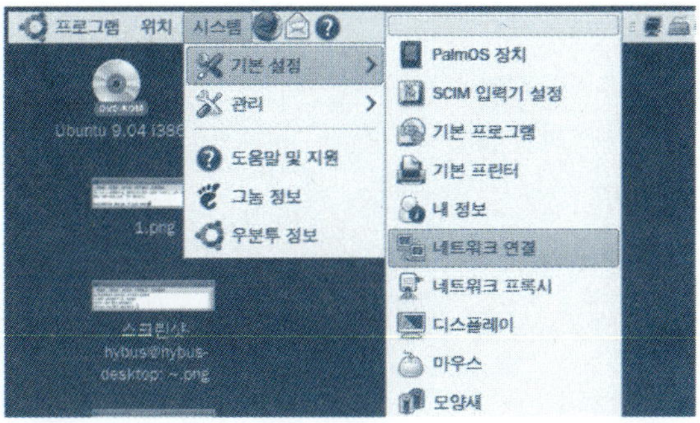

[그림 10-4] 시스템 → 기본설정 → 네트워크 연결

⑤ eth1을 편집한다(인터넷선이 하나일 경우 eth0을 편집한다).

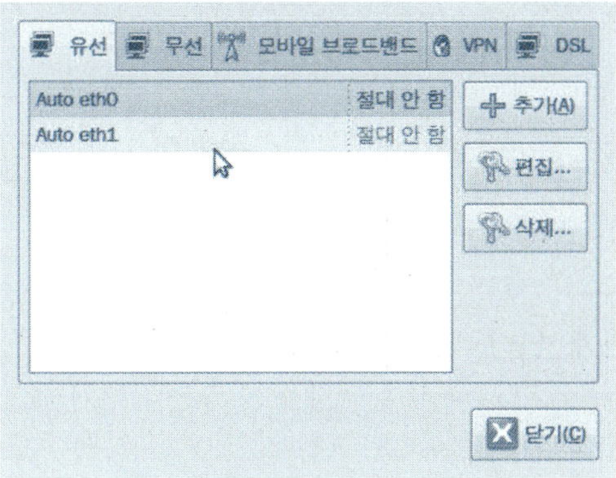

[그림 10-5] eth1을 편집

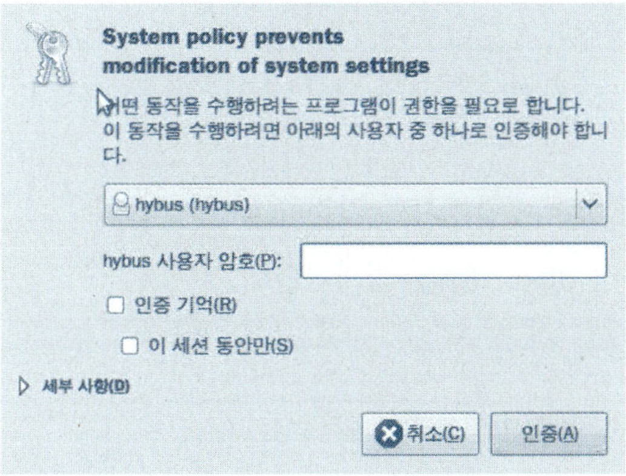

[그림 10-6] 인증확인

⑥ blob에서 확인한 host pc아이피를 추가한다. 그리고 적용을 클릭한다.

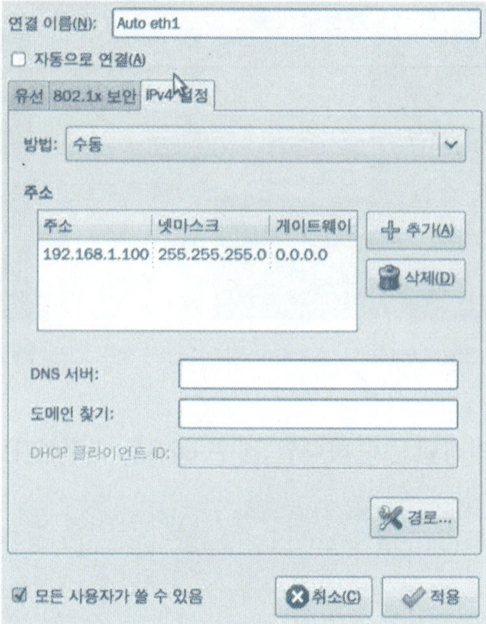

[그림 10-7] blob에서 확인한 host pc아이피를 추가

이로서 ip설정은 끝나게 된다.

2) xinet.d 설치

① atp-get를 이용해서 xinetd를 설치한다.

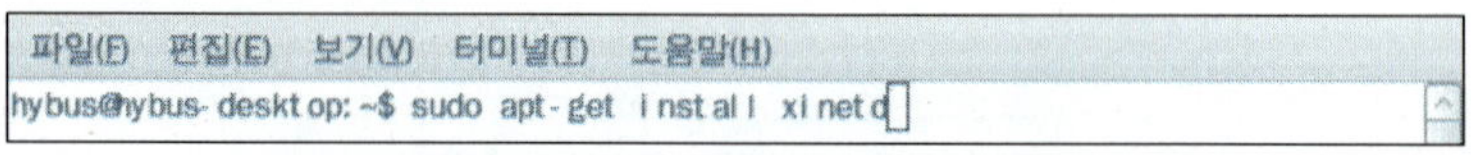

[그림 10-8] atp-get를 이용해서 xinetd를 설치

3) tftp 설치 및 설정

① apt-get를 이용하서 tftpd, tftp를 설치한다.

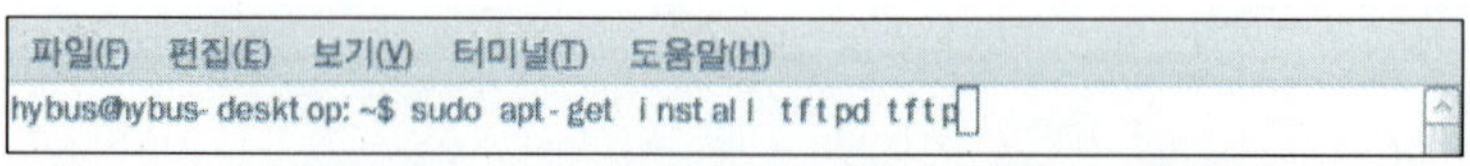

[그림 10-9] apt-get를 이용하서 tftpd, tftp를 설치

② /etc/xinetd.d 디렉토리안에 tftp 파일을 생성해서 다음과 같이 입력한다.

```
파일(F) 편집(E) 보기(V) 터미널(T) 도움말(H)
hybus@hybus-desktop:~$ sudo vi /etc/xinetd.d/tftp
```

[그림 10-10] /etc/xinetd.d 디렉토리안에 tftp 파일을 생성

```
파일(F) 편집(E) 보기(V) 터미널(T) 도움말(H)
service tftp
{
        socket_type     = dgram
        protocol        = udp
        wait            = yes
        user            = root
        server          = /usr/sbin/in.tftpd
        server_args     = -s /tftpboot
        disable         = no
}
                                              1,1          모두
```

[그림 10-11] tftp 파일을 생성해서 해당 내용 입력

③ 위의 입력이 끝나게 되면 service 명령어를 이용해서 xinetd를 재시작한다.

```
파일(F) 편집(E) 보기(V) 터미널(T) 도움말(H)
hybus@hybus-desktop:~$ service xinetd restart
 * Stopping internet superserver xinetd                        [ OK ]
 * Starting internet superserver xinetd                        [ OK ]
hybus@hybus-desktop:~$
```

[그림 10-12] service 명령어를 이용해서 xinetd를 재시작

④ netstat 명령어를 통해 tftp가 잘 동작하는지 확인한다.

```
파일(F) 편집(E) 보기(V) 터미널(T) 도움말(H)
hybus@hybus-desktop:~$ netstat -au
Active Internet connections (servers and established)
Proto Recv-Q Send-Q Local Address           Foreign Address         State
udp        0      0 *:41666                 *:*
udp        0      0 *:bootpc                *:*
udp        0      0 *:tftp                  *:*
udp        0      0 *:mdns                  *:*
hybus@hybus-desktop:~$
```

[그림 10-13] netstat 명령어를 통해 tftp가 잘 동작하는지 확인

4) 타깃보드에 이미지 전송

① /에 tftpboot 디렉토리를 생성한다.

```
파일(F) 편집(E) 보기(V) 터미널(T) 도움말(H)
hybus@hybus-desktop:~$ sudo mkdir /tftpboot
```

[그림 10-14] tftpboot 디렉토리를 생성

② 앞에서 생성한 kernel 이미지와 filesystem 이미지를 /tftpboot로 복사를 한다.

```
파일(F) 편집(E) 보기(V) 터미널(T) 도움말(H)
hybus@hybus-desktop:~$ cd /Kernel/linux/arch/arm/boot/
```

[그림 10-15] kernel로 이동

```
파일(F) 편집(E) 보기(V) 터미널(T) 도움말(H)
hybus@hybus-desktop:/Kernel/linux/arch/arm/boot$ sudo cp zImage /tftpboot/
```

[그림 10-16] kernel 이미지 복사

```
파일(F) 편집(E) 보기(V) 터미널(T) 도움말(H)
hybus@hybus-desktop:~$ cd /Filesystem/
```

[그림 10-17] Filesystem 이동

```
파일(F) 편집(E) 보기(V) 터미널(T) 도움말(H)
hybus@hybus-desktop:/Filesystem$ sudo cp gtk.img /tftpboot/
```

[그림 10-18] /tftpboot로 복사

③ minicom을 실행시킨다.

```
파일(F) 편집(E) 보기(V) 터미널(T) 도움말(H)
hybus@hybus-desktop:~$ sudo minicom
```

[그림 10-19] minicom을 실행

④ tftp 명령어를 이용해서 kernel 이미지를 타깃보드에 다운로드해보겠다.

```
파일(F) 편집(E) 보기(V) 터미널(T) 도움말(H)
blob> tftp zImage
TFTPing zImage
*##################################################
##################################################
#################################################
########################## OK.
received 3520 blocks (1801332 bytes)
rx_size=0x1b7c74
tftp_cmd: file 'zImage' loaded via tftp to address 0x80800000.
blob> 
```

[그림 10-20] kernel 이미지를 타깃보드에 다운로드

⑤ 완료가 되고 나면 플래시에 저장을 위해 nandwrite라는 명령어를 써서 플래시에 저장을 한다.

```
파일(F) 편집(E) 보기(V) 터미널(T) 도움말(H)
blob> nandwrite -z 0x80800000 0x00040000 0x00200000
Wite 0x200000 length data from RAM 0x80800000 to flash: 0x40000
Wite flash from 0x40000, length 0x200000
Erase flash from 0x40000, length 0x200000
................Done
Wite flash address is aligned to 0x40000, length is aligned to 0x200000
................Done
blob>
```

[그림 10-21] nandwrite라는 명령어를 써서 플래시에 저장

⑥ tftp 명령어를 이용하여 filesystem 이미지를 타깃보드에 다운로드한다.

```
파일(F) 편집(E) 보기(V) 터미널(T) 도움말(H)
blob> tftp gtk.img
TFTPing gtk.img
*##################################################
###################################################
##################################################
###################################################
###################################################
###################################################
###################################################
################################ OK.
received 147639 blocks (75590592 bytes)
rx_size=0x4816bc0
tftp_cmd: file 'gtk.img' loaded via tftp to address 0x80800000.
blob>
```

[그림 10-22] filesystem 이미지를 타깃보드에 다운로드

⑦ 완료가 되고 나면 플래시에 저장을 위해 nandwrite라는 명령어를 써서 플래시에 저장을 한다.

```
파일(F) 편집(E) 보기(V) 터미널(T) 도움말(H)
blob> nandwrite -y 0x80800000 0x00240000 0
Wite 0x0 length data from RAM 0x80800000 to flash: 0x240000
Wite YAFFS2 File SYSTEM
Wite flash from 0x240000, length 0x0
Erase flash from 0x240000, length 0x6d60000
.............................................................................e
pages=35791
Wite flash address is aligned to 0x240000, length is aligned to 0x4817000
.............................................................................e
blob>
```

[그림 10-23] nandwrite라는 명령어를 써서 플래시에 저장

kernel와 filesystem 다운로드가 완료되고 나면 boot, reboot 명령어를 통해 재부팅시켜 보드를 재부팅하면 된다.

제 II 부

임베디드 시스템 응용실습

11 Chapter 스톱워치 응용

01 스톱워치의 개요

스톱워치 프로그램은 임베디드 시스템에서 간단하게 구현해볼 수 있는 가장 기본적인 프로그램들 중 하나이다. X-HYPER320 TKU에 부착되는 IEB 보드의 FND와 KEY matrix를 활용하여 실제로 스톱워치와 유사한 기능을 가진 프로그램을 구현해보자.

02 관련기술

1) 임베디드 S/W 기술

일반적인 컴퓨터가 아닌 각종 전자제품이나 정보기기 등에 설치되어 있는 마이크로프로세서(Microprocessor)에 미리 정해진 특정한 기능을 수행하는 S/W를 내장시킨 시스템을 임베디드 시스템이라 하고, 여기에 내장된 소프트웨어가 바로 임베디드 S/W이다. 즉, 임베디드 S/W는 산업 및 군사용 제어기기, 디지털 정보가전기기, 자동센서장비 등의 기능을 다양화하고 부가가치를 높이기 위한 핵심 S/W로, 일상생활 속에서 쉽게 접하는 휴대폰, TV, 세탁기, 기차, 비행기, 엘리베이터 등의 제품 안에 내장된 임베디드 시스템에서 하드웨어를 제외한 나머지 부분이라고 할 수 있다.

최근 IT 기술은 마이크로프로세서의 가격이 낮아지고 소형화 및 고성능화가 진행됨에 따라 제품 경쟁력의 핵심이 H/W 생산기술에서 S/W 최적화 기술로 이동하는 변혁기를 맞이하여 임베디드 S/W가 탑재된 상품의 가치가 H/W보다는 S/W에 의해 좌우되는 기술 집약적 고부가가치 산업으로 발전하고 있다. 초창기 임베디드 S/W는 간단한 제어 프로그램만으로 산업용 기기를 제어하는데 그쳤으나, 최근에는 멀티미디어 처리와 같은 점차 복잡한 기능을 위해 멀티태스크 및 네트워크 기능을 제공하는 임베디드 OS를 이용하고 있다.

임베디드 S/W의 특징을 간략히 정리하면 다음과 같다.

- **시간 처리지원** : 실시간 처리가 지원되지 않으면 큰 손실이나 위험을 초래할 수 있는 비행제어 시스템 및 항법 시스템 등에서 실시간 처리를 지원하여야 한다.
- **고신뢰성** : 원자력 발전, 항공기 및 미사일 제어 등과 같은 S/W 오작동이나 불시의 작동 중지 등으로 심각한 결과를 초래할 수 있는 시스템에서 고도의 신뢰성이 요구된다.
- **최적화 기술지원** : 임베디드 시스템은 크기, 가격 및 발열 등을 이유로 제공된 H/W 자원으로 구성되기 때문에 임베디드 S/W는 경량화, 저전력 지원, 자원의 효율적 관리 등의 측면에서 H/W에 최적화되는 기술을 지원하여야 한다.
- **특정 시스템 전용** : 범용 데스크톱 또는 서버에서 실행되는 패키지 소프트웨어와 달리 특정 시스템의 실행을 목적으로 개발되는 S/W이다.
- **네트워크 및 멀티미디어 처리기능 지원** : 임베디드 시스템들이 단독형 시스템뿐만 아니라 유무선 네트워크를 통해 연결될 수 있어야 하고, 멀티미디어 정보를 처리하는 기술이 필요한 디지털 TV, PDA 및 스마트폰 등과 같은 임베디드 시스템을 지원해야 한다.
- **다양한 솔루션과 개발도구 필요** : 다양한 기종과 규격의 마이크로프로세서에 최적화된 별도의 솔루션이 동시에 제공되어야 하며, 고난도의 임베디드 S/W application을 빠르고 안정되게 개발하기 위해 사용하기 쉬운 개발도구가 필요하다.

2) 디바이스 드라이버

디바이스(Device)란 LCD, USB, Ethernet, PCMCIA, CF, AUDIO, Keypad 등과 같이 컴퓨터 시스템(Flash Memory, SDRAM 등의) 이외의 주변장치를 말하고, 드라이버란 이러한 하드웨어 장치를 제어하고 관리하는 방법을 컴퓨터 시스템에게 알려주는 조그만 크기의 응용프로그램을 말한다. 보통 이 드라이버를 디바이스 드라이버라고 하는데, 디바이스를 구동시키기 위해서는 반드시 필요한 프로그램이라고 생각하면 된다. 리눅스 커널에서 지원하는 드라이버도 있지만(예를 들면 마우스, 키보드, 플로피 등) 그렇지 않은 경우에는 해당 드라이버를 찾아 설치하거나 만들어 줘야 한다.

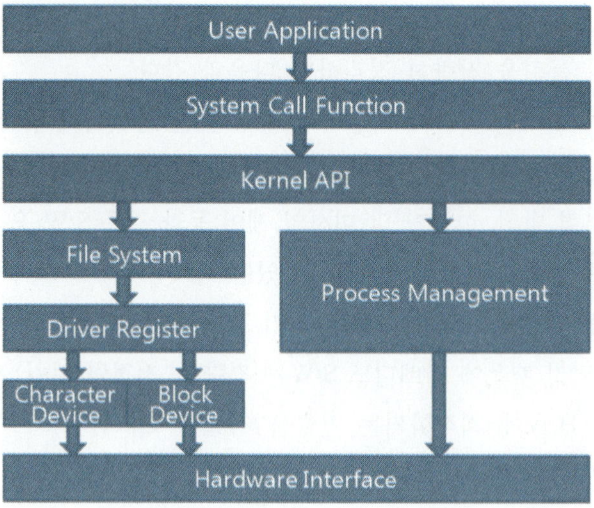

[그림 11-1] 디바이스 드라이버

이런 디바이스 드라이버의 기능을 간단하게 요약하면, 물리적인 하드웨어 장치를 다루고 관리라는 소프트웨어로 커널의 일부분이며, Major number(주번호)와 Minor number(부번호)를 이용하여 각 디바이스를 구분하여 사용한다. 응용프로그램이 하드웨어(디바이스)를 제어할 수 있도록 인터페이스를 제공해주는 코드로 프로그래머로 하여금 하드웨어에 독립적인 프로그램을 작성하도록 도와준다. 표준화된 call을 이용하여 디바이스와 정보를 주고받을 수 있도록 하는 역할을 하며 유닉스의 기본적인 특징의 하나인 추상화 장치를 다루는 데 사용한다는 것이다. 모든 하드웨어 장치들은 보통 파일처럼 보이며, 파일을 다루는 데 쓰이는 표준 System call과 같이 open, read, write, close를 사용한다.

03 스톱워치의 기능

스톱워치의 기능은 다음과 같다.

- 1/100초 단위의 카운트
- 키를 이용하여 시작, 정지, 계속, 리셋, 클리어, 종료를 수행할 수 있다.
- 8개의 FND를 활용하여 최대 99시간까지 표기가 가능하다.

04 스톱워치의 구성

스톱워치의 시스템 구성은 다음과 같다.

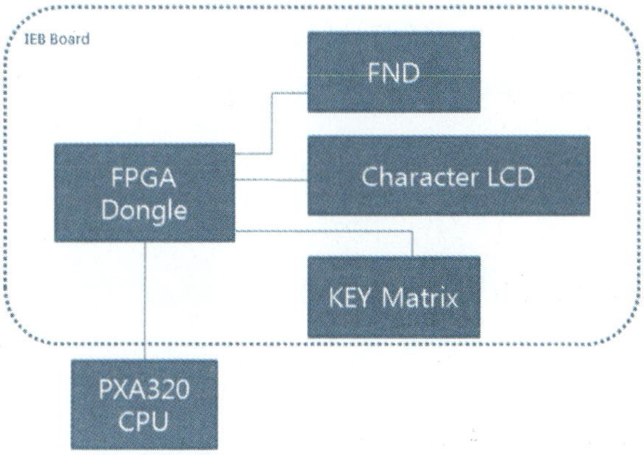

[그림 11-2] 스톱워치의 시스템 구성

스톱워치는 KEY Matrix를 통해 제어하고, 제어상태를 CLCD에 디스플레이한다. 스톱워치가 동작하게 되면 FND상에 숫자가 표시되며 카운팅되는 것을 확인할 수 있다.

05 스톱워치의 동작방법

다음과 같은 키를 입력하여 해당 기능을 수행할 수 있다.

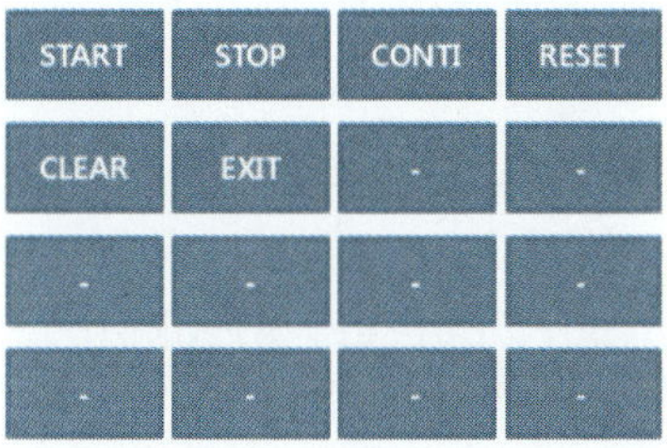

[그림 11-3] 키를 입력하여 해당 기능을 수행

- START : 1번 키를 클릭하면 1/100초 단위로 카운트를 시작하게 된다.
- STOP : 2번 키를 클릭하면 카운트를 일시 정지한다.(내부적으로는 카운트를 계속 함)
- CONTINUE : 3번 키를 클릭하면 일시정지 상태에서 다시 카운트를 수행하게 된다. 이 때 내부적으로 카운트된 값으로 갱신된다.
- RESET : 4번 키를 클릭하면 카운트를 0으로 초기화시키고 다시 카운트를 수행한다.
- CLEAR : 5번 키를 클릭하면 카운트 자체를 완전히 초기화시킨 상태에서 정지한다.
- EXIT : 6번 키를 클릭하면 프로그램을 완전 종료하게 된다.

06 스톱워치의 S/W 구현

1) stopwatch.c의 주요 소스코드

```
unsigned char key_get(int tmo)                    // 키 버튼 입력을 읽어오는 함수
{
    unsigned char b;
    if (tmo){
        if (tmo < 0)
            tmo = ~tmo * 1000;
        else
            tmo *= 1000000;
        while (tmo > 0){
            usleep(10000);
            ioctl(keyFd, FIONREAD, &b);
            if (b) return(b);
            tmo -= 10000;
        }
        return(-1);
    }
    else {
        read(keyFd, &b, sizeof(b));
        return(b);
    }
}
void printLCD(int row, char* data)              // CLCD에 스트링을 출력하는 함수
{
    memset(buffer, ' ', sizeof(buffer));
    strcommand.rows = row;
    strcpy(buffer, data);
    memcpy(strcommand.buf, buffer, sizeof(buffer));
    write(clcdFd, &strcommand, sizeof(strcommand));
}

void clearLCD()                                  // CLCD의 스트링을 클리어하는 함수
{
```

```
    ioctl(clcdFd, IOM_LCD_CLEAR, &strcommand, 32);
}

void ten_ms_time()                          // 타이밍 계산을 위한 연산시간측정  함수
{
    int i;
    struct timeval now, now2;
    long elpsec, elpusec;

    gettimeofday(&now, NULL);
    for(i=0; i < 730000; i++);
    gettimeofday(&now2, NULL);

    elpsec = now2.tv_sec - now.tv_sec;
    elpusec = now2.tv_usec - now.tv_usec;

    printf("elapse : %ld sec %ld usec\n", elpsec, elpusec);
}
```

ten_ms_time() 함수의 경우 실질적으로 프로그램 동작에는 관여하지 않는다.

단지 스톱워치 구현과정에서 카운트 딜레이 타이밍을 계산하기 위해 만들어졌다.

원하는 시간을 얻기 위해 for문 안에 값을 입력하고 측정된 값이 원하는 시간과 대략 일치할 때까지 시행착오를 반복할 수 있다. 이 프로그램에서 입력된 730000으로 대략 10ms의 타이밍 값을 얻을 수가 있었다. 정확한 시간을 측정하기 위해서는 커널에서 OS 타이머를 이용해야 되겠지만, 설계된 FND 디바이스 드라이버에서는 OS 타이머를 사용하지 않기 때문에 사용이 불가능하다. 소프트웨어상에서 해결을 위한 가장 좋은 방법은 이와 같이 연산측정을 통한 for문 딜레이를 사용하는 것이다. API 중에 usleep()이 있기는 하나 실제로 측정을 해보면 오차가 대략 40% 발생한다. 그렇기에 직접 for문을 이용한 방법을 선택하였음을 이해하기 바란다.

```
void *cnt_timer(void *argv)      // 스레드로 동작하는 카운트 증가 함수
{
    struct timeval tp1, tp2;
    int i;

    while(1) {
        switch (command) {
            case KEY_NUM1:
            case KEY_NUM3:
            case KEY_NUM4:
                write(fndFd, fnd_count, sizeof(fndcnt));// FND에 현재 카운트 표시
                 break;
            case KEY_NUM2:
                 break;
            case KEY_NUM5:
```

```
        case KEY_NUM6:
            pthread_exit((void *)NULL);   // 프로그램 종료시 스레드를 탈출
            break;
    }

    for(i=0; i < 730000; i++);        // 10ms

    fnd_count[7]++;                  // 내부 카운트 증가
    if(fnd_count[7] > 9) {
        fnd_count[7] = 0; fnd_count[6]++;
        if(fnd_count[6] > 9) {
            fnd_count[6] = 0; fnd_count[5]++;
            if(fnd_count[5] > 9) {
                fnd_count[5] = 0; fnd_count[4]++;
                if(fnd_count[4] > 5) {
                    fnd_count[4] = 0; fnd_count[3]++;
                    if(fnd_count[3] > 9) {
                        fnd_count[3] = 0; fnd_count[2]++;
                        if(fnd_count[2] > 5) {
                            fnd_count[2] = 0; fnd_count[1]++;
                            if(fnd_count[1] > 9) {
                                fnd_count[1] = 0; fnd_count[0]++;
                            }
                        }
                    }
                }
            }
        }
    }
}
```

cnt_timer() 함수는 스레드로 등록되고 호출되는 핵심 기능의 함수이다. 10ms마다 1/100초 단위로 카운트를 증가시키고 FND에 표시하게 된다.

중간에 사용된 for문은 이 전에 언급했던 측정시간함수에 의해 얻어진 결과값을 딜레이로 사용한 것이다.

```
// 메인함수의 일부

    if ((clcdFd = open(clcdDev, O_WRONLY | O_NDELAY)) < 0) {     // CLCD
open
        perror("Cannot open /dev/CLCD!");
        exit(-1);
    }

    if ((fndFd = open(fndDev, O_WRONLY)) < 0) {     // FND open
        perror("Cannot open /dev/FND!");
        exit(-1);
    }

    if ((keyFd = open(keyDev, O_RDONLY)) < 0) {     // KEY open
```

```
        perror("Cannot open /dev/KEY!");
        exit(-1);
    }

    memset(fnd_count, 0, sizeof(fnd_count));
    write(fndFd, fnd_count, sizeof(fnd_count));

    ioctl(fndFd, 2, 0x80);              // FND 초기화
    clearLCD();                         // CLCD 클리어

    printLCD(0, "IEB Stopwatch   ");

    printf("\n");
    printf(" [7Seg Stopwatch] \n");
    printf("------------------\n");
    printf("  KEY1 -> Start   \n");
    printf("  KEY2 -> Stop    \n");
    printf("  KEY3 -> Continue\n");
    printf("  KEY4 -> Reset   \n");
    printf("  KEY5 -> Clear   \n");
    printf("  KEY6 -> Exit    \n");
    printf("------------------\n");

    sleep(1);

    do {
        keyValue =  key_get(10);        // 입력된 키 값을 읽어 옴
        switch(keyValue) {
            case KEY_NUM1:              // 1번 키 : 시작
                if (flag == 0) {
                    printLCD(1, "Start           ");
                    pthread_create(&thread_t, NULL, cnt_timer, NULL);
                    command = KEY_NUM1;
                    flag = 1;
                }
                break;
            case KEY_NUM2:              // 2번 키 : 정지
                printLCD(1, "Stop            ");
                command = KEY_NUM2;
                break;
            case KEY_NUM3:              // 3번 키 : 계속
                printLCD(1, "Continue        ");
                command = KEY_NUM3;
                break;
            case KEY_NUM4:              // 4번 키 : 리셋
                printLCD(1, "Reset           ");
                memset(fnd_count, 0, sizeof(fnd_count));
                command = KEY_NUM3;
                sleep(1);
                break;
            case KEY_NUM5:              // 5번 키 : 클리어
                printLCD(1, "Clear           ");
                command = KEY_NUM5;
                pthread_join(thread_t, (void **)status);
                memset(fnd_count, 0, sizeof(fnd_count));
                write(fndFd, fnd_count, sizeof(fnd_count));
```

```
                flag = 0;
                break;
            case KEY_NUM6:          // 6번 키 : 프로그램 종료
                printLCD(1, "Exit Program....");
                sleep(3);
                command = KEY_NUM6;
                pthread_join(thread_t, (void **)status);
            default:
                break;
        }
    } while(keyValue != KEY_NUM6);
```

1번 키를 클릭하게 되면 cnt_timer() 함수가 스레드로 수행이 된다. 내부 카운트를 증가시키게 된다. 여기서 flag를 하나 둬서 1번 키를 클릭했을 경우 5번 키(리셋)가 클릭되지 않는 한 실행중에는 중복으로 스레드가 생성되지 않게 처리를 하였다.

6번 키를 클릭하면 스레드 탈출과 오픈된 디바이스를 해제시키고 프로그램을 종료시킨다.

07 스톱워치 실습 수행방법 및 결과

1) 스톱워치 컴파일하기

① CD를 삽입 후 터미널창을 연다.

② CD에 있는 Application의 내용을 호스트 PC 디렉토리로 옮기기 위해서 /에 320app 디렉토리를 생성한다.

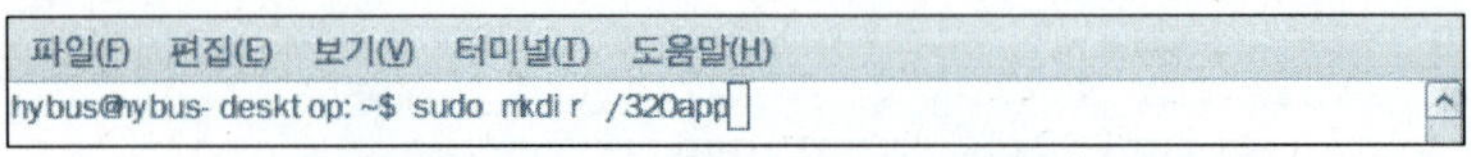

[그림 11-4] /에 320app 디렉토리를 생성

③ /media/cdrom 디렉토리로 이동한다.

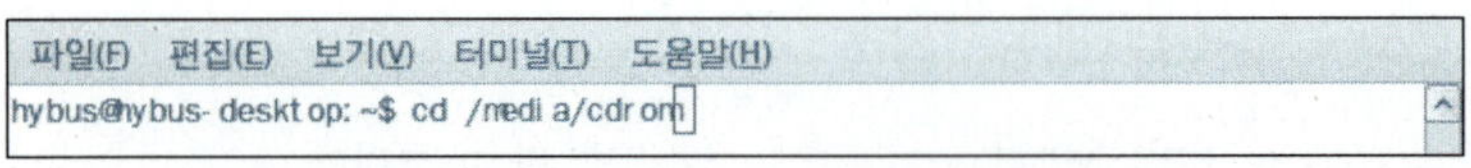

[그림 11-5] /media/cdrom 디렉토리로 이동

④ /media/cdrom에 있는 모든 내용을 /320app 디렉토리로 복사를 한다.

```
파일(F) 편집(E) 보기(V) 터미널(T) 도움말(H)
hybus@hybus-desktop:/media/cdrom$ sudo cp -r /media/cdrom/* /320app/
```

[그림 11-6] 모든 내용을 /320app 디렉토리로 복사

⑤ /320app 디렉토리로 이동한다.

```
파일(F) 편집(E) 보기(V) 터미널(T) 도움말(H)
hybus@hybus-desktop:/media/cdrom$ cd /320app/
```

[그림 11-7] /320app 디렉토리로 이동

⑥ /320app/Application 디렉토리로 이동을 한다.

```
파일(F) 편집(E) 보기(V) 터미널(T) 도움말(H)
hybus@hybus-desktop:/320app$ cd Application/
```

[그림 11-8] /320app/Application 디렉토리로 이동

⑦ 애플리케이션의 내용들이 Application.tgz로 압축되어 있기 때문에 압축을 풀어준다.

```
파일(F) 편집(E) 보기(V) 터미널(T) 도움말(H)
hybus@hybus-desktop:/320app/Application$ sudo tar zxvf Application.tgz
```

[그림 11-9] Application.tgz로 압축되어 있기 때문에 압축을 풀다.

⑧ 압축을 풀고 나면 다음과 같은 애플리케이션의 내용들을 확인할 수 있다.

```
파일(F) 편집(E) 보기(V) 터미널(T) 도움말(H)
hybus@hybus-desktop:/320app/Application$ ls
Acid_Rain          CGI_DC_Motor   Hmote_Serial   [illegible]   Stopwatch
Application.tgz    DC_Motor       MP3_Player     QT4
BerkeleyDB         GTK_Painter    NAT_Router     SDL_Example
hybus@hybus-desktop:/320app/Application$
```

[그림 11-10] 애플리케이션의 내용들을 확인

⑨ Stopwatch 디렉토리로 이동한다.

```
파일(F) 편집(E) 보기(V) 터미널(T) 도움말(H)
hybus@hybus-desktop:/320app/Application$ cd Stopwatch/
```

[그림 11-11] Stopwatch 디렉토리로 이동

⑩ make clean 명령어를 통해서 이미 컴파일되어 있는 이미지를 삭제해준다.

```
파일(F) 편집(E) 보기(V) 터미널(T) 도움말(H)
hybus@hybus-desktop:/320app/Application/Stopwatch$ sudo make clean
rm -rf *.o
rm -f stopwatch
hybus@hybus-desktop:/320app/Application/Stopwatch$
```

[그림 11-12] 컴파일되어 있는 이미지를 삭제

⑪ make 명령어를 컴파일하는 동시에 이미지를 생성한다.

```
파일(F) 편집(E) 보기(V) 터미널(T) 도움말(H)
hybus@hybus-desktop:/320app/Application/Stopwatch$ sudo make
/usr/local/arm-linux-4.1.1/bin/arm-linux-gcc    -c -o stopwatch.o stopwatch.c
/usr/local/arm-linux-4.1.1/bin/arm-linux-gcc -o stopwatch stopwatch.o -lpthread
hybus@hybus-desktop:/320app/Application/Stopwatch$
```

[그림 11-13] 컴파일하는 동시에 이미지를 생성

2) Z-MODEM을 이용한 다운로드

① Z-MODEM을 이용하여 이미지를 다운로드하기 위해 우선 zmodem 통신 프로토콜인 lrzsz를 설치한다.

```
파일(F) 편집(E) 보기(V) 터미널(T) 도움말(H)
hybus@hybus-desktop:~$ sudo apt-get install lrzsz
```

[그림 11-14] zmodem 통신 프로토콜인 lrzsz를 설치

② minicom을 실행한다.

```
파일(F) 편집(E) 보기(V) 터미널(T) 도움말(H)
hybus@hybus-desktop:/320app/Application/Stopwatch$ sudo minicom
```

[그림 11-15] minicom을 실행

③ 보드가 부팅이 되고 나면 현 디렉토리는 /root일 것이다. 우리는 /root/test_app로 이동한다.

```
파일(F) 편집(E) 보기(V) 터미널(T) 도움말(H)
[root@WENDERS root]# cd test_app/
[root@WENDERS test_app]#
```

[그림 11-16] /root/test_app로 이동

④ zmodem을 이용해서 파일을 옮기기 위해서 Ctrl + A를 누르고 다시 S를 누르게 되면 다음과 같은 창이 뜨게 된다. 그러면 zmodem을 선택 후 Enter를 친다.

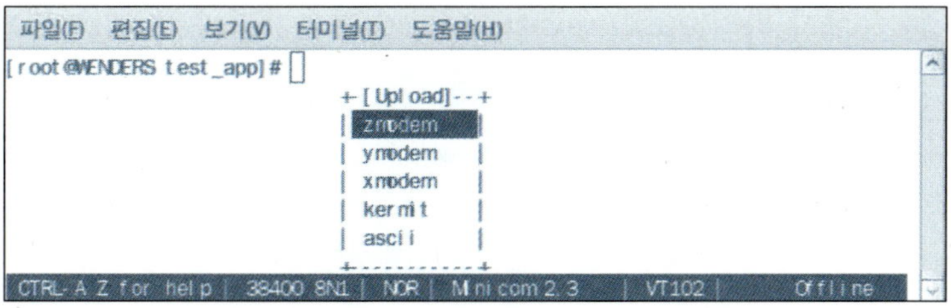

[그림 11-17] zmodem을 선택 후 Enter

⑤ 호스트 PC의 애플리케이션이 있는 경로로 이동하여 파일을 다운로드를 해야 한다. 경로 이동시에는 스페이바를 두 번 눌러 이동하고 파일 선택 후 다운로드할 때에는 Enter를 친다.

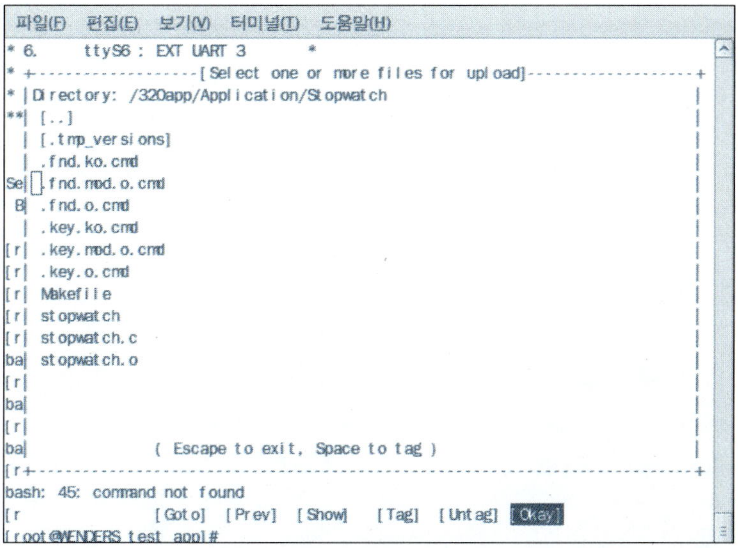

[그림 11-18] 경로 이동시에는 스페이바를 두 번 눌러 이동하고 파일 선택 후 다운로드

⑥ 파일을 선택 후 다운로드가 완료되면 다음과 같은 화면을 볼 수 있다.

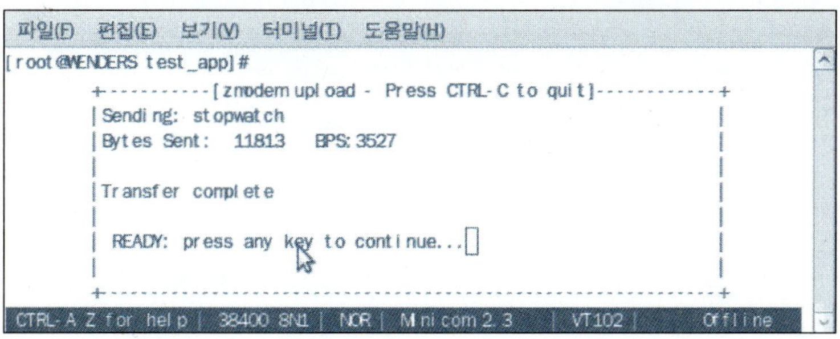

[그림 11-19] 파일을 선택 후 다운로드가 완료 확인

7 ls명령어를 통해서 확인해보면 stopwatch 파일이 옮겨져 있는 것을 확인할 수 있다.

```
파일(F) 편집(E) 보기(V) 터미널(T) 도움말(H)
[root@WENDERS test_app]# ls
camera    gtk_camera   serial_test   stopwatch
[root@WENDERS test_app]#
```

[그림 11-20] stopwatch 파일이 옮겨져 있는 것을 확인

3) 실행화면

1 ./stopwatch 명령어를 입력하면 실행이 되게 된다.

```
파일(F) 편집(E) 보기(V) 터미널(T) 도움말(H)
[root@WENDERS test_app]# ./stopwatch

 [7Seg Stopwatch]
------------------
  KEY1 -> Start
  KEY2 -> Stop
  KEY3 -> Continue
  KEY4 -> Reset
  KEY5 -> Clear
  KEY6 -> Exit
------------------
```

[그림 11-21] /stopwatch 명령어를 입력하면 실행

2 설명대로 해당 키 버튼을 누르게 되면 동작을 하게 된다.

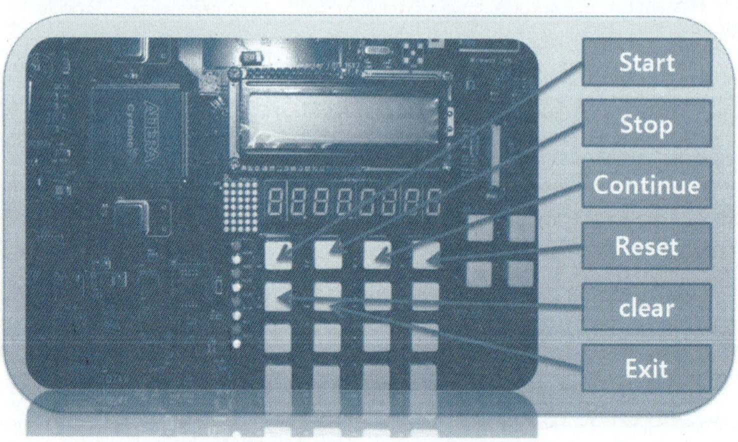

[그림 11-22] 해당 키 버튼을 누르게 되면 동작

[그림 11-23] 시작화면(초기상태)

[그림 11-24] 동작화면(1/100초 단위로 카운트된다)

12 Chapter MP3 플레이어 응용

01 개 요

이 장에서는 MP3 플레이어의 주요 기능을 X-Hyper320TKU의 IEB 보드를 통해 구현해 보았다. KEY Matrix를 이용하여 Play, Stop, 선곡, 볼륨 조절을 할 수 있으며 일시정지 기능이 없는 것만 빼고 나머지 기능은 거의 흡사하다. 현재 디렉토리에 있는 파일들을 리스트로 관리하며 곡을 재생시키고 곡명을 Character LCD에 디스플레이한다.

02 관련기술

1) 오디오 압축기술(MPEG Audio Layer-3)

우리가 듣는 CD의 경우 대역폭이 44.1kHz이다. 이를 디지털 신호로 샘플링한다고 할 때 1초 동안의 CD 음질의 스테레오 사운드에 해당하는 데이터의 양은 무려 1,400KB이며, 이는 1.44M 용량의 고밀도 플로피 디스크 한 장을 완전히 채워야 할 정도의 데이터양에 해당한다. 정리하자면 압축되지 않은 일반 디지털 신호를 그대로 저장한다고 하면 3분짜리 음악 파일을 위해 250MB의 여유공간이 필요하다는 것이다.

MPEG 오디오 압축기술을 적용함으로써 CD의 오디오 사운드 정보를 1/12까지 줄일 수 있다. 다시 말해 MP3 파일로 CD를 제작할 경우 CD 한 장에 오디오 CD 12장 분량을 담을 수 있다는 말이다. 이런 이유로 인터넷에서 리얼타임 오디오 서비스를 하기 위해서는 원래의 오디오 음질을 그대로 유지하면서도 실시간으로 복원할 수 있는 오디오 압축기술이 필요하다. Layer3 오디오 압축기술은 이러한 요구를 충족할 수 있는 최적의 솔루션이라고 할 수 있다.

1.544 Mbps의 대역폭을 갖는 T1급의 LAN을 통해 인터넷에 접속한다면 Layer3으로

압축된 CD 음질의 파일을 모두 받는데 걸리는 시간은 불과 13초 정도에 불과 하다. 이 음악을 연주하는데 걸리는 시간은 3분(180초)이므로, 사용자는 처음 1 비트의 사운드 파일을 전송 받자마자 압축 복원을 하면서 연주를 한다고 해도 중간에 나머지 데이터가 전송되기를 기다릴 필요가 없다, 즉 실시간 오디오 연주가 가능한 것이다.

2) AC97(Audio Codec)

AC97은 1997년 인텔의 아키텍처 랩에서 개발한 오디오 코덱 표준으로 그 기능이 인텔 칩셋들에 통합되어 인터페이스를 지원하고 있다. AC97은 DC97과 ICH 두 개의 컴포넌트로 구성되어 있으며 주로 데스크톱 플랫폼에서 고품질 서라운드 사운드 지원을 위해 사용된다.

AC-Link는 DC97을 연결하는 디지털 링크이며 12.288MHz의 클럭, 싱크, 리셋, 2개의 데이터 라인으로 총 5개의 Wire로 구성되어 있다. AC-Link는 하나의 컨트롤러와 여러 개의 오디오 코덱들 사이에 양방향, 12.288Mbit의 고정된 Bitrate, 시리얼 디지털 스트림을 제공한다. 데이터 스트림은 254bit 프레임으로 분할된다. 이것은 TDM 방식으로 이루어진다. 모든 프레임은 13개의 슬롯으로 세부적으로 구성되어 있으며 슬롯0(16bit)은 오디오 코덱이 컨트롤러와 통신하는데 특정하게 사용된다. 나머지 240bit는 20bit씩 12개의 슬롯으로 나눠지며 데이터 슬롯으로 사용된다. 데이터 슬롯 (48kHz, 20bits/sample)은 PCM 오디오 신호(960kbit/s)를 전송하는데 사용된다. 같은 프레임 내의 여러 데이터 슬롯들은 하나의 고품질 신호로 결합시킬 수 있다(최대 4개 슬롯, 96kHz, 20bit/sample, 스테레오 신호).

03 MP3 플레이어의 기능

MP3 플레이어의 기능은 다음과 같이 요약할 수 있다.

① Play, Stop, 선곡의 기본 기능을 갖추고 있다.
② ALSA Mixer(amixer)를 이용하여 볼륨 조절이 가능하다.
③ 재생시 곡명을 Character LCD상에 보여준다.
④ 재생중 언제든지 다른 곡을 재생할 수 있다.
⑤ 자동으로 연속 재생이 가능하다.

04 MP3 플레이어 시스템의 구성

MP3 플레이어의 시스템 구성은 다음과 같다.

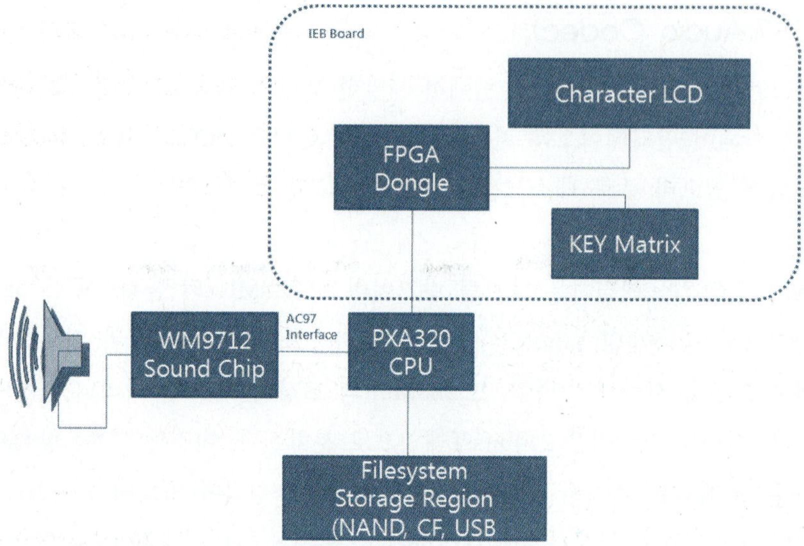

[그림 12-1] MP3 플레이어의 시스템 구성

MP3 플레이어는 IEB 보드의 KEY Matrix를 통해 제어를 한다. CPU가 제어신호를 입력받으면 해당 기능을 수행하게 되는데 음악 파일을 재생할 경우 파일시스템으로부터 현재 디렉토리에 있는 음악들 중 최상위 리스트에 있는 음악을 mpg123 프로그램에서 호출하여 재생하게 된다. 이 때 WM9712는 음악 파일을 디코딩 후 아날로그 신호로 변환하여 스피커로 출력시키게 된다. 재생중에는 리스트에 저장되어 있는 음악 파일명을 CLCD로 전송하여 디스플레이하게 된다.

05 MP3 플레이어의 동작방법

MP3 플레이어는 다음과 같이 키를 입력하여 제어할 수 있다.

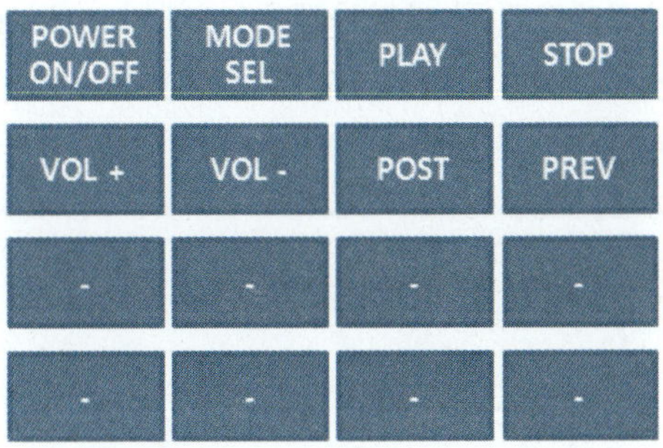

[그림 12-2] 키를 입력하여 제어가능

- POWER ON/OFF : MP3 플레이어를 켜고 끌 수 있다.
- MODE Selection : 선곡 리스트 모드를 켜고 끌 수 있다.
- Play, Stop : 플레이어의 기본 제어를 할 수 있다.
- Volume UP/DOWN : amixer 프로그램 제어를 통해 볼륨 조절을 할 수 있다.
- Post, Prev : 다음 곡이나 이 전 곡을 선곡 및 재생할 수 있다.

06 MP3 플레이어 S/W 구현

1) mp3p.c 주요 코드

```
#define MDIR     "MUSIC/"                    // 음악 파일 저장 디렉토리
struct strcommand_varible {                  // Character LCD 제어 명령어 구조체
    char rows;
    char nfonts;
    char display_enable;
    char cursor_enable;
    char nblink;
    char set_screen;
    char set_rightshit;
    char increase;
```

```
    char nshift;
    char pos;
    char command;
    char strlength;
    char buf[16];
}strcommand;
```

음악 파일들이 저장될 디렉토리를 지정하였다. 아래의 makelist() 함수를 통해 디렉토리를 오픈할 때 사용된다.

```
int makelist()
{
    DIR *dp;
    struct dirent *dep;

    // mp3 파일 디렉토리를 오픈한다.
    if((dp = opendir("MUSIC")) == NULL){
        perror("opendir");
        exit(0);
    }

    // 해당 디렉토리 내 파일이름을 읽어와 playlist에 저장
    while(dep=readdir(dp)){
        if(strcmp(dep->d_name, ".") ==0) {              // "." 저장하지 않
는다.
//          printf(". doesn't save in playlist\n");
        }
        else if(strcmp(dep->d_name, "..") == 0) {      //  ".."  저장하지
않는다.
//          printf(".. doesn't save in playlist\n");
        }
         // "MUSIC" 디렉토리는 저장하지 않는다.
        else if(strcmp(dep->d_name, "MUSIC") == 0) {
//          printf("MUSIC doesn't save in playlist\n");
        }
        else{
            strcpy(playlist[count], dep->d_name);
            printf("playlist[%d]: %s\n", count, playlist[count]);
            count++;
        }
    }
    max = count; // 파일 수를 max에 저장
    count = 0;
    return 0;
}
```

MUSIC 디렉토리를 오픈하여 포함되어 있는 확장자가 mp3로 끝나는 모든 음악 파일들을 검색하여 playlist에 저장시킨다.

```
int middlePlay()                                //연속 재생
```

```
{
    int pid_p, stat_val;
    char *tmp = NULL;
    if((pid_p=fork())==0){
        signal(SIGINT, SigMidlleHandler); //정지
        signal(SIGALRM, SigMidlleHandler); //재생
        while(1){
            strcpy(music, playlist[count]);
            pid_c=play(music);
            pid_c=wait(&stat_val); //부모가 자식 프로세스 종료를 기다리게 함
            strcpy(dir, MDIR);
            findindex(music);
            if(count == (max-1)){
                count = 0;
            }
            else if(count < (max-1)){
                count++;
            }
        }
    }
    else
        return pid_p;
}

int play(char *string)          // 재생
{
    int pid;
    char *argv[] = {"mpg123", strcat(dir, string), (char *)0};
    if((pid=fork())==0){
        signal(SIGINT, SigHandler); //정지
        if(execv("/usr/bin/mpg123", argv) <0 ) {// mpg123 외부 프로그램 실행
            perror("execv");
            return 0;
        }
    }
    else {
        return pid;
    }
}

// 재생중인 곡이 playlist의 몇 번째에 저장되어 있는지 찾는다.
int findindex(char* string)
{
    int i;
    for(i=0; i<max; i++){
        val = strcmp(string, playlist[i]);
        if(val == 0){
            count = i; break;
        }
    }
    return 0;
}
void *shift_clcd(void *argv)  // 시프트된 스트링을 CLCD에 출력한다.
{
    int i;
    memset(tmp_row, 0, sizeof(tmp_row));
```

```
    strncpy(tmp_row, row_one, 16);
    while (1) {
        if (sht_disable == 1) pthread_exit((void *)NULL);
        else {
            strcommand.pos=0;
            ioctl(dev, IOM_LCD_DD_ADDRESS, &strcommand, sizeof(strcommand));
            for(i=0; i<16; i++){
                if(tmp_row[i] == '\0')
                    tmp_row[i] = ' ';
                memcpy(&strcommand.buf[0], &tmp_row[i], 1);
                ioctl(dev, IOM_LCD_WRITE_BYTE, &strcommand, sizeof(strcommand));
            }
            shift_buff_string(tmp_row);
            usleep(500000);
        }
    }
}
void shift_buff_string(char *tmp_row) // 스트링을 왼쪽으로 시프트시켜서 저장
한다.
{
    int i;
    char tmp;
    tmp = tmp_row[0];
    for (i=0; i<15; i++) tmp_row[i] = tmp_row[i+1];
    tmp_row[15] = tmp;
}
int main(void) {
    ~ 중략 ~
    while(1) {
        strcpy(dir, MDIR);
        pressValue = key_get(100);      // 입력된 키 버튼 정보를 읽어온다.
        // printf("Pressed key value %x\n", pressValue);
        switch(pressValue) {
            case 0x1: // Power On/Off Character LCD
                if(status == 0) { // Power on
                    printf("Power on\n");
                    if(system("amixer cset numid=2 21") == -1){
                        printf("error : amixer vol ");
                    }
                    if(system("amixer cset numid=16 21") == -1){
                        printf("error : amixer pcm");
                    }
                    status = 4;

                    if(dev != -1){
                      write(dev, &strcommand, 8);
                      sleep(1);
                      memset(row_one, 0, 16);
                      memset(row_two, 0, 16);
                      printf("memset execute\n");
                    }
                    showlcd();
                }
                else { // Power off
                    printf("Power off\n");
                    if(pid!=0) {
```

```
                kill(pid,SIGINT);
                sht_disable = 1;
                pthread_join(thread_t, (void **)0);
            }
          ioctl(dev, IOM_LCD_CLEAR, &strcommand, sizeof(strcommand));
                sleep(1);
           memcpy(&strcommand.buf[0], end, sizeof(strcommand.buf));
            write(dev, &strcommand, 8);
            sleep(1);
            exit(1);
        }
```


무한 루프상에서 키를 입력받고 입력받은 키 버튼의 정보에 따라서 각각의 주어진 역할을 수행하도록 되어 있다.

```
        case 0x2: // Mode 선택
            if(list == 0) list = 1;
            else list = 0;
            break;
        case 0x3: // 음악 재생
            if (thread_enable == 1) {
                sht_disable = 0;
                pthread_create(&thread_t, NULL, shift_clcd, NULL);
                thread_enable = 0;
            }
            if(list==1 && status == 4) {
                // 재생중인 음악이 없을 때
                if((pid = middlePlay()) == 0) printf("Play error!");
                else status = 3;
            }
            // 재생중이고 리스트 보기일 때
            else if(list == 1 && status == 3) {
                printf("Replay\n");
                kill(pid,SIGALRM);
                kill(pid,SIGINT);
                sleep(1);
                strcpy(music, row_one);
                pid = play(music);
            }
            break;
        case 0x4: // 정지
            if (thread_enable == 0) {
                sht_disable = 1;
                pthread_join(thread_t, (void **)0);
                thread_enable = 1;
            }
            if(pid!=0)
            {
                kill(pid,SIGALRM);
                if(kill(pid,SIGINT) == -1) {
                    perror("SIGINT error"); exit(1);
                }
```

```
        }
        pid=0; status=4; break;
```

재생이 시작되면 CLCD 시프트를 위한 스레드가 생성이 된다. 곡이 재생중에 항상 시프트되면서 CLCD상에 디스플레이할 것이다. 스레드의 중복실행을 방지하기 위한 처리도 하였다.

정지 버튼을 누르게 되면 kill() 함수를 이용하여 SIGALRM을 시스템으로 전달하여 해당 PID를 가진 프로그램 즉, mpg123이 종료되도록 구현하였다.

```
    case 0x5: //volume up
        volume=volume+2;
        if(volume > 31)
            volume = 31;
        sprintf(strvol, "%d", volume);
        strcat(vol,strvol);
        strcat(pcm,strvol);
        system(vol);
        system(pcm);
        vol[21]=pcm[21]='\0';
        break;
    case 0x6: //volume down
        volume=volume-2;
        if(volume < 0)
            volume = 0;
        sprintf(strvol, "%d", volume);
        strcat(vol,strvol);
        strcat(pcm,strvol);
        system(vol);
        system(pcm);
        vol[21]=pcm[21]='\0';
        break;
    case 0x7:
        if (thread_enable == 0) {
            sht_disable = 1;
            pthread_join(thread_t, (void **)0);
            thread_enable = 1;
        }
        if(list == 0 && pid !=0 ) { // 다음 곡 재생
            findindex(music);
           if(count == (max-1)){  // 재생중인 곡이 재생 목록의 마지막일 경우
                count = 0;  // 다음 곡은 재생 목록의 첫 번째 곡으로 해준다.
            }
            else if(count < (max-1)){
                count++;
            }
```

볼륨 조절은 system() 함수를 이용한 간접적 amixer 제어를 통해 이루어지도록 되어 있다.

```
            now = count;
```

```
            strcpy(music, playlist[now]);
            showlcd();
            pthread_create(&thread_t, NULL, shift_clcd, NULL);
            thread_enable = 0;
            sht_disable = 0;
            kill(pid,SIGALRM);
            kill(pid, SIGINT);
            sleep(1);
            pid=play(music);
        }
        else { // CLCD상에서 다음 곡만 선곡(재생은 하지 않는다.)
            findindex(music);
            if(count == (max-1)){
                count = 0;
            }
            else if(count < (max-1)){
                count++;
            }
            now = count;
            strcpy(music, playlist[now]);
            showlcd();
        }
        break;
    case 0x8: // 이 전 곡을 선택
        if (thread_enable == 0) {
            sht_disable = 1;
            pthread_join(thread_t, (void **)0);
            thread_enable = 1;
        }

        if(list==0 && pid!=0) { // 이 전 곡 재생
            findindex(music);
            if(count == 0){ // 재생중인 곡이 재생 목록의 처음일 때
                count = max-1;  // 이 전 곡은 재생 목록의 마지막 곡이 된다.
            }
            else if(count > 0){
                count--;
            }

            now = count;
            strcpy(music, playlist[now]);
            showlcd();
            pthread_create(&thread_t, NULL, shift_clcd, NULL);
            thread_enable = 0;
            sht_disable = 0;
            kill(pid,SIGALRM);
            kill(pid,SIGINT);
            sleep(1);
            pid=play(music);
        }
        else { // CLCD상에서 이 전 곡만 선곡(재생은 하지 않는다.)
            findindex(music);
            if(count == 0){
                count = max-1;
            }
            else if(count > 0){
```

```
                    count--;
                }
                now = count;
                strcpy(music, playlist[now]);
                showlcd();
            }
            break;
        }
    }
    close(key_fd);
    return 0;
}
```

MODE가 0이면 다음 곡 또는 이 전 곡을 바로 재생할 수 있지만 1일 경우에는 선곡 기능이 활성화되어 다음에 재생할 곡만 미리 선택할 수 있다.

```
int showlcd()    // CLCD상에 재생 목록을 디스플레이하는 함수
{
    int i;

    strcpy(row_one, playlist[count]);

    if(count < (max-1)){
        strcpy(row_two, playlist[count+1]);
    }
    else if(count == (max-1)){          // 재생 곡이 playlist의 마지막일 경우
        strcpy(row_two, playlist[0]);  // 다음 곡을 playlist의 처음으로
    }

    ioctl(dev, IOM_LCD_CLEAR, &strcommand, sizeof(strcommand));
    sleep(1);

    // CLCD의 첫 번째 라인에 출력
    strcommand.pos=0;
    ioctl(dev, IOM_LCD_DD_ADDRESS, &strcommand, sizeof(strcommand));
    for(i=0; i<16; i++){
        if(row_one[i] == '\0') break;
        memcpy(&strcommand.buf[0], &row_one[i], 1);
        ioctl(dev, IOM_LCD_WRITE_BYTE, &strcommand, sizeof(strcommand));
    }
    printf("C : %s\n", row_one);

    // CLCD의 두 번째 라인에 출력
    strcommand.pos=40;
    ioctl(dev, IOM_LCD_DD_ADDRESS, &strcommand, sizeof(strcommand));

    for(i=0; i<16; i++){
        if(row_two[i] == '\0') break;
        memcpy(&strcommand.buf[0], &row_two[i], 1);
        ioctl(dev, IOM_LCD_WRITE_BYTE, &strcommand, sizeof(strcommand));
    }
    return 0;
}
```

ioctl() 함수를 통해 CLCD를 제어하여 CLCD상에 스트링(곡명)을 디스플레이한다.

07 MP3 플레이어 실습 수행방법 및 결과

1) MP3 player 컴파일

① 터미널창을 열어 /320app/Application/MP3_Player 디렉토리로 이동한다.

```
파일(F)  편집(E)  보기(V)  터미널(T)  도움말(H)
hybus@hybus-desktop:~$ cd /320app/Application/MP3_Player/
```

[그림 12-3] /320app/Application/MP3_Player 디렉토리로 이동

② sudo make clean 명령어를 이용해 이전에 컴파일되어 있는 것을 삭제한다.

```
파일(F)  편집(E)  보기(V)  터미널(T)  도움말(H)
hybus@hybus-desktop:/320app/Application/MP3_Player$ sudo make clean
[sudo] password for hybus:
rm -rf *.o
rm -f mp3p
hybus@hybus-desktop:/320app/Application/MP3_Player$
```

[그림 12-4] 이전에 컴파일되어 있는 것을 삭제

③ sudo make 명령어를 이용해서 컴파일한다.

```
파일(F)  편집(E)  보기(V)  터미널(T)  도움말(H)
hybus@hybus-desktop:/320app/Application/MP3_Player$ sudo make
/usr/local/arm-linux-4.1.1/bin/arm-linux-gcc -I. -O mp3p.c -o mp3p -lpthread
hybus@hybus-desktop:/320app/Application/MP3_Player$
```

[그림 12-5] sudo make 명령어를 이용해서 컴파일

2) Z-MODEM을 이용한 다운로드

① 터미널창을 열어 minicom을 실행 후 보드를 부팅한다.

② /test_app 디렉토리로 이동한다.

```
파일(F)  편집(E)  보기(V)  터미널(T)  도움말(H)
[root@WENDERS root]# cd test_app/
```

[그림 12-6] /test_app 디렉토리로 이동

③ Ctrl + A를 누르고 다시 S를 눌러 /320app/Application/MP3_Player 디렉토리로 이동 후 파일을 다운로드한다.

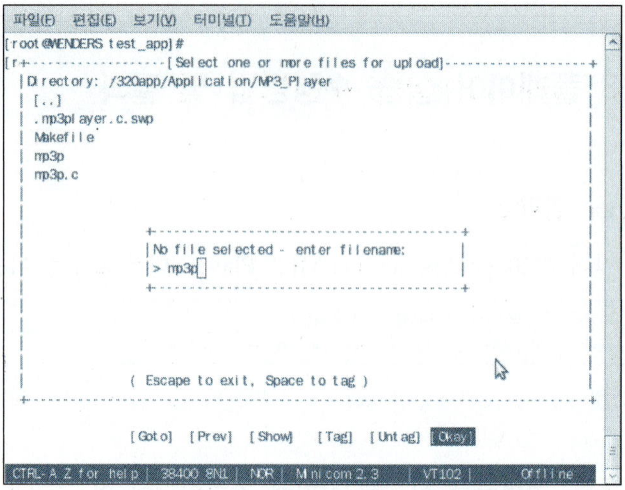

[그림 12-7] /320app/Application/MP3_Player 디렉토리로 이동 후 파일을 다운로드

3) 실행화면

① ./mp3 명령어를 이용하여 실행시킨다.

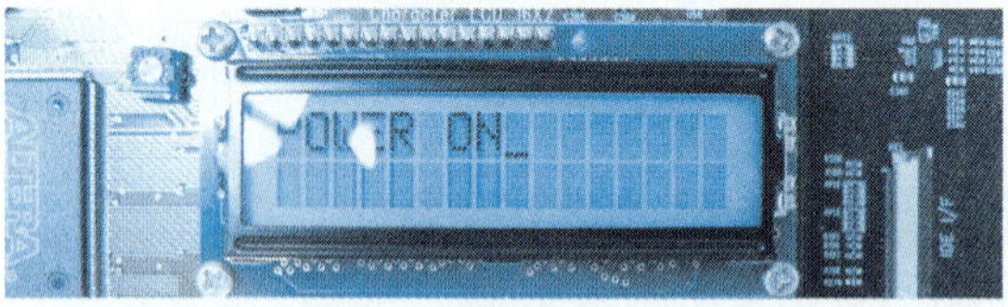

[그림 12-8] ./mp3 명령어를 이용

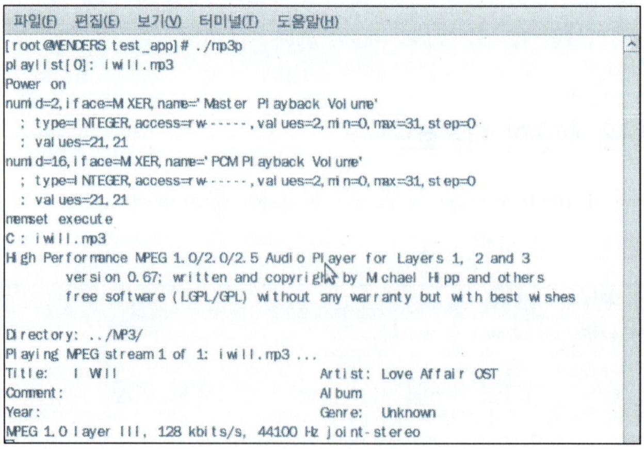

[그림 12-9] 실행 파일

power on이라는 글씨가 clcd에 나오게 되면 세 번째 버튼을 누르게 되면 노래가 나온다. cd상에는 노래가 한곡밖에 없지만 다른 노래를 듣고 싶으면 mp3 디렉토리안에 노래를 추가하면 다른 노래를 들을 수 있다.

13 Chapter 산성비 게임 응용

01 개 요

이 장에서는 간단한 게임 하나를 만들어 보겠다. X-Hyper320TKU의 IEB 보드를 조작하여 타자 연습용 게임과 비슷하게 구현해 보았다. 비록 4자릿수의 숫자 조합을 입력하여 제거하는 단순한 프로그램이지만 키보드가 아닌 키 버튼을 클릭하여 해당 숫자를 입력하는 것이기 때문에 의외로 순발력이 필요하다. 난이도가 총 10단계로 설정되어 있고 고급 난이도로 갈수록 속도가 빨라지게 된다. 숫자를 맞추게 되면 화면상에서 해당 숫자는 사라지게 되고 각각의 단계에 따른 구분된 점수를 획득하게 된다. 개인적인으로는 의도와는 다르게 최종적으로 가장 많은 점수를 획득한 사람이 순발력이 가장 뛰어난 사람이 아닐까라는 생각도 해본다.

02 관련기술

1) TFT – LCD

화면에 정보를 표시하는 메커니즘은 전자계산기 등의 숫자 표시에 사용되는 LCD와 같다. 투명유리 혹은 필름에 코팅된 액정에 전압이 가해지면 분자구조가 변하면서 생기는 편광현상을 이용해 뒷면에서 올라오는 빛을 통과시키거나 차단해 정보를 표시하게 되는데, 이 시스템에 내장된 컬러 TFT-LCD는 화소 하나를 표시하는데 이러한 단위 액정이 세 개가 필요하다. 이는 빛의 3원색인 적색, 녹색, 청색을 각각 제어하기 위함이다.

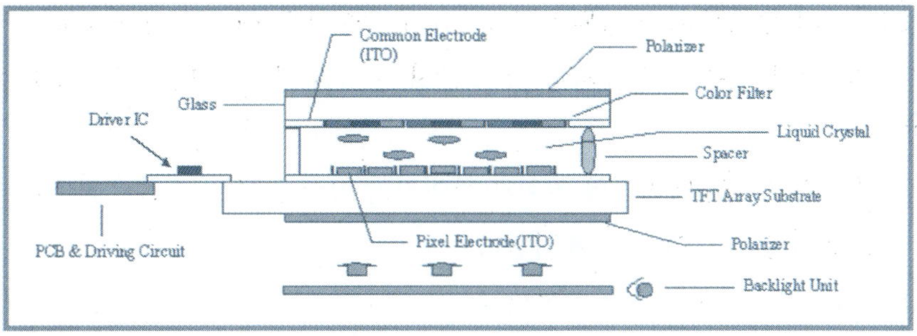

[그림 13-1] TFT-LCD 구성

이 TFT-LCD에 데이터를 표시하기 위해서는 이를 위한 특별한 메모리 영역(Framebuffer)에 데이터를 써 주기만 하면 된다. 그러면 LCD 컨트롤러에 데이터를 가져다가 화면에 뿌려주는데, 이를 위해서 프로그램은 OS가 제공하는 프레임 버퍼 디바이스를 열고 적절한 위치에 데이터를 write하기만 하면 된다.

2) 프레임 버퍼

디스플레이 장치에 화상신호를 출력하는 부분으로 리프레시 메모리라고도 한다. 화소 표현으로 변환된 한 프레임씩을 임시로 저장하였다가 신호에 따라 메모리에 저장된 내용을 비트열로 디스플레이 장치에 출력하게 된다.

프레임 버퍼의 크기는 프레임 버퍼 드라이버에서 결정되며 드라이버에서 요구된 크기만큼 메모리 영역의 일부를 프레임 버퍼로 할당하게 된다.

프레임 버퍼 드라이버는 요구된 크기만큼의 메모리 영역을 할당하는 것 이외에도 픽셀 클럭, BPP, H/V 싱크, 프레임 버퍼의 길이, LCD 제어 레지스터 설정 및 LCD 및 백라이트 파워 제어까지도 관여한다.

03 산성비 게임의 기능

산성비 게임의 기능은 다음과 같이 요약할 수 있다.

① 프레임 버퍼를 이용하여 TFT-LCD 상에 게임의 전체 폼을 표현하게 된다.

② 해당 숫자와 맵핑되는 키 버튼을 클릭하여 숫자를 TFT-LCD상에 표시한다.

③ 총 10단계의 난이도로 구성되어 있고 단계가 증가할 때마다 진행속도가 빨라진다.
④ 난이도에 따른 점수가 구분되어 있고 해당 숫자를 제거할 때마다 점수를 획득하게 된다.
⑤ 기본 적으로 한 게임당 8번의 기회가 주어지며 기회를 모두 소진시 게임은 종료된다.
⑥ DOT Matrix상에 난이도가 표시된다.
⑦ FND상에 획득한 점수가 표시된다.
⑧ 8개의 라인 LED는 현재 남아 있는 기회 즉 생명의 개수를 나타내준다.

04 산성비 게임 시스템의 구성

산성비 게임을 위한 시스템 구성은 다음과 같다.

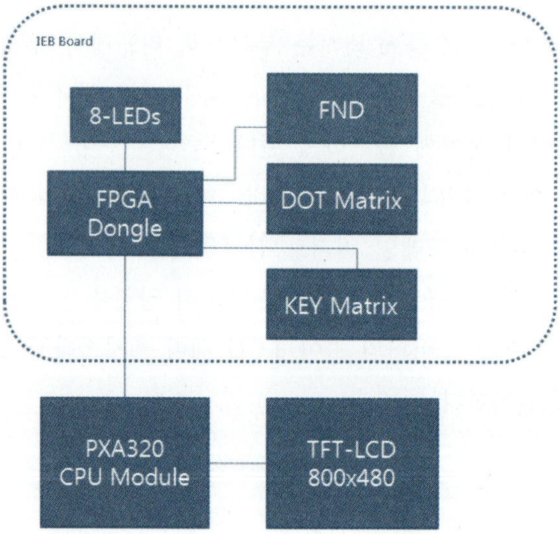

[그림 13-2] 산성비 게임을 위한 시스템 구성

TFT-LCD를 통해 게임 화면을 디스플레이하며 KEY 버튼을 이용하여 숫자를 입력 또는 삭제를 할 수 있다. FND상에는 점수를 표시, DOT상에는 단계를 표시, 8-LEDs는 남은 생명의 횟수를 표시한다.

05 산성비 게임 시스템의 동작방법

산성비 게임은 다음과 같이 키를 입력하여 게임을 진행할 수 있다.

[그림 13-3] 키를 입력하여 게임을 진행

① 0부터 9까지의 숫자와 맵핑된 키 버튼을 클릭하여 4자리 숫자를 입력한다.
② 잘못 입력시 Delete와 맵핑된 키 버튼을 클릭하여 이 전에 입력된 숫자를 지울 수 있다.
③ 4자리 숫자를 모두 입력하면 Enter와 맵핑된 키 버튼을 클릭하여 입력값을 전달한다.
④ 생명을 모두 소진시 자동으로 게임 종료되며 아무 키나 클릭하면 프로그램이 종료된다.

06 산성비 게임 시스템의 S/W 구현

이 프로그램은 ssb.c, list.c, driverpack.c의 소스파일로 구성되어 있다.

ssb.c 파일은 게임의 주요 폼을 그리며, 스레드를 사용하여 원활하게 게임이 진행되도록 처리하는 메인 기능을 가지고 있다.

list.c 파일은 Linked List를 활용하여 리스트의 생성 및 추가, 삭제과 같은 주로 리스트 관리 기능을 가지고 있다.

driverpack.c 파일에는 산성비 게임에서 사용되는 물리적인 디바이스들을 시스템 콜 함수들을 이용하여 쉽게 제어할 수 있는 함수들이 작성되어 있다.

1) ssb.c의 주요 소스코드

```
typedef struct tagRAINDROP {
    char text[5];          // 4개의 숫자조합으로 이루어진 스트링
    int x, y;              // LCD 화면에 뿌려질 스트링의 X/Y 좌표
    int fSpecial;                   // 특별한 레인드롭인지를 구분
} RAINDROP;                // 레인드롭 구조체
```

```
// Global variables
int IntervalTable[10] = {           // 스트링의 단계별 뿌려지는 시간간격
    2000000, 1500000, 1000000, 750000, 500000,
     250000,  100000,   75000,  50000,  25000
};
int ScoreTable[10] = {              // 단계별 적용되는 점수단위
    10, 12, 15, 20, 30, 45, 70, 100, 150, 200
};
int rdCountTable[10] = {            // 단계별 뿌려질 스트링의 개수
    10, 30, 30, 30, 30, 30, 30, 30, 30, 30
};

RAINDROP *GenerateRaindrop() {              // 산성비를 생성시키는 함수
    RAINDROP *rd;
    int i;

    rd = (RAINDROP *) malloc(sizeof(RAINDROP));
    if (!rd) {
        puts("Not enough memory!!\n");
        exit(1);
    }

    for (i = 0; i < 4; i++)
        rd->text[i] = rand() % 10 + 0x30;    // 0에서 9까지의 숫자를 랜덤하게 생성
    rd->text[4] = 0;                         // 마지막에 Null 값 삽입
    rd->x = rand() % 69 + 29;                // X좌표를 랜덤하게 선택
    rd->y = 3;
// Y좌표를 3으로 고정으로 지정
    return rd;
}
```

떨어뜨릴 숫자조합 스트링(산성비라고 지칭한다)을 새롭게 생성한다.

메모리 할당된 RAINDROP 구조체 변수에 랜덤하게 생성된 4자리 숫자조합 스트링과 랜덤하게 선택된 산성비가 시작될 X와 Y의 좌표값을 저장하고 반환한다.

```
int ScrollRaindrop(int LineCount) {             // 산성비를 떨어뜨리는 함수
    RAINDROP *rd;
    int i, ret = 1;

    lcd_SaveCursorPos();
    lcd_SetTextColor(WHITE);
```

```
    for (i = 0; i < ListGetCount(rdList); i++) {
        // Get a raindrop object from raindrop list
        rd = ListGetItem(rdList, i);                // 산성비에 대한 레인드롭 정
보를
        if (!rd)                                    가져온다.
            break;

        if (LineCount) {
            // First, remove raindrops from current position
            lcd_gotoxy(rd->x, rd->y);
            lcd_putstring("    ");
        }

        // Now increase Y coordinate of the raindrop and display it
        rd->y += LineCount;
        if (rd->y < 27) {
            lcd_gotoxy(rd->x, rd->y);
            lcd_putstring(rd->text);
        } else {
            // If the raindrop landed, remove it
            free(rd);
            ListDeleteItem(rdList, i);
            Life--; i--; ret = 0;
        }
    }

    RestoreCursorPos();
    lcd_RestoreCursorPos();
    return ret;
}
```

단계별 정해진 Interval 값에 의해 한 줄씩 산성비가 떨어지게 된다.

산성비가 바닥에 떨어질 때까지 입력을 놓치게 되면 산성비는 제거되고 Life 개수가 하나 줄어들게 된다. 그 전에 입력을 해서 맞추게 되면 산성비는 제거되고 점수는 상승한다.

```
void Rain(void *arg) {
    int i, rdCount = 0;
    char buff[8];

    while(!fThreadEnable);          // Trigger
    if (rdList)
        DeleteList(rdList);
    rdList = CreateList();
    while(Life) {
        while(!fThreadEnable);      // Synchronization
        if (rand() % 100 < 75 && rdCount < rdCountTable[Level - 1]) {
            ListAddItem(rdList, GenerateRaindrop());
            rdCount++;
        }
        if (!ScrollRaindrop(1))
            DispStatus();
        if (ListGetCount(rdList) == 0 && rdCount == rdCountTable[Level
- 1]) {
            lcd_SetTextColor(WHITE);
            sprintf(buff, "%d", Level);
            lcd_gotoxy(58, 10); lcd_putstring("+-------------+");
            lcd_gotoxy(58, 11); lcd_putstring("|  LEVEL :    |");
```

```
            lcd_gotoxy(69, 11); lcd_putstring(buff);
            lcd_gotoxy(58, 12); lcd_putstring("|  COMPLETE!  |");
            lcd_gotoxy(58, 13); lcd_putstring("+-------------+");
            Level++;
            if (Level == 11)
                Level = 1;
            sleep(5);
            for (i = 0; i < 4; i++) {
                lcd_gotoxy(58, 10 + i);
                lcd_putstring("               ");
            }
            lcd_gotoxy(9, 6);
            sprintf(buff, "%d", Level);
            lcd_putstring(buff);
            dot_putchar(Level);
        }
        usleep(IntervalTable[Level - 1]);
        if (key_val == 13)
            break;
    }
```

```
    lcd_SetTextColor(WHITE);
    lcd_gotoxy(57, 10); lcd_putstring("+-----------------+");
    lcd_gotoxy(57, 11); lcd_putstring("|    GAME OVER    |");
    lcd_gotoxy(57, 12); lcd_putstring("|  PRESS ANY KEY  |");
    lcd_gotoxy(57, 13); lcd_putstring("+-----------------+");
    exitsig = 1;

    fflush(stdin);
    DeleteList(rdList);
    rdList = NULL;
    pthread_exit((void *)NULL);
}
```

while()문 내에서 스레드에 의해 산성비를 생성하고 한 줄씩 떨어뜨리게 된다. 각 단계를 클리어하면 다음 단계로 넘어가게 되며, 종료될 경우 while()문을 탈출하여 "GAME OVER" 메시지와 더불어 게임을 종료시키게 된다.

```
int main() {
    // Variables declaration
    pthread_t tid;
    int status = 0;
    char buff[80] = "    ";
    int tail = 0;
    char fndcnt[8];

    init_drivers();
    lcd_clrscr();

    // Variables initialization
    Level = 1; Life = 8; Score = 0;

    memset(fndcnt, 0, sizeof(fndcnt));
    fnd_putstring(fndcnt);
```

```
    DrawBackground();
    Wait5sec();
    srand(time(NULL));
```

main() 문에서 사용될 변수를 선언하고 값들을 초기화한 후 시작 전 5초를 기다린다.

```
    lcd_gotoxy(2, 29); lcd_putstring("ENTER ===>     ");
    fThreadEnable = 1;
    pthread_create(&tid, NULL, (void *)Rain, NULL);   // Rain 함수에 대
한 스레드 생성

    while(1) {
        while (1) {
            key_val = key_getkey();       // 입력된 KEY 값을 읽어온다.
            if (exitsig) {
                pthread_join(tid, (void **)&status);
                goto EXIT;
            }
            if (key_val == 11) {          // If backspace pressed
                if (tail != 0)
                    tail--;
                buff[tail] = 32;          // Fill white space
            } else if (key_val == 12) {  // If enter pressed
                break;
            } else if (tail < 4) {
                buff[tail++] = key_val + 0x2F;
            }
            buff[4] = 0;
            lcd_SetTextColor(WHITE);
            lcd_gotoxy(13, 29); lcd_putstring(buff);
        }
        Intercept(buff);              // 해당 산성비를 맞출 경우 리스트에서 삭제
        memset(buff, 32, 4);              점수가 상승한다.
        buff[4] = 0;
        lcd_gotoxy(13, 29); lcd_putstring(buff);
        tail = 0;
    }

EXIT:   // 프로그램 종료 절차
    fflush(stdout); // To flush output stream
    lcd_clrscr();
    cleanup_drivers();
    printf("Exit Program...\n");
    return 0;
}
```

2) driverpack.c의 주요 소스코드

```
void fnd_putstring(unsigned char *str) {      // FND 디스플레이 함수
    write(fnd, str, 8);
}
void led_putvalue(unsigned char val) {        // LED 디스플레이 함수
    int led;
    unsigned long buff;
```

```
    led = open("/dev/LED", O_WRONLY);
    if (led < 0) {
        puts("Fatal error: /dev/LED open failed!!\n");
        exit(1);
    }
    write(led, &val, 1);
    close(led);
}
void led_lifecount(int lc) {            // Life Count를 계산하는 함수
    unsigned char val;
    unsigned char ledtable[9] = {
        0xFF, 0x7F, 0x3F, 0x1F, 0x0F, 0x07, 0x03, 0x01, 0x00
    };
    switch (lc) {
    case 8:
    case 7:
    case 6:
    case 5:
    case 4:
    case 3:
    case 2:
    case 1:
    case 0:
        val = ledtable[lc];
        break;
    default:
        val = ledtable[0];
        break;
    }
    led_putvalue(val);
}
```

```
static void dot_thread(void *dummy) {              // DOT 디스플레이 함수
    unsigned char data[5] = { 0x0, 0x0, 0x0, 0x0, 0x0};
    int i;
    while(fThreadEnabled) {
        for ( i = 0 ; i < 5 ; i++)
            data[i] = (unsigned char)(dot_low_table[(int)dotdata][i]);

        write(dot, data, 5);
    }
    pthread_exit((void *)NULL);
}

void lcd_putstring(char *str) {           // TFT-LCD 스트링 디스플레이 함수
    int b, x, y, X, Y, offset, len;
    unsigned char i;
    unsigned short *rasterbuff;
    len = strlen(str);
    rasterbuff = malloc(sizeof(short) * len * 8);
    if (!rasterbuff) {
        puts("Not enough memory!!\n");
        exit(1);
    }

    X = lcd_x * 8; Y = lcd_y * 16;
    for (y = 0; y < 16; y++) {
        offset = OFFSET(X, (Y + y));
        for (x = 0; x < len; x++) {
            i = 128;
```

```
            for (b = 0; b < 8; b++) {
                i = i >> b;
                rasterbuff[x * 8 + b] = font[str[x] - 0x20][y] & i ?
lcd_TextColor : 0;
            }
        }
        lseek(fbfd, offset, SEEK_SET);
        write(fbfd, rasterbuff, len * 8 * 2);
    }
    free(rasterbuff);
    lcd_y = lcd_y + (lcd_x + len) / 30;
    lcd_x = (lcd_x + len) % 30;
}
```

3) list.c 주요 소스코드

```
LIST *CreateList() {                        // List 생성 함수
    LIST *list;

    list = (LIST *) malloc(sizeof(LIST));
    if (!list) {
        puts("Not enough memory!!\n");
        exit(1);
    }
    list->start = NULL;
    list->ItemCount = 0;
    return list;
}

ListAddItem(LIST *list, void *item) { // 생성된 리스트에 함수를 추가
    NODE *node, *current;

    if (!list) return 0;
    while(lock) Beep();
    lock = 1;

    node = (NODE *) malloc(sizeof(NODE));
    if (!node) {
        puts("Not enough memory!!\n");
        exit(1);
    }
    node->data = item;
    node->Next = NULL;

    current = (NODE *) list;
    while(current->Next) current = current->Next;
    current->Next = node;
    list->ItemCount++;

    lock = 0;
    return 1;
}
```

산성비 한 개당 하나의 GenerateRaindrop() 함수를 수행하면서 생성되므로 여러 개의 산성비를 생성시키기 위해 리스트를 생성해서 관리할 수 있도록 구현하였다.

```
void ListDeleteItem(LIST *list, int pos) {     // 리스트에서 함수를 삭제
    NODE *prev, *current;
    int c;
    if (!list || !list->start) return;
    while(lock) Beep();
    lock = 1;
    current = list->start;
    if (!pos) {
        list->start = current->Next;
        free(current);
        list->ItemCount--;
        lock = 0; return;
    } else
         for (c = 0; c < pos; c++) {
             prev = current;
            current = current->Next;
            if (!current) {
                lock = 0; return;
            }
        }
    prev->Next = current->Next;
    free(current);
    list->ItemCount--;
    lock = 0;
}
void *ListGetItem(LIST *list, int pos) {       // 해당 산성비에 대한 레인드
롭 정보를 가져옴
    NODE *current;
    int i;
    if (!list || !list->start) return NULL;
    while(lock) Beep();
    lock = 1;
    current = list->start;
    for (i = 0; i < pos; i++) {
        current = current->Next;
        if (!current) {
            lock = 0; return NULL;
        }
    }
    lock = 0;
    return current->data;
}
```

07 산성비 게임 실습 수행방법 및 결과

1) 산성비 게임 컴파일

① 터미널창을 열어 /320app/Application/Acid_Rain/ 디렉토리로 이동을 한다.

```
파일(F) 편집(E) 보기(V) 터미널(T) 도움말(H)
hybus@hybus-desktop:~$ cd /320app/Application/Acid_Rain/
```

[그림 13-4] /320app/Application/Acid_Rain/ 디렉토리로 이동

② sudo make clean 명령어를 이용해 이전에 컴파일되어 있는 것을 삭제한다.

```
파일(F) 편집(E) 보기(V) 터미널(T) 도움말(H)
hybus@hybus-desktop:/320app/Application/Acid_Rain$ sudo make clean
[sudo] password for hybus:
rm -rf *.o
rm -f ssb
hybus@hybus-desktop:/320app/Application/Acid_Rain$
```

[그림 13-5] 이전에 컴파일되어 있는 것을 삭제

③ sudo make 명령어를 이용해서 컴파일한다.

```
파일(F) 편집(E) 보기(V) 터미널(T) 도움말(H)
hybus@hybus-desktop:/320app/Application/Acid_Rain$ sudo make
/usr/local/arm-linux-4.1.1/bin/arm-linux-gcc -I. -O -c driverpack.c -o driverpac
k.o
/usr/local/arm-linux-4.1.1/bin/arm-linux-gcc -I. -O -c list.c -o list.o
/usr/local/arm-linux-4.1.1/bin/arm-linux-gcc -I. -O ssb.c driverpack.o list.o -o
 ssb -lpthread
hybus@hybus-desktop:/320app/Application/Acid_Rain$
```

[그림 13-6] sudo make 명령어를 이용해서 컴파일

2) Z-MODEM을 이용한 다운로드

① 터미널창을 열어 minicom을 실행 후 보드를 부팅한다.

② /test_app 디렉토리로 이동을 한다.

```
파일(F) 편집(E) 보기(V) 터미널(T) 도움말(H)
[root@WENDERS root]# cd test_app/
```

[그림 13-7] /test_app 디렉토리로 이동

③ Ctrl + A를 누르고 다시 S를 눌러 /320app/Application/Acid_Rain 디렉토리로 이동 후 파일을 다운로드한다.

```
파일(F) 편집(E) 보기(V) 터미널(T) 도움말(H)
[root@WENDERS test_app]#
 +-----------------[Select one or more files for upload]-----------------+
 |Directory: /320app/Application/Acid_Rain                               |
 | [..]                                                                  |
 | Makefile                                                              |
 | conio.h                                                               |
 | driverpack.c                                                          |
 | driverpack.h                                                          |
 | driverpack.o                                                          |
 | font.h                                                                |
 | list.c          +-------------------------------------+               |
 | list.h          |No file selected - enter filename:   |               |
 | list.o          |> ssb                                |               |
 | ssb             +-------------------------------------+               |
 | ssb.c                                                                 |
 |                                                                       |
 |                                                                       |
 |                                                                       |
 |             ( Escape to exit, Space to tag )                          |
 +-----------------------------------------------------------------------+

             [Goto] [Prev] [Show] [Tag] [Untag] [Okay]
CTRL-A Z for help | 38400 8N1 | NOR | Minicom 2.3 | VT102 | Offline
```

[그림 13-8] /320app/Application/Acid Rain 디렉토리로 이동 후 파일을 다운로드

3) 실행화면

① ./ssb명령어를 이용하여 실행한다.

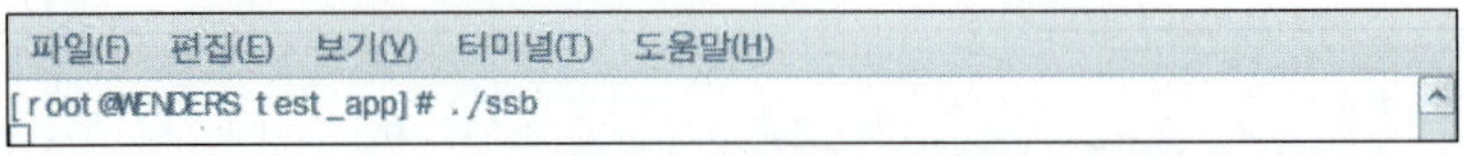

[그림 13-9] ./ssb 명령어를 이용하여 실행

② 게임 프로그램을 실행하면 전체 폼이 나타나고 5초 카운트다운 박스가 보인다.

[그림 13-10] 5초 카운트다운 박스가 보인다

③ 카운트다운이 끝나면 Go! 메시지와 함께 4자리 숫자로 조합된 산성비가 나타나기 시작한다. 시간이 경과할수록 산성비는 점점 아래로 내려온다. 이것들이 바닥에 닿기 전에 키 버튼으로 입력하여 맞추어야 한다.

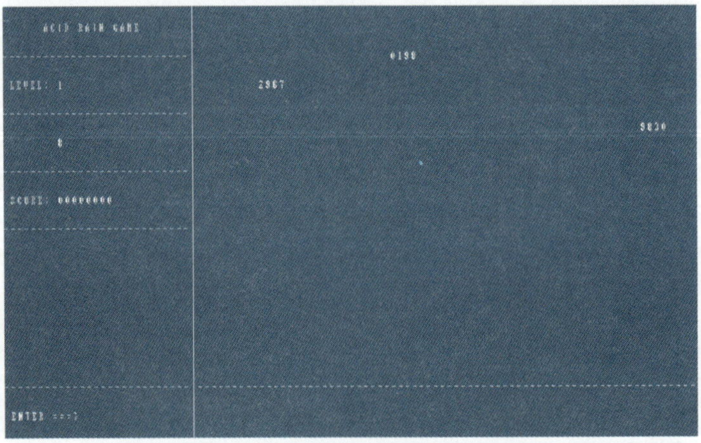

[그림 13-11] 시간이 경과할수록 산성비는 점점 아래로 내려온다

④ 1단계를 클리어하게 되면 다음 2단계로 넘어가게 된다. 난이도가 높아질수록 산성비가 내려오는 속도는 점점 빨라지게 된다. (총 10단계로 구성) 아래 그림은 1단계를 클리어 했을 때 나타나는 화면이다.

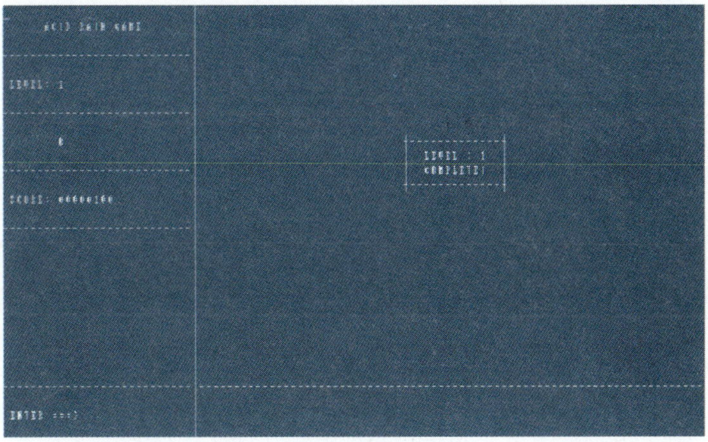

[그림 13-12] 1단계를 클리어했을 때 나타나는 화면

⑤ 처음 게임을 시작할 때 주어지는 Life 수는 8개이다. 아래 그림은 Life 수를 모두 소진했을 때 게임종료가 된 화면이다.

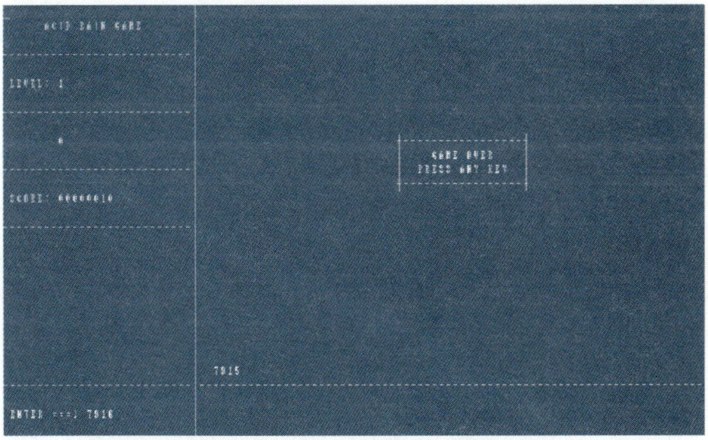

[그림 13-13] 게임종료가 된 화면

14 Chapter DC 모터 제어 응용

01 개 요

이 장에서는 X-Hyper320TKU의 IEB 보드에 부착되어 있는 두 개의 DC 모터 포트를 제어 실습을 하도록 하겠다.

02 관련기술

1) DC 모터

IEB에 부착된 DC 모터 포트는 L298 IC 칩을 통해 제어할 수 있다. A, B 두 개의 포트를 제어할 수 있으며, 한 포트를 제어하는데 3개의 핀이 필요하다. [그림 14-1]은 IEB 보드의 DC 모터 구동회로 부분이다.

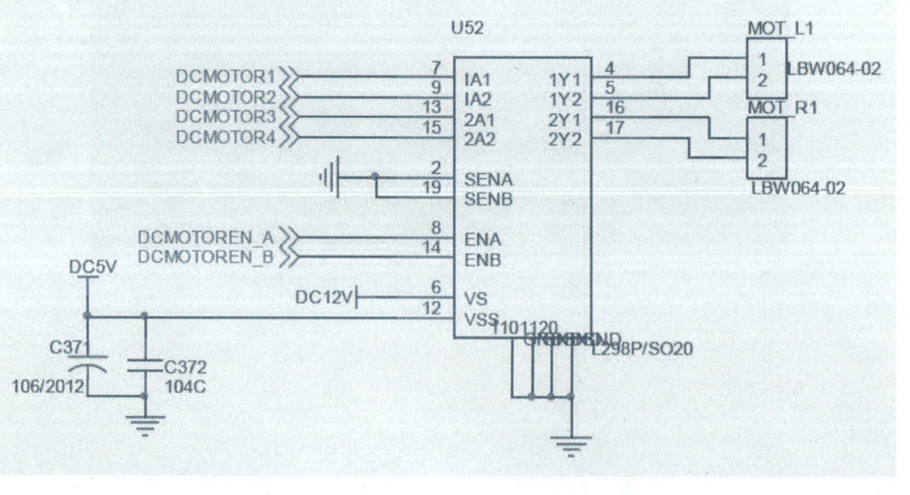

[그림 14-1] IEB 보드의 DC 모터 구동회로

L1 포트를 제어하기 위해서는 DCMOTOR1, 2, DCMOTORN_A 핀이 필요하며, R1 포트를 제어하기 위해서는 DCMOTOR3, 4 DCMOTOR_B 핀이 필요하다.

DCMOTOR1~4 핀은 각 모터의 방향을 정하는데 사용되며 DCMOTOR_A와 B는 각 모터의 ON/OFF 기능을 담당하는 핀이다. 일반적으로 DC 모터의 속도를 제어하기 위해 DCMOTOR_A와 B를 CPU의 PWM 출력을 연결하여 사용하는데 IEB 보드에서는 CS3번 어드레스의 데이터 버스에 하위 6bit에 DCMOTOR1~4핀과 DCMOTOR_A, B가 순서대로 연결되어 있고 비트 제어로 구동시키기 때문에 고정된 속도로만 동작하게 된다.

03 DC 모터의 기능

DC 모터의 기능은 다음과 같다.

① 전/후진 가능

② 두 개의 DC 모터를 동시에 제어하여 좌/우회전 가능

③ 실제 데모 탱크와 같은 DC 모터를 응용한 하드웨어 제작시 연결하여 제어하기가 쉽다.

04 DC 모터 제어 시스템의 구성

DC 모터 제어를 위한 시스템 구성은 [그림 14-2]와 같다.

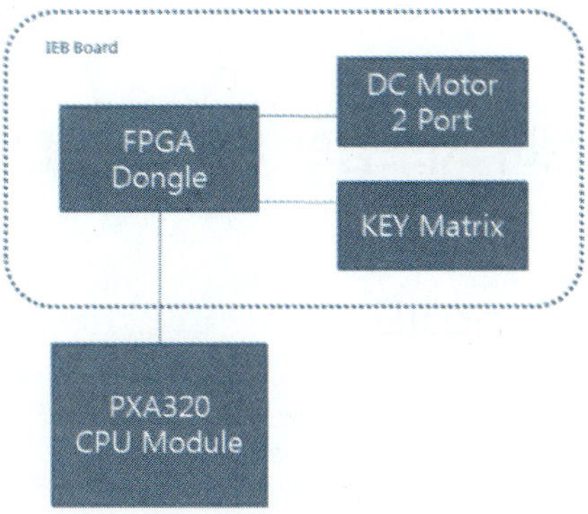

[그림 14-2] DC 모터 제어를 위한 시스템 구성

05 DC 모터 제어 프로그램의 동작방법

DC 모터 제어 프로그램은 다음과 같은 키 버튼 조작을 통해 제어를 할 수 있다.

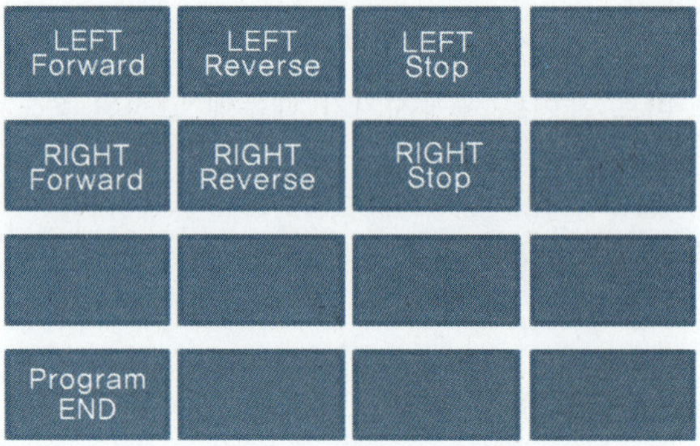

[그림 14-3] 키 버튼 조작을 통해 제어

- LEFT Forward : 왼쪽 모터를 전진시킨다.
- LEFT Reverse : 왼쪽 모터를 후진시킨다.
- LEFT Stop 왼쪽 모터를 정지시킨다.
- RIGTH Forward : 오른쪽 모터를 전진시킨다.
- RIGTH Reverse : 오른쪽 모터를 후진시킨다.
- RIGTH Stop : 오른쪽 모터를 정지시킨다.
- Program END : 프로그램을 종료시킨다.

06 DC 모터 제어 시스템의 S/W 구현

1) dc_control.c의 주요 소스코드

```
#define DCMDEVICE      "/dev/DC_MOTOR"
#define LCDDEVICE      "/dev/CLCD"
#define KEYDEVICE      "/dev/KEY"

int dcm_fd, key_fd, lcd_fd;
```

```
struct strcommand_variable
{
    char rows;
    char nfonts;
    char display_enable;
    char cursor_enable;
    char nblink;
    char set_screen;
    char set_rightshit;
    char increase;
    char nshift;
    char pos;
    char command;
    char strlength;
    char buf[20];
};
```

장치 노드의 경로 및 FD 변수와 CLCD 디바이스 제어에 사용되는 구조체를 선언하였다.

```
    while(pressed_value != 0x0D)
    {
        // KEY로부터 입력을 받는다.
        pressed_value  = key_getkey();
        printf("Input Key : %x\n", pressed_value);
        switch (pressed_value) {
            case 0x02:
                // 직전 버튼
                dcmotor_value = 9;
                strcpy(clcd_buffer, "Go Forward");
                break;
            case 0x05:
                // 좌회전 버튼
                dcmotor_value = 12;
                strcpy(clcd_buffer, "Turn Left");
                break;
            case 0x06:
                // 정지 버튼
                dcmotor_value = 11;
                strcpy(clcd_buffer, "Stop");
                break;
            case 0x07:
                // 우회전 버튼
                dcmotor_value = 13;
                strcpy(clcd_buffer, "Turn Right");
                break;
            case 0x0A:
                // 후진 버튼
                dcmotor_value = 10;
                strcpy(clcd_buffer, "Go Backward");
                break;
            case 0x0D:
                strcpy(clcd_buffer, "Program End");
                break;
```

```
        default:
            strcpy(clcd_buffer, "Not Invalid Key");
            break;
    }
```

키 버튼 입력값을 읽어서 해당되는 키 값에 대칭되는 기능을 수행하게 된다.

키 값은 DC 모터 제어를 위한 커맨드로서 고유의 dcmotor_value를 지정하게 된다.

```
      // 눌러진 키에 따른 명령을 모터로 전송
        ioctl(dcm_fd, dcmotor_value, flag);

        // 눌려진 버튼의 정보를 CLCD에 출력한다.
        ioctl(lcd_fd, IOM_LCD_CLEAR, &strcommand, 32);
        ioctl(lcd_fd, IOM_LCD_DD_ADDRESS, &strcommand, 32);

        for(i = 0; i < 16; ++i)
        {
            if(clcd_buffer[i] == '\0')
                break;
            memcpy(&strcommand.buf[0], &clcd_buffer[i], 1);
            ioctl(lcd_fd, IOM_LCD_WRITE_BYTE, &strcommand, 32);
        }
        sleep(1);

        if(pressed_value == 0xd )
            goto out;
    }
out:
    puts("Exit Program...");

    close(lcd_fd);
    close(key_fd);
    close(dcm_fd);
    return 0;
}
```

dcmotor_value는 DC 모터 제어의 ioctl() 함수의 커맨드로 전달된다.

DC 모터의 제어와 더불어 CLCD도 키 버튼 입력에 따른 제어 상태를 CLCD에 디스플레이 한다. 13번 키 버튼을 입력받으면 while() 문을 탈출하게 되고 디바이스 클로즈와 함께 프로그램은 종료된다.

07 DC 모터 제어 실습 수행방법 및 결과

1) DC 모터 컴파일

① 터미널창을 열어 /320app/Application/DC_Motor/ 디렉토리로 이동을 한다.

```
파일(F) 편집(E) 보기(V) 터미널(T) 도움말(H)
hybus@hybus-desktop:~$ cd /320app/Application/DC_Motor/
```

[그림 14-4] /320app/Application/DC_Motor/ 디렉토리로 이동

② sudo make clean 명령어를 이용해 이전에 컴파일되어 있는 것을 삭제한다.

```
파일(F) 편집(E) 보기(V) 터미널(T) 도움말(H)
hybus@hybus-desktop:/320app/Application/DC_Motor$ sudo make clean
[sudo] password for hybus:
rm -rf *.o
rm -f dc_control
hybus@hybus-desktop:/320app/Application/DC_Motor$
```

[그림 14-5] 이전에 컴파일되어 있는 것을 삭제

③ sudo make 명령어를 이용해서 컴파일한다.

```
파일(F) 편집(E) 보기(V) 터미널(T) 도움말(H)
hybus@hybus-desktop:/320app/Application/DC_Motor$ sudo make
/usr/local/arm-linux-4.1.1/bin/arm-linux-gcc -I. -O dc_control.c -o dc_control -lpthread
hybus@hybus-desktop:/320app/Application/DC_Motor$
```

[그림 14-6] sudo make 명령어를 이용해서 컴파일

2) Z-MODEM을 이용한 다운로드

① 터미널창을 열어 minicom을 실행 후 보드를 부팅한다.

② /test_app 디렉토리로 이동한다.

```
파일(F) 편집(E) 보기(V) 터미널(T) 도움말(H)
[root@WENDERS root]# cd test_app/
```

[그림 14-7] /test_app 디렉토리로 이동

③ Ctrl + A를 누르고 다시 S를 눌러 /320app/Application/DC_Motor 디렉토리로 이동 후 파일을 다운로드한다.

```
파일(F)  편집(E)  보기(V)  터미널(T)  도움말(H)
[root@WENDERS test_app]#
 +-----------------[Select one or more files for upload]------------------+
 |Directory: /320app/Application/DC_Motor                                 |
 | [..]                                                                    |
 | 1                                                                       |
 | Makefile                                                                |
 | clcd_driver.c                                                           |
 | dc_control                                                              |
 | dc_control.c                                                            |
 | dc_motor.c                                                              |
 | key_driver.c   +----------------------------------+                     |
 | m              |No file selected - enter filename: |                    |
 |                |> dc_control                       |                    |
 |                +----------------------------------+                     |
 |                                                                         |
 |              ( Escape to exit, Space to tag )                           |
 +-------------------------------------------------------------------------+

              [Goto] [Prev] [Show] [Tag] [Untag] [Okay]
CTRL-A Z for help | 38400 8N1 | NOR | Minicom 2.3 | VT102 | Offline
```

[그림 14-8] 디렉토리로 이동 후 파일을 다운로드

3) 실행화면

① ./dc_motor 명령어를 이용하여 실행한다.

```
파일(F)  편집(E)  보기(V)  터미널(T)  도움말(H)
[root@WENDERS test_app]# ls
camera       gtk_camera   serial_test   stopwatch
dc_control   mp3p         ssb
[root@WENDERS test_app]# ./dc_control
Tank Control App...
```

[그림 14-9] ./dc_motor 명령어를 이용하여 실행

② 다음과 같이 버튼을 누르게 되면 clcd창에 글씨가 나타나게 된다.

```
[root@WENDERS test_app]# ./dc_control
Tank Control App...
Input Key : 5
Input Key : 7
Input Key : d
Exit Program..
[root@WENDERS test_app]#
```

[그림 14-10] 버튼을 누르게 되면 clcd창에 글씨가 생성

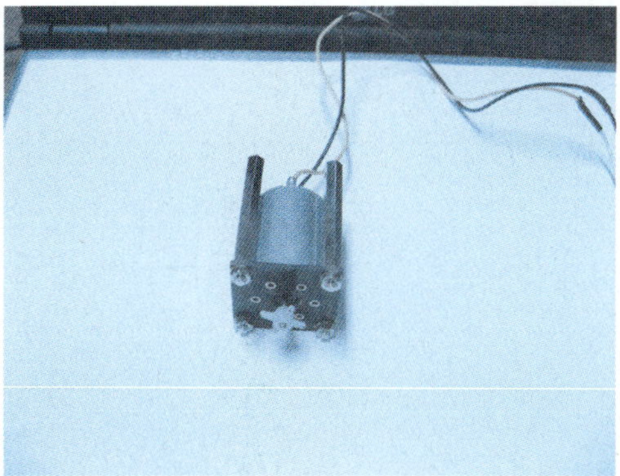

[그림 14-11] DC 모터 사진

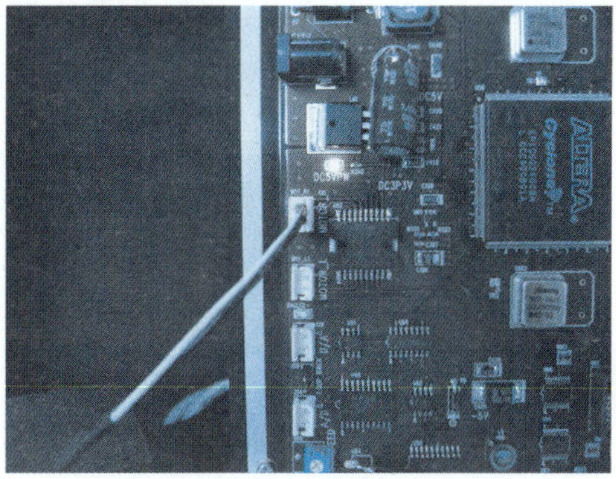

[그림 14-12] DC 모터 r에 연결

[그림 14-13] DC 모터 l에 연결

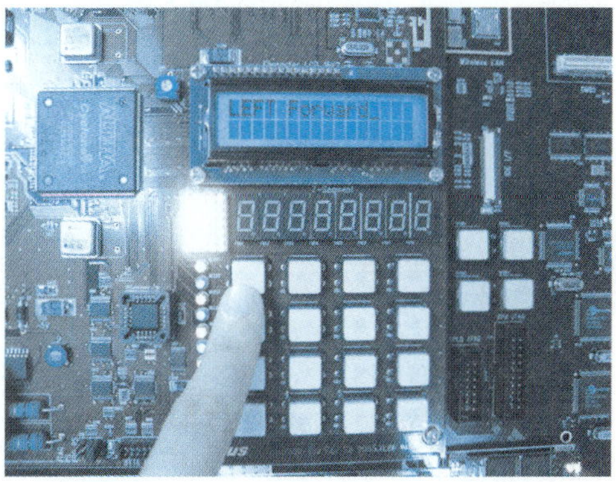

[그림 14-14] left 모터 전진

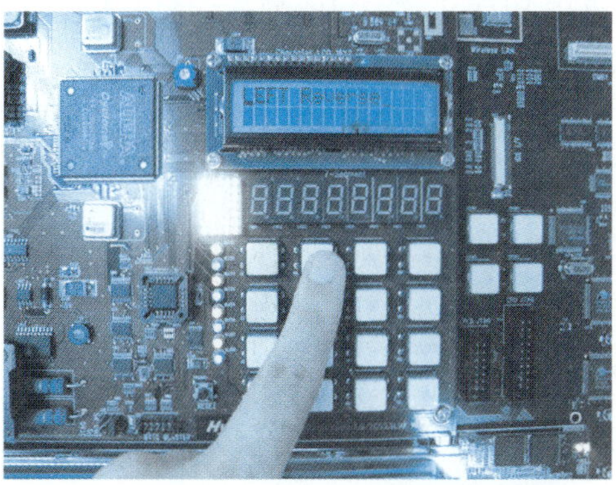

[그림 14-15] left 모터 후진

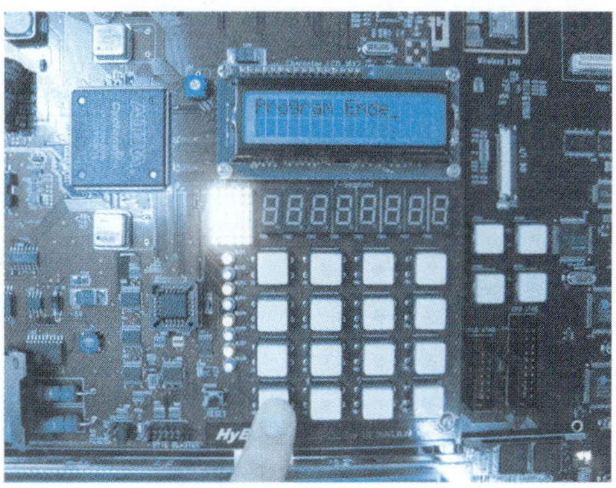

[그림 14-16] 프로그램 종료

15 Chapter 버클리 DB 응용

01 개 요

이 프로그램은 오라클사의 오픈소스 버클리(Berkeley) 데이터베이스 라이브러리를 임베디드 보드에 포팅해보고, API를 기반으로 DB 생성 및 기본기능인 삽입, 삭제, 검색을 수행할 수 있는 간단한 콘솔용 명함관리 프로그램을 작성해 보겠다.

02 관련기술

1) 버클리 DB

버클리 데이터베이스는 오라클사의 대표적인 임베디드 DB로 트랜잭션을 관리해 주는 오픈소스 라이브러리형 데이터베이스이다. 최적화된 API로 제공되기 때문에 사용에 있어서 확장성과 처리성능이 뛰어나다. 다음 그림은 버클리 데이터베이스가 일반적인 관계형 데이터베이스와 어떤 구조적인 차이점이 있는지 잘 설명해 준다.

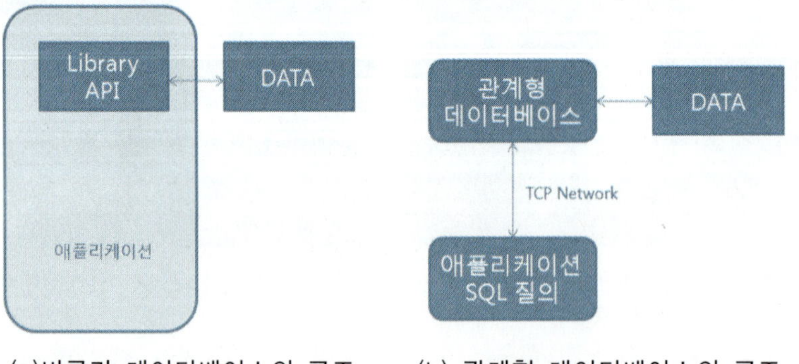

(a)버클리 데이터베이스의 구조 (b) 관계형 데이터베이스의 구조

[그림 15-1] 버클리 데이터베이스가 일반적인 관계형 데이터베이스와 구조적인 차이점

오라클 버클리(Oracle Berkeley) DB는 업계 선두의 임베디드 오픈소스 개발자용 데이터베이스로 빠르고 안정적인 환경을 제공하며, 별도의 관리를 전혀 필요로 하지 않는다. Berkeley DB는 애플리케이션에 직접 연결되는 라이브러리로 제공되며, 애플리케이션은 원격 서버로 메시지를 보내는 대신 간단한 함수 호출만으로 데이터베이스를 이용하며, 따라서 클라이언트/서버 아키텍처의 성능 오버헤드를 피할 수 있다. 또 Oracle Berkeley DB는 SQL 쿼리 프로세싱의 오버헤드를 제거할 수 있게 하며, 예측 가능한 접근 패턴을 가진 애플리케이션의 성능 개선이 가능하다.

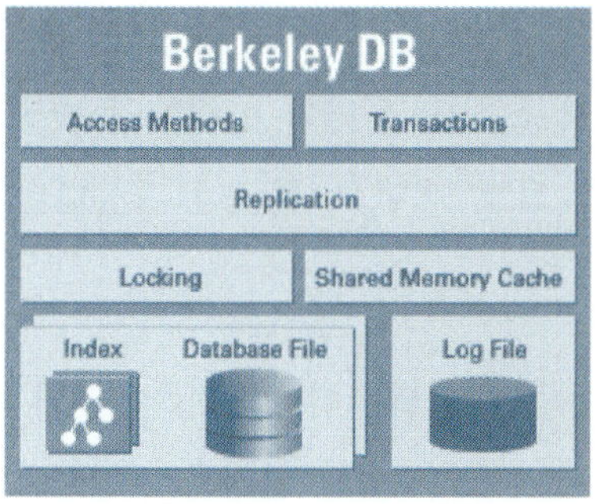

[그림 15-2] 오라클 버클리 DB의 구성

버클리 DB는 ACID 트랜잭션 및 복구 메커니즘, 락킹 메커니즘, 멀티-프로세스, 멀티-스레드를 이용한 동시성 관리, 핫/콜드 백업, 고가용성 애플리케이션을 위한 싱글-마스터 복제 환경 등 고전적인 관계형 데이터베이스에서 제공되는 것과 동일한 수준의 안정적인 데이터 스토리지 환경을 제공한다. 또한, 버클리 DB는 메모리 또는 디스크상에 존재하는 데이터베이스를 관리할 수 있으며, 애플리케이션이 프로그램적으로 런타임 관리기능을 제공하므로 운영자에 의한 수작업 관리가 전혀 불필요하다.

버클리 DB는 단순하고 빠르고, 작고, 안정적인 데이터베이스로서 설계되었다. 그리고 버클리 DB는 다양한 시스템에 대한 복제를 지원하므로, 대규모 확장 환경에서의 응답시간을 보장하고 고가용성 솔루션을 위한 폴트 톨러런스를 구현하는 것이 가능하다. 버클리 DB는 모든 업데이트를 지정된 마스터(master)로 전송하고, 마스터는 다수의 레플리카(replica)에 변경사항을 자동으로 배포한다. 워크로드는 여러 대의 레플리카에 분산되며, 시스템의 확장이 필요한 경우 언제든 새로운 레플리카를 추가로 배치할 수 있다.

레플리카 중 하나가 실패한 경우 나머지 레플리카가 작업을 수행하며, 마스터에 장애가 발생한 경우 애플리케이션이 마스터 선정(election)을 요청함으로써 새로운 마스터를 지정할 수 있다. 새로운 마스터가 선정되면 모든 레플리카가 새로운 마스터와 동기화되며, 서비스의 중단 없이 정상적인 프로세싱 작업을 계속할 수 있게 된다.

버클리(Berkeley) DB는 매우 유연한 구조를 가지므로 개발자가 그 동작을 자유롭게 컨트롤할 수 있다. 따라서 다양한 애플리케이션에 적용이 가능하며 기업 내부적으로 개발한 커스텀 솔루션을 대체하는 용도로 활용될 수도 있는데 예를 들어, 개발자는 리소스의 할당 방식, 레코드 캐싱을 위해 사용되는 메모리의 양, 개별 테이블을 위해 사용되는 디스크 스토리지 구조, 내구성(durability)와 격리성(isolation)의 보장방법, 복제 정책 등을 직접 컨트롤할 수 있다. 또 포팅, 통합, 디버깅, 최적화를 위한 모든 소스코드가 제공된다.

버클리 DB는 데이터를 로컬에 저장하는 애플리케이션을 위해 뛰어난 성능, 안정성, 확장성의 퍼시스턴스 환경을 제공하며, 온라인 상태에서 별도의 관리자 없이도 운영이 가능하고, 또 예측 가능한 방식으로 데이터 접근이 가능하다는 장점이 있다.

(1) 데이터 저장

버클리(Berkeley) DB는 다른 데이터베이스와 달리 추가적인 오버헤드를 수반하지 않고도 데이터에 쉽고 빠르게 접속할 수 있는 환경을 제공한다. 버클리 DB는 애플리케이션 내부에서 실행 가능한 C라이브러리의 형태로 구현되므로, 원격 데이터베이스 서버와의 인터프로세스 커뮤니케이션에 수반되는 지연요소를 제거할 수 있다. 또 공유 캐시를 이용하여 대부분의 액티브 데이터를 메모리에 보관하므로, 디스크 I/O 또한 최소화한다.

- 로컬, 인터프로세스 데이터 스토리지
- 스키마 중립적, 애플리케이션 네이티브 데이터 포맷
- 인덱스 기반/순차적 데이터 인출 지원(Btree, Queue, Recno, Hash)
- 멀티-프로세스 및 멀티-스레드 지원
- 높은 동시성을 요구하는 시스템을 위한 정교하고 유연한 락킹 메커니즘
- 멀티-버전 동시성 컨트롤(MVCC)
- 2차 인덱스의 지원
- 인-메모리 방식과 디스크 방식을 동시 지원
- 온라인 Btree 압축 지원
- 온라인 Btree 디스크 용량 재확보 지원
- 온라인 상태에서 사용되지 않는 락을 제거
- 디스크 데이터 암호화(AES)
- 최대 4GB의 레코드, 최대 256TB의 테이블 지원

(2) 트랜잭션

버클리(Berkeley) DB는 다른 데이터베이스와 마찬가지로 데이터를 안정적으로 저장하고 데이터 무결성을 보장한다. 버클리 DB는 데이터베이스 작업을 그룹화하고 전체 작업이 성공하지 않는 경우 전체 작업의 커밋을 취소하는 기능을 제공한다. 시스템에 장애가 발생한 경우에는 자동으로 복구가 수행되며, 부분적으로 완료된 트랜잭션을 롤백하여 시스템의 일관성을 보장한다.

- ACID 원칙의 완벽한 지원
- 격리 레벨(isolation level) 선택 및 내구성(durability) 보장(트랜잭션 단위로 설정 가능)
- 네스티드 트랜잭션(nested transaction) 지원
- 분산 트랜잭션(XA)
- 재해 복구 및 일반 장애 복구 모드
- 복구 작업의 자동 순차화
- 유연한 데드락 감지 기능(커스터마이즈 가능)
- 애플리케이션별 로그 파일 저장 및 복구 지원
- 핫/콜드 백업, 로그 파일 아카이브, 풀 데이터베이스 덤프

(3) 복 제

높은 시스템 확장성과 가용성이 요구되는 경우를 위해, 버클리(Berkeley) DB는 최신 복제 기능을 제공하고 여러 대의 시스템에 워크로드를 분산할 수 있다. 동일한 샤시 내에 존재하는 다른 보드로, 데이터 센터 내의 여러 서버로 또는 지리적으로 분산된 위치로 데이터를 복제할 수 있다. 복제 시스템의 모든 속성(데이터 무결성, 트랜잭션 보장, 처리 속도, 네트워크 전송 등)이 커스터마이즈가 가능하며 애플리케이션 요구사항에 따른 튜닝이 가능하다.

- 싱글 마스터, 멀티 레플리카 모델
- 자동 페일오버/마스터 재선정(re-election)
- Paxos 호환 마스터 선정 알고리즘
- 새로운 레플리카를 언제든 그룹에 추가 가능
- 핫 스탠바이 지원
- 무중단 업그레이드
- 노드의 지리적 분산 가능
- 인-메모리 복제 옵션

- 클라이언트 간 복제
- 클라이언트 동기화를 위한 지연시간 설정 가능
- 동기화 성능 조절
- 네트워크 전송 방식과 무관
- 수천 대의 레플리카 노드를 지원하는 검증된 확장성
- 신속한 개발을 위한 복제 프레임워크 지원

(4) 구 축

버클리(Berkeley) DB는 매우 유연하고 구축 및 통합이 용이하다. 버클리 DB는 C 라이브러리 형태로 제공되어 애플리케이션과 함께 설치, 구성되고, 별도 관리자 없이 완벽한 운영이 가능하도록 설계되었으며, 따라서 모든 관리 기능은 프로그램에 의해 컨트롤된다. 버클리 DB는 매우 다양한 프로그램 언어와 운영체제 플랫폼을 지원하며, 초대규모 미션 크리티컬 애플리케이션에서 데스크톱/모바일 디바이스 애플리케이션에 이르는 수백만 고객 환경에서 검증되었다.

- 프로그램에 의한 관리 및 운영-운영자가 전혀 불필요
- 언어 지원(C, C++, Java, Perl, Python, PHP, Tcl, Ruby 등)
- 운영체제 지원(Linux, Windows, BSD UNIX, Solaris, Mac OS/X, VxWorks 및 POSIX 호환 운영체제)
- Microsoft Windows 인스톨러 지원
- Apache 통합 기능 제공
- RPC 기반 API
- 제한된 메모리 용량을 갖는 디바이스의 지원(최소 400KB의 메모리 공간 사용)
- 테라바이트급 데이터, 수십억 개의 레코드를 지원하는 확장성
- 소스코드 및 테스트 제품 포함

버클리(Berkeley) DB의 사용시 다양한 장점과 기능에 대해서 설명하였다. 간단하게 요약하면 일반 관계형 데이터베이스는 독립된 프로그램으로 구성되어 애플리케이션과 따로 동작하면서 애플리케이션과 네트워크가 'Inter process communication'을 통해 자료를 주고받는다. 하지만 버클리 데이터베이스는 컴파일시 애플리케이션에 링크되어 애플리케이션의 메모리 어드레스를 함께 사용한다. Locking, 로그 관리, 메모리 관리 등과 같은 기본적인 모든 데이터베이스의 작동이 라이브러리 내에서 수행되고, 멀티-프로세스 또는 프로세스에 있는 멀티-스레드는 동시에 데이터베이스를 사용할 수 있다.

결과적으로 프로세스 간 통신이 사라지게 되어 시스템의 전체적인 구조가 간단해진다. 당연히 버클리 데이터베이스는 일반적으로 널리 사용되고 있는 언어인 Java, C, C++, Perl, Tcl, Phthon 그리고 PHP의 API를 제공해 준다. 또한 버클리 데이터베이스는 많은 플랫폼을 지원한다.

모든 유닉스와 리눅스 플랫폼, MS-Windows 플랫폼, 32bit, 64bit 플랫폼, 하이엔드 인터넷 서버(High-end Internet Server)나 데스크톱 시스템, 노트북 등 모든 곳에서 운용이 가능하다고 볼 수 있다.

버클리 데이터베이스는 다음과 같은 기본적인 기능을 수행한다.

- Page cache management : 불필요한 I/O를 줄임으로써 빠른 데이터 접근을 지원한다.
- Transaction and logging : 데이터베이스 복구를 보장한다.
- Locking : 여러 사용자에 의한 다중 읽기 및 쓰기(multiple read/write)를 보장한다.

특히, 일반적인 관계형 데이터베이스와 차별화된 내용은 다음과 같다.

- SQL 개념의 질의문은 지원되지 않는다.
- 객체 지향적(Object Oriented)으로 설계되어 있지 않다. 즉 C로 코딩되어 있다.
- Network 기능이 없다.
- 데이터베이스 서버가 아니다.

2) 레코드 데이터 관리

버클리 데이터베이스는 데이터를 어떻게 관리할까? 먼저 데이터의 구조는 무척이나 간단하다. 예를 들어 데이터 파일에 저장되는 레코드의 구조는 다음과 같다.

[표 15-1] 데이터 파일에 저장되는 레코드의 구조

Key	Value
color	blue
size	10
name	Web item

SQL의 테이블, 칼럼 구조에 익숙한 개발자라면 [표 15-1]에서 Key, Value 구조의 막막함이 느껴질 것이다. 하지만 잘 코딩된 데이터 구조가 바탕에 있다면 Key, Value의 간단, 명료함은 그 가치를 나타낼 것이다. [표 15-1]은 Java 객체 중 Properties 객체와 유사하고 이

구조를 바탕으로 데이터베이스는 레코드 삽입, 삭제, 수정 그리고 찾기 기능을 수행한다.

여기서 알아두어야 할 중요한 사항은 Value 부분에 대해서는 전혀 오퍼레이션을 하지 않는다는 것이다. Value는 Key로 구분되는 데이터일 뿐이다. 이는 Value 부분에 대한 찾기 기능이 없다는 뜻으로 특정 Value를 찾고자 한다면 그 Key 값이 무엇인지를 먼저 알아야 한다. Key와 Value에 대한 특징은 다음과 같다.

- Byte 형태의 값을 갖는다.
- 길이는 고정적이거나 가변적이다.
- Key나 Value에 대한 형태는 프로그래머에 의해 결정된다.
- 최대크기는 4GB이다.

네 가지 주요 특징 가운데 세 번째 특징은 프로그래머에게는 부담이 될 수도 있다. 버클리 데이터베이스는 Key와 Value를 의미가 없는 단순한 'byte string'으로 인식하고 그에 대한 정보를 하나도 갖고 있지 않기 때문이다. 따라서 Key와 Value가 의미를 갖기 위해서는 프로그래머가 미리 구조를 설계한 후 그 구조에 맞게 Key와 Value 값을 가공하여 사용해야 한다. Key와 Value 구조를 모른다면 그 데이터베이스는 의미없는 Byte 덩어리일 뿐이다.

C나 C++로 개발하는 프로그래머일 경우에는 Struct 문장을 사용하여 Key와 Value 구조를 정의하여 사용할 수 있다. 개발 언어가 Java일 경우에는 Object Serialization을 통해 손쉽게 객체를 처리할 수 있다.

03 명함관리 프로그램의 기능

명함관리 프로그램의 기능은 다음과 같다.

① DB 생성 및 삭제

② BTree 구조

③ DB의 삽입, 삭제 기능

④ 인덱스를 이용한 검색 기능

⑤ DB의 동일 데이터 중복방지

04 명함관리 프로그램의 구조

프로그램이 실행되면 제일 먼저 정해진 페이지사이즈와 캐시사이즈를 토대로 데이터베이스가 생성된다. 콘솔상에서 원하는 데이터를 삽입, 삭제, 검색 명령을 내리게 되며 해당 명령에 따라 DB 라이브러리에서 제공되는 API에 의해 DB 파일과 통신을 하게 된다. 명함관리 프로그램의 S/W 구조는 다음과 같다.

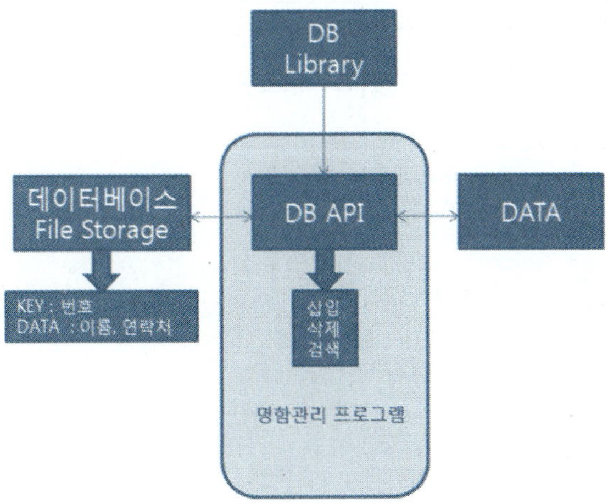

[그림 15-3] 명함관리 프로그램의 S/W 구조

05 명함관리 프로그램의 S/W 구현

1) recd.c 주요 코드

```
#define DB_NAME "MYDB"

typedef struct my_struct {
    int id;
    char name[15];
    char phonenum[15];
} MY_STRUCT;
MY_STRUCT mydb;

void db_open(DB **, char *, int);
```

```
int main()
{
    DB *dbp;
    DBC *dbcp;
    DBT key, data;
    db_recno_t index;
    int ret = 0, i;
    char keyvalue, idxnum;
    // Open the DB
    db_open(&dbp, DB_NAME, 0);
```

DB의 구조체를 정의하고 mydb로 선언하였다.

DB 프로세서 및 DB 커서 프로세서를 포인터로 선언하였다.

DB 테이블로 key와 data를 선언하였고 레코드 번호로 index를 선언하였다.

```
    // Main text form
    printf("******************\n");
    printf("*   NMS Program   *\n");
    printf("*-----------------*\n");
    printf("* 1. Registration *\n");
    printf("* 2. Search       *\n");
    printf("* 3. Delete       *\n");
    printf("* 4. Exit         *\n");
    printf("******************\n");

    do {
        printf("=>");
        keyvalue = getc(stdin);          // 키보드의 키 값을 읽어온다.
        getc(stdin);

        switch (keyvalue) {
            case '1':      // Registration
                printf("Input the registration ID :");
                idxnum = getc(stdin);
                getc(stdin);
                mydb.id = index = atoi(&idxnum);
                printf("Insert the name :");
                  // 입력한 이름을 DB에 저장한다.
                fgets(mydb.name, sizeof(mydb.name), stdin);
                for (i = 0; i < 15; i++) {
                    if (mydb.name[i] == '\n') {
                        mydb.name[i] = '\0';
                        break;
                    }
                }
                printf("Insert the phone number :");
                  // 입력한 폰 번호를 DB에 저장한다.
                fgets(mydb.phonenum, sizeof(mydb.phonenum), stdin);
                for (i = 0; i < 15; i++) {
                    if (mydb.phonenum[i] == '\n') {
                        mydb.phonenum[i] = '\0';
                        break;
                    }
                }
```

키보드로 숫자를 입력하여 메뉴를 선택한다.

해당 키 값에 의해 등록, 검색, 삭제의 기능으로 구분된다.

```
            // zero out the DBTs before using them
             memset(&key, 0, sizeof(DBT));
             memset(&data, 0, sizeof(DBT));

             key.data = &(mydb.id);
             key.size = sizeof(int);
             data.data = &mydb;
             data.size = sizeof(MY_STRUCT);
               // DB에 데이터를 저장한다.
             switch  (ret  =  dbp->put(dbp,  NULL,  &key,  &data,
DB_NOOVERWRITE))        {
                 case 0:
                     break;
                 default:
                     dbp->err(dbp, ret, "DB->put");
                     break;
             }
             break;
         case '2':      // Search
             memset(&key, 0, sizeof(DBT));
             memset(&data, 0, sizeof(DBT));
             memset(&mydb, 0, sizeof(MY_STRUCT));

             mydb.id = index = 1;

             key.data = &(mydb.id);
             key.size = sizeof(int);

             data.data = &mydb;
             data.ulen = sizeof(MY_STRUCT);
             data.flags = DB_DBT_USERMEM;

             /* Acquire a cursor for the database. */
             if ((ret = dbp->cursor(dbp, NULL, &dbcp, 0)) != 0) {
                 dbp->err(dbp, ret, "DB->cursor");
                 exit (1);
             }
```

dbp->put() 함수를 이용하여 DB에 저장할 때 DB_NOOVERWRITE 옵션을 지정하여 중복저장이 안되도록 처리하였다.

```
             printf("<Registration Name List>\n");
             /* Walk through the database and print out the key/data
pairs. */
               // DB에 저장된 모든 Key와 데이터 정보를 가져온다.
             while ((ret = dbcp->c_get(dbcp, &key, &data, DB_NEXT))
== 0)
               printf("No.%lu  :  %.*s\n",  *(u_long  *)key.data,
(int)data.size, mydb.name);
```

```
            printf("Input ID Number =>");
            idxnum = getc(stdin);
            getc(stdin);

            mydb.id = index = atoi(&idxnum);

            key.data = &mydb.id;
            key.size = sizeof(int);

              // DB에 저장된 정보 중 원하는 key에 대한 데이터를 가져온다.
            if ((ret = dbcp->c_get(dbcp, &key, &data, DB_SET)) == 0)
              printf("No.%lu : %.*s's phone number : %s\n", *(u_long
\
                      *)key.data,     (int)data.size,     mydb.name,
mydb.phonenum);
            else
               printf("No registration data\n");

//          if (ret != DB_NOTFOUND)
//             dbp->err(dbp, ret, "DBcursor->get");

            /* Close the cursor. */
            if ((ret = dbcp->c_close(dbcp)) != 0) {
               dbp->err(dbp, ret, "DBcursor->close");
               exit (1);
            }
            break;
```

DB에 저장된 정보를 가져올 때 반드시 DB 커서를 얻어야만 한다. 이 커서에 의해 정보의 위치를 찾아서 접근할 수 있다.

커서의 사용이 끝나면 반드시 해제해야 한다.

```
         case '3':           // Delete
            printf("Input ID Number =>");
            idxnum = getc(stdin);                       // 검색할 ID를 입력
받는다.
            getc(stdin);

            mydb.id = index = atoi(&idxnum);            // 검색할 ID를 저장
한다.

            /* Acquire a cursor for the database. */
            if ((ret = dbp->cursor(dbp, NULL, &dbcp, 0)) != 0) {
               dbp->err(dbp, ret, "DB->cursor");
               exit (1);
            }

            key.data = &mydb.id;
            key.size = sizeof(int);

            while ((ret = dbcp->c_get(dbcp, &key, &data, DB_SET)) ==
0)
```

```
                    dbcp->c_del(dbcp, 0);        // 해당 Key의 데이터를 삭제
한다.

                /* Close the cursor. */
                if ((ret = dbcp->c_close(dbcp)) != 0) {
                    dbp->err(dbp, ret, "DBcursor->close");
                    exit (1);
                }
                break;
            case '4':       // Exit
                printf("Exit Program....\n");
            default:
                break;
        }
    }
    while (keyvalue != '4');    // '4'를 입력하면 프로그램이 종료된다.

    /* Close the DB */
    if (dbp != NULL)
        dbp->close(dbp, 0);

    return 0;
}
```

```
void db_open(DB **dbp, char *name, int dups)
{
    DB *db;
    int ret;
    /* Create the database handle. */
    if ((ret = db_create(&db, NULL , 0)) != 0) {        // DB 생성
        exit (1);
    }
    /* Optionally, turn on duplicate data items. */
    if (dups && (ret = db->set_flags(db, DB_DUP)) != 0) {
        db->err(db, ret, "db->set_flags: DB_DUP");
        exit (1);
    }
    db->set_errfile(db, stderr);
    db->set_pagesize(db, 32 * 1024);                     // 페이지사이즈를 결정
    db->set_cachesize(db, 0, 32 * 1024 * 1024, 1);     // 캐시사이즈를 결정
    /*
     * Open a database in the environment:
     *  create if it doesn't exist
     *  free-threaded handle
     *  read/write owner only
     */
    if ((ret = db->open(db, NULL, name, NULL, DB_BTREE,
        DB_CREATE, 0600)) != 0) {        // DB를 오픈한다.
        (void)db->close(db, 0);
        db->err(db, ret, "db->open : %s", name);
        exit (1);
    }
    *dbp = db;            // 오픈된 db의 포인터를 전달한다.
}
```

06 버클리 DB 실습 수행방법 및 결과

1) 버클리 DB 환경구축

① 터미널창을 열어 /320app/Application/BerkeleyDB/db-4.5.20 디렉토리로 이동한다.

```
파일(F) 편집(E) 보기(V) 터미널(T) 도움말(H)
hybus@hybus-desktop:~$ cd /320app/Application/BerkeleyDB/db-4.5.20/build_unix/
```

[그림 15-4] 디렉토리로 이동

② vi config-arm 명령어를 이용해서 아래와 같이 수정한다.

```
파일(F) 편집(E) 보기(V) 터미널(T) 도움말(H)
hybus@hybus-desktop:/320app/Application/BerkeleyDB/db-4.5.20/build_unix$ vi conf
ig-arm
```

[그림 15-5] vi config-arm 명령어를 이용해서 수정

```
파일(F) 편집(E) 보기(V) 터미널(T) 도움말(H)
#!/bin/sh
export CC=/usr/local/arm-linux-4.1.1/bin/arm-linux-gcc
export STRIP=/usr/local/arm-linux-4.1.1/bin/arm-linux-strip
export RANLIB=/usr/local/arm-linux-4.1.1/bin/arm-linux-ranlib
export CXX=/usr/local/arm-linux-4.1.1/bin/arm-linux-g++
export AR=/usr/local/arm-linux-4.1.1/bin/arm-linux-ar

../dist/configure --build=i686-pc-linux-gnu \
                  --host=arm-linux \
                  --prefix=/usr/local/arm-linux-4.1.1/arm-iwmmxt-linux
-gnueabi \
```

[그림 15-6] VI 편집기를 이용해서 입력하고 저장

③ 수정을 하고나서 아래와 같이 순서대로 명령어를 입력한다.

```
파일(F) 편집(E) 보기(V) 터미널(T) 도움말(H)
hybus@hybus-desktop:/320app/Application/BerkeleyDB/db-4.5.20/build_unix$ sudo ./
config-arm
```

[그림 15-7] ./config-arm

```
파일(F) 편집(E) 보기(V) 터미널(T) 도움말(H)
hybus@hybus-desktop:/320app/Application/BerkeleyDB/db-4.5.20/build_unix$ sudo ma
ke
```

[그림 15-8] # make

```
파일(F) 편집(E) 보기(V) 터미널(T) 도움말(H)
hybus@hybus-desktop:/320app/Application/BerkeleyDB/db-4.5.20/build_unix$ sudo ma
ke install
```

[그림 15-9] # make install

④ vi config-arm 명령어를 이용해 맨 마지막 줄에 --prefix=/usr/local/ 추가한다.

```
파일(F) 편집(E) 보기(V) 터미널(T) 도움말(H)
#!/bin/sh
export CC=/usr/local/arm-linux-4.1.1/bin/arm-linux-gcc
export STRIP=/usr/local/arm-linux-4.1.1/bin/arm-linux-strip
export RANLIB=/usr/local/arm-linux-4.1.1/bin/arm-linux-ranlib
export CXX=/usr/local/arm-linux-4.1.1/bin/arm-linux-g++
export AR=/usr/local/arm-linux-4.1.1/bin/arm-linux-ar

../dist/configure --build=i686-pc-linux-gnu \
                  --host=arm-linux \
                  --prefix=/usr/local/arm-linux-4.1.1/arm-iwmmxt-linux-gnueabi \
                  --prefix=/usr/local \
```

[그림 15-10] --prefix=/usr/local/ 추가

⑤ 입력이 끝나게 되면 계속해서 설치를 진행을 하면 된다. 아래와 같이 순서대로 입력한다.

```
파일(F) 편집(E) 보기(V) 터미널(T) 도움말(H)
hybus@hybus-desktop:/320app/Application/BerkeleyDB/db-4.5.20/build_unix$ sudo make distclean
```

[그림 15-11] # make distclean

```
파일(F) 편집(E) 보기(V) 터미널(T) 도움말(H)
hybus@hybus-desktop:/320app/Application/BerkeleyDB/db-4.5.20/build_unix$ sudo ./config-arm
```

[그림 15-12] # ./config-arm

```
파일(F) 편집(E) 보기(V) 터미널(T) 도움말(H)
hybus@hybus-desktop:/320app/Application/BerkeleyDB/db-4.5.20/build_unix$ sudo make
```

[그림 15-13] # make

```
파일(F) 편집(E) 보기(V) 터미널(T) 도움말(H)
hybus@hybus-desktop:/320app/Application/BerkeleyDB/db-4.5.20/build_unix$ sudo make install DESTDIR=$PWD/Bdb
```

[그림 15-14] # make install DESTDIR=$PWD/Bdb

⑥ 설치가 끝나게 되면 현재 있는 디렉토리에서 Bdb/usr/local 디렉토리로 이동을 한다.

```
파일(F) 편집(E) 보기(V) 터미널(T) 도움말(H)
hybus@hybus-desktop:/320app/Application/BerkeleyDB/db-4.5.20/build_unix$ cd Bdb/usr/local/
```

[그림 15-15] Bdb/usr/local 디렉토리로 이동

CHAPTER 15

⑦ lib를 제외한 나머지 디렉토리를 삭제한다.

```
파일(F) 편집(E) 보기(V) 터미널(T) 도움말(H)
hybus@hybus-desktop:/320app/Application/BerkeleyDB/db-4.5.20/build_unix/Bdb/usr/
local$ sudo rm -rf bin/ docs/ include/
```

[그림 15-16] 나머지 디렉토리를 삭제

⑧ lib 디렉토리를 압축한다.

```
파일(F) 편집(E) 보기(V) 터미널(T) 도움말(H)
hybus@hybus-desktop:/320app/Application/BerkeleyDB/db-4.5.20/build_unix/Bdb/usr/
local$ sudo tar cvfz Bdb.tgz *
lib/
lib/libdb-4.5.so
lib/libdb-4.5.a
lib/libdb.a
lib/libdb.so
lib/libdb-4.5.la
lib/libdb-4.so
hybus@hybus-desktop:/320app/Application/BerkeleyDB/db-4.5.20/build_unix/Bdb/usr/
local$
```

[그림 15-17] lib 디렉토리를 압축

⑨ 보드를 켜서 /디렉토리로 이동을 한다.

```
파일(F) 편집(E) 보기(V) 터미널(T) 도움말(H)
[root@WENDERS root]# cd ..
```

[그림 15-18] /디렉토리로 이동

⑩ /320app/Application/BerkeleyDB/db-4.5.20/build_unix/Bdb/usr/local 디렉토리로 이동후 Bdb.tgz 파일을 보드로 다운로드한다.

```
파일(F) 편집(E) 보기(V) 터미널(T) 도움말(H)
[root@WENDERS /]# #
 +-------------------[Select one or more files for upload]-------------------+
 |Directory: ...Application/BerkeleyDB/db-4.5.20/build_unix/Bdb/usr/local     |
 | [..]                                                                       |
 | [lib]                                                                      |
 | Bdb.tgz                                                                    |
 |                                                                            |
 |                  +-----------------------------------+                     |
 |                  |No file selected - enter filename: |                     |
 |                  |> Bdb.tgz                          |                     |
 |                  +-----------------------------------+                     |
 |                                                                            |
 |              ( Escape to exit, Space to tag )                              |
 +----------------------------------------------------------------------------+

              [Goto]  [Prev]  [Show]  [Tag]  [Untag]  [Okay]
CTRL-A Z for help | 38400 8N1 | NOR | Minicom 2.3 | VT102 | Offline
```

[그림 15-19] 이동 후 Bdb.tgz 파일을 보드로 다운로드

⑪ 옮겨진 것을 확인 후 tar 명령어를 이용해서 압축을 푼다.

```
파일(F) 편집(E) 보기(V) 터미널(T) 도움말(H)
[root@WENDERS /]# ls
Bdb.tgz     home        media       sbin        tmp
bin         info        pole        share       usr
dev         lib         proc        srv         var
etc         lost+found  root        sys
[root@WENDERS /]# tar xzf Bdb.tgz
```

[그림 15-20] tar 명령어를 이용해서 압축을 푼다.

⑫ 압축을 풀게 되면 버클리(Berkeley) DB 환경구축은 끝나게 된다.

2) 버클리 DB 응용 컴파일

① /320app/Application/BerkeleyDB/bdb_app 디렉토리로 이동을 한다.

```
파일(F) 편집(E) 보기(V) 터미널(T) 도움말(H)
hybus@hybus-desktop:~$ cd /320app/Application/BerkeleyDB/bdb_app/
```

[그림 15-21] 디렉토리로 이동

② sudo make clean 명령어를 이용해 이전에 컴파일되어 있는 것을 삭제한다.

```
파일(F) 편집(E) 보기(V) 터미널(T) 도움말(H)
hybus@hybus-desktop:/320app/Application/BerkeleyDB/bdb_app$ sudo make clean
```

[그림 15-22] 이전에 컴파일되어 있는 것을 삭제

③ sudo make 명령어를 이용해서 컴파일한다.

```
파일(F) 편집(E) 보기(V) 터미널(T) 도움말(H)
hybus@hybus-desktop:/320app/Application/BerkeleyDB/bdb_app$ sudo make
/usr/local/arm-linux-4.1.1/bin/arm-linux-gcc -c -g -O2 -Wall -I/usr/local/arm-li
nux-4.1.1/arm-iwmmxt-linux-gnueabi/include -o recd.o recd.c
/usr/local/arm-linux-4.1.1/bin/arm-linux-gcc -o recd recd.o /usr/local/arm-linux
-4.1.1/arm-iwmmxt-linux-gnueabi/lib/libdb-4.so
hybus@hybus-desktop:/320app/Application/BerkeleyDB/bdb_app$
```

[그림 15-23] sudo make 명령어를 이용해서 컴파일

3) Z-MODEM을 이용한 다운로드

① 터미널창을 열어 minicom을 실행 후 보드를 부팅한다.

② /test_app 디렉토리로 이동을 한다.

```
파일(F) 편집(E) 보기(V) 터미널(T) 도움말(H)
[root@WENDERS root]# cd test_app/
```

[그림 15-24] /test_app 디렉토리로 이동

CHAPTER 15

③ Ctrl + A를 누르고 다시 S를 눌러 /320app/Application/BerkeleyDB/bdb_app 디렉토리로 이동 후 파일을 다운로드한다.

```
파일(F)  편집(E)  보기(V)  터미널(T)  도움말(H)
[root@WENDERS test_app]#
 +-----------------[Select one or more files for upload]-----------------+
 |Directory: /320app/Application/BerkeleyDB/bdb_app                       |
 | [..]                                                                   |
 | Makefile                                                               |
 | recd                                                                   |
 | recd.c                                                                 |
 | recd.o                                                                 |
 |                                                                        |
 |                                                                        |
 |                +-----------------------------------+                   |
 |                |No file selected - enter filename:  |                   |
 |                |> recd                              |                   |
 |                +-----------------------------------+                   |
 |                                                                        |
 |                                                                        |
 |                                                                        |
 |              ( Escape to exit, Space to tag )                          |
 +------------------------------------------------------------------------+

              [Goto] [Prev] [Show]  [Tag] [Untag] [Okay]
CTRL-A Z for help | 38400 8N1 | NOR | Minicom 2.3 | VT102 |   Offline
```

[그림 15-25] 디렉토리로 이동 후 파일을 다운로드

4) 실행화면

① ./recd 명령어를 이용해서 실행을 한다.

```
파일(F)  편집(E)  보기(V)  터미널(T)  도움말(H)
[root@WENDERS test_app]# ./recd
*******************
*   NMS Program   *
*-----------------*
* 1. Registration *
* 2. Search       *
* 3. Delete       *
* 4. Exit         *
*******************
```

[그림 15-26] /recd 명령어를 이용해서 실행

② 1번을 선택(등록)한다.

```
=>1
Input the registration ID :1
Insert the name :hybus
Insert the phone number :1004
=>1
Input the registration ID :2
Insert the name :hytaxi
Insert the phone number :007
=>
```

[그림 15-27] 1번을 선택(등록)

③ 2번을 선택(검색)한다.

```
=>2
<Registration Name List>
No.1 : hybus
No.2 : hytaxi
Input ID Number =>2
No.2 : hytaxi's phone number : 007
=>
```

[그림 15-28] 2번을 선택(검색)

④ 3번을 선택(삭제)한다.

```
=>3
Input ID Number =>2
=>2
<Registration Name List>
No.1 : hybus
Input ID Number =>
```

[그림 15-29] 3번을 선택(삭제)

16 Chapter GTK Painter 응용

01 개 요

이번 장에서는 GTK+ 프로그래밍에 대해 실습해보고자 한다.

GTK Painter는 GTK-2.0+기반으로 작성된 아주 간단한 그림 그리기용 프로그램이다. GTK+에서 제공되는 glade-2를 이용하여 기본 틀을 만들었다. 그에 따라 생성되는 위젯들을 통해 사용자 인터페이스를 콜백 함수로써 구현하여 하나의 애플리케이션을 완성하였다. 소개되는 GTK Painter를 통해 Glade 사용법과 GTK+ 프로그래밍의 기초를 익히는데 어느 정도 도움이 될 것이다.

02 관련기술

1) 김프 툴킷(GTK)

초기에 GIMP를 위해서 만들어졌던 김프 툴킷(GIMP Toolkit), 줄여서 GTK+라고도 하는 툴킷은 X윈도우 시스템을 위한 위젯 툴킷 중 하나이다. GTK+와 Qt는 모티프에 대한 좋은 대안이 되어 주었다. GTK+는 1997년 Spencer Kimball, Peter Mattis, Josh MacDonald에 의해서 만들어졌다. 그들은 모두 UC Berkeley에 있는 eXperimental Computing Facility(XCF) 소속이었다. LGPL로 라이선스되었기 때문에 GTK+는 자유 소프트웨어이자 오픈소스 소프트웨어이고, GNU 프로젝트의 일부분이다.

(1) 프로그래밍 언어

GTK+는 C(프로그래밍 언어)를 사용한다. 그렇지만 그들의 제작자들은 객체지향 구조를 사용하였다. 그 플랫폼은 C++, 펄, 루비, 자바, 파이썬으로의 바인딩을 제공하였다.많은 사람들이 Ada, D, 하스켈, 파스칼, PHP, 닷넷 프레임워크로의 바인딩을 작성하였다.

다른 많은 위젯 툴킷들과 달리, 하지만 Qt와 마찬가지로 GTK+는 Xt에 기반하지 않는다. 그래서 GTK+를 많은 다른 환경으로 이식할 수 있었다. 하지만 전통적인 X11 애플리케이션의 사용자 설정 방식인 X리소스 데이터베이스에 접근할 수 없다는 단점이 있다.

(2) 모 양

사용자는 디스플레이 엔진으로 툴킷의 모양을 설정할 수 있다. 엔진들은 윈도, 모티프, Qt, 넥스트스텝 등의 모양으로 그려줄 수 있었다.

(3) GTK+를 사용하는 환경

Screenshot of the GIMP 2.0 on Xfce4 그 환경은 GTK+를 기반으로 사용한다.

Xfce 환경도 GTK+를 기반으로 사용한다. 하지만 Xfce용 프로그램은 많은 것에 의존하지 않는다(이것은 그 프로그램과 GTK+ 프로그램을 구분한다).

GPE, Maemo(노키아의 인터넷 태블릿 프레임워크), 액세스 리눅스 플랫폼(새로운 팜 OS 호환 PDA 플랫폼)도 GTK+를 기반으로 한다. GTK+ 프로그램은 KDE 같은 다른 데스크톱 환경에서 돌아간다. GTK+는 마이크로소프트 윈도에서도 돌아간다. DirectFB와 ncurses 기반 포팅도 있다.

(4) 그래픽과 관련되지 않은 코드

GTK+는 초기에 그래픽과 관련되지 않은 코드를 포함했다. 이들은 링크드 리스트 및 바이너리 트리를 제공했다. GObject와 함께 오는 이러한 유틸리티 시스템은 Glib라는 별도의 라이브러리로 쪼개졌고, 이는 그래픽 인터페이스가 필요 없는 프로그래머에게 도움을 준다.

(5) GTK+ 2

GTK+ 2는 GTK+를 계승하였다. 이것의 새로운 기능은 Pango를 사용하는 새로운 텍스트 렌더링 엔진, 새로운 테마 엔진, 향상된 접근성, 유니코드로의 완전한 전환이 있다. 하지만 GTK+ 2는 GTK+ 1과 호환성이 없으므로 프로그래머들이 소스를 새로 짜야 한다. 몇몇 프로그램들은 GTK+ 1을 그대로 사용한다. GTK+ 1은 GTK+ 2보다 빠르고 덜 복잡하고 임베디드 환경에 더 적합하다.

(6) 차후 개발

Project Ridley는 GTK+가 현재 포함하지 않는 각종의 라이브러리를 포함하려고 하는 시도이다. 이들은 libgnome, libgnomeui, libgnomeprint22, libgnomeprintui22, libglade, libgnomecanvas, libegg, libeel, gtkglext를 포함한다.

2) GTK+의 소개

GTK+는 버튼, 스크롤바, 메뉴와 같은 그래픽 객체와 이것들을 구현하는데 필요한 함수들의 모음이다. 이는 간단하지만 정확한 정의이다. 그래픽 객체는 위젯(Widget)이라고도 하고, GTK+를 구성하는 위젯들의 집합을 GTK+ Widget Set라고 한다. 여기에 대응되는 함수들을 더한 것을 툴킷(Toolkit)이라고 한다.

GTK+는 GNU Image Manipulation Program(GIMP)을 개발하는 도중에 만들어졌다. GIMP는 Spencer Kimball과 Peter Mattis에 의해 만들어진, 리눅스와 UNIX 운영체제를 위한 인기있는 오픈소스의 이미지 처리 프로그램이다.

원래 GIMP는 X윈도우 시스템에 기반을 둔 상용 툴킷인 모티프(Motif)를 이용하여 개발되었다. 그러나 모티프는 그들이 원했던 만큼의 융통성을 제공하지 못했기 때문에, GIMP의 개발자들은 GIMP Toolkit(GTK)을 만들었다. GTK+는 원래의 GIMP Toolkit을 확장한 것이다.

3) GTK+ 프로그래밍 절차

일반적으로 GTK+ 프로그래밍을 위한 절차는 다음과 같다.

① GTK+ 프로그래밍 환경 구성

② 위젯 생성 및 속성 설정

③ 콜백 함수 정의

④ 시그널과 이벤트 처리

⑤ 컴파일

⑥ 프로그램 실행 테스트

GTK Painter 또한 상기 절차대로 작성하였다. 여기서 환경 구성 부분은 X86의 경우 사용자 PC에 리눅스를 설치하게 되면 기본적으로 설치되기 때문에 신경 쓸 필요가 없고 임베디드 타깃보드에서 프로그램이 실행될 수 있도록 ARM용 컴파일러에 GTK+-2.0 라이브러리를 설치해야 한다. 이러한 작업들은 일일이 다 하기에는 시간이 많이 걸리고 복잡하기 때문에 자세히 기술하지 않는다. 다만 일련의 작업들은 이미 다 갖추어져 있기 때문에 GTK+ 프로그램밍부터 시작하면 된다. 위젯 생성과 콜백 함수 정의는 일반적으로 glade-2를 이용하여 작성하게 된다. glade-2란 윈도우즈의 MFC 툴처럼 일종의 사용자 툴이라고 이해하면 된다.

(1) Glade-2 유틸리티

리눅스에서 glade-2라는 명령어를 실행하면 다음과 같이 Glade-2 유틸리티가 나타난다.

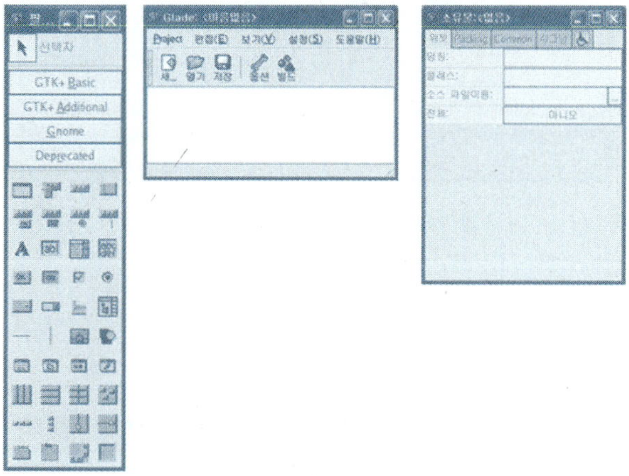

[그림 16-1] Glade-2 유틸리티 생성

여기서 간단하게 GTK+ 프로그래밍을 하기 위한 방법과 기본적으로 윈도우 위젯을 만드는 방법만 소개하도록 하겠다. 제일 먼저 프로젝트를 생성해야 한다.

새 프로젝트 만들기 단축 아이콘을 클릭하면 다음과 같은 창이 뜬다.

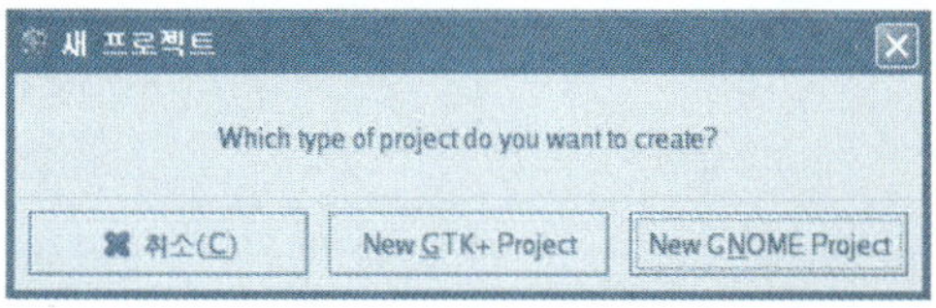

[그림 16-2] 단축 아이콘을 클릭하면 창생성

여기서 New GTK+Project를 클릭한 후 저장 아이콘을 클릭한다.

다음과 같이 프로젝트 옵션창이 뜰 것이다.

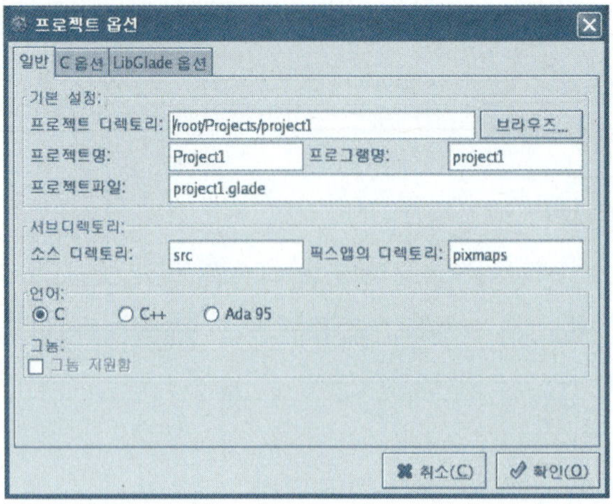

[그림 16-3] 프로젝트 옵션 창 생성

원하는 프로젝트 디렉토리와 프로젝트명, 프로그램명 그리고 생성할 Glade 파일을 지정하고 C 옵션 탭으로 이동한다.

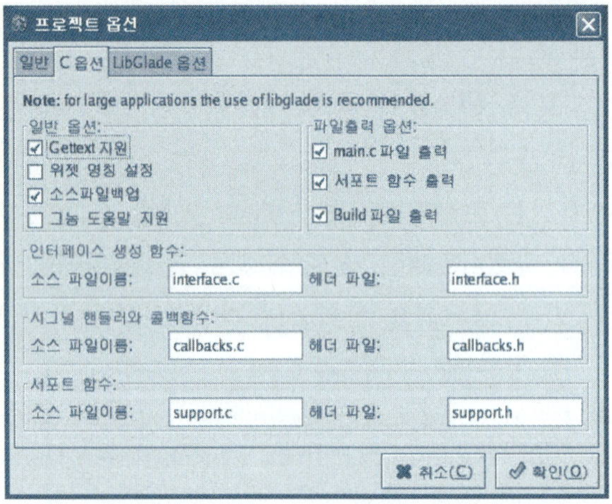

[그림 16-4] C 옵션 탭으로 이동

일반 옵션에서 [Gettext 지원] 체크를 해제한다.

마지막으로 [확인]을 클릭하면 초기 설정한 프로젝트명으로 프로젝트가 생성된다.

이제 GTK Painter의 기본 틀과 더불어 위젯들을 생성시켜 보자.

먼저 프로그램의 메인 윈도우를 생성해야 한다.

팔레트에서 윈도우 아이콘을 선택하면 다음과 같이 윈도우창이 생성된다.

[그림 16-5] 윈도우창이 생성

윈도우창 자체가 하나의 위젯이 되는 것이다.
생성을 했으니 이제 꾸며 보자.
그 전에 오브젝트창에서 위젯의 속성을 확인하고 수정할 부분은 수정해야 한다.
오브젝트창(소유물)은 다음과 같다.

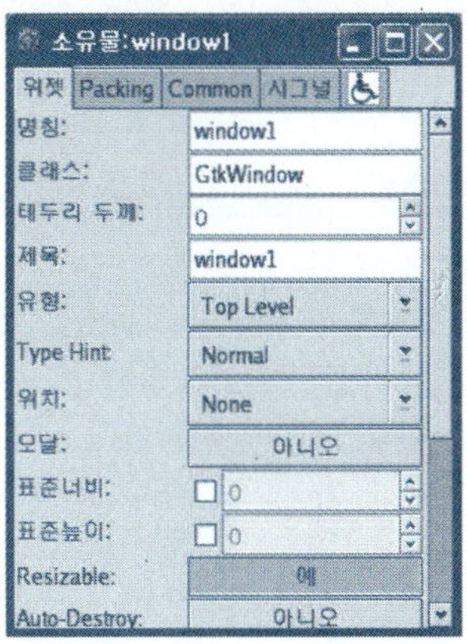

[그림 16-6] 오브젝트창

[Common] 탭으로 이동을 해보자.
다음과 같이 너비와 높이, 이벤트 등을 설정할 수 있다.

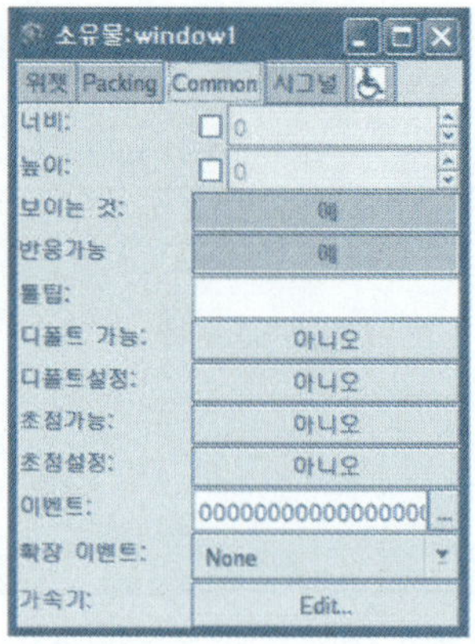

[그림 16-7] 너비와 높이, 이벤트 등을 설정

이벤트의 [...]를 클릭하게 되면 X이벤트 선택창이 뜨게 된다.

다음은 X이벤트를 선택하는 장면이다. X이벤트 선택창에서 필요한 이벤트들을 선택한다. [Ctrl] 키를 누르고 마우스 버튼을 클릭하면 복수 선택이 가능하다.

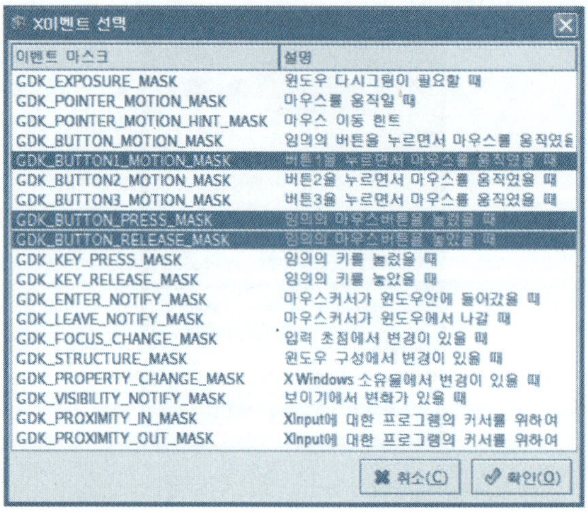

[그림 16-8] X이벤트를 선택하는 장면

자세한 X이벤트의 내용들은 GTK+ 레퍼런스 문서를 참조하기 바란다.

위에서 선택한 이벤트들은 일반적으로 선택이 되는 이벤트들이다. 보통 마우스 또는 터치로 이벤트를 발생시키기 때문에 거의 필수로 선택된다고 해도 과언이 아니다. 선택된 X이벤트들은 시그널을 통해 콜백 함수를 호출하게 될 것이다.

다음 시그널 탭으로 이동해 본다.

시그널 탭의 모습은 다음과 같다.

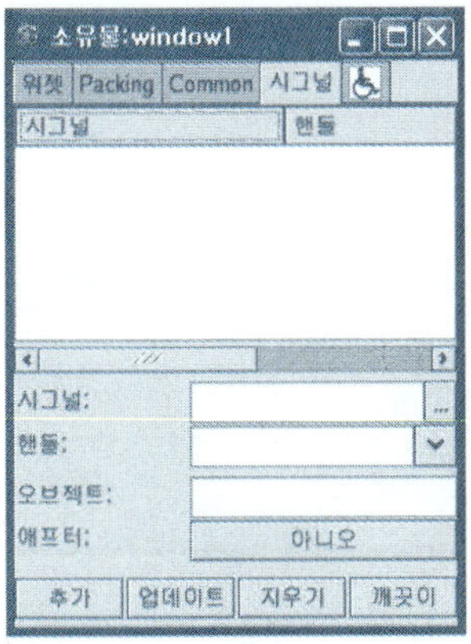

[그림 16-9] 시그널 탭의 모습

시그널 오른쪽의 [...]을 클릭하면 시그널 선택창이 뜨게 된다. 다음은 시그널 선택창이다.

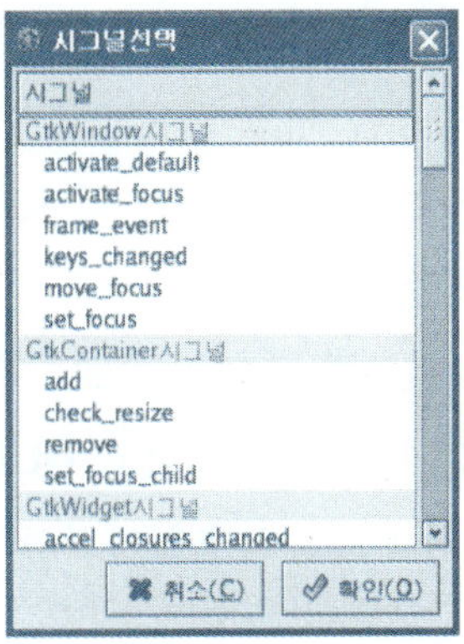

[그림 16-10] 시그널 선택창

시그널은 어떠한 해당 이벤트가 발생했을 시 GTK+에서 해당 함수가 실행되도록 하는 하나의 전달매개체라고 보면 된다.

다음과 같이 등록창에 선택한 시그널이 등록되었다. 아래 화면은 destroy 시그널을 등록한 하나의 예시이다. destroy 시그널은 해당 위젯이 종료될 때 발생하는 시그널이다.

CHAPTER 16

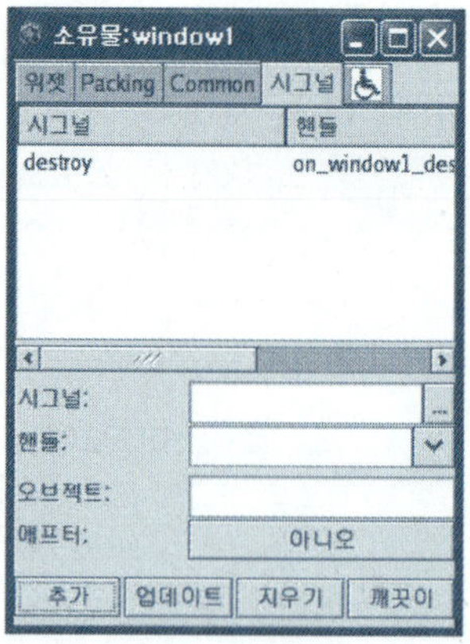

[그림 16-11] destroy 시그널을 등록한 예시

마지막으로 팔레트창에서 [고정된 구역] 아이콘을 클릭한 후 윈도우창에 클릭한다.

윈도우창이 활성화된 것을 확인할 수 있다.

이제 윈도우창 위에 버튼이나 그림구역, 라벨, 콤보박스 등을 올릴 수 있는 상태가 된 것이다. 빌드 버튼을 클릭하여 저장을 하고 프로그램을 종료시킨다.

저장한 장소로 이동을 하면 프로젝트명으로 된 디렉토리에 환경설정 파일과 src 디렉토리가 생성되어 있는 것을 확인할 수 있다.

이것으로 Glade-2 유틸리티를 이용한 GTK+ 프로그래밍의 기본 방법을 알아보았다.

이 후부터는 자기 나름대로 맞게 폼을 구성하고 GUI를 작성하면 된다.

GTK Painter 애플리케이션 또한 Glade-2 유틸리티를 이용해서 기본 인터페이스를 작성하였다.

03 GTK Painter 특징

1) 기 능

- 팬 브러시 기능
- 색상 선택 기능
- 팬 굵기 선택 기능
- 그림판 리셋 기능

2) 사용된 위젯

- 윈도우 스크린
- 그리기 영역
- 가로 분리선
- 일반 버튼
- 스핀버튼
- 컬러버튼
- 라벨

3) 사용된 이벤트

- GDK_BUTTON1_MOTION_MASK : 마우스 1버튼(왼쪽 버튼)의 클릭 상태에서 움직일 때
- GDK_BUTTON_PRESS_MASK : 마우스 버튼이 눌러졌을 때
- GDK_BUTTON_RELEASE_MASK : 마우스 버튼이 떼어졌을 때

4) 사용된 시그널

- 윈도우 위젯
  - destroy
- 그리기 영역 위젯
  - button_press_event : 버튼이 눌러졌을 때 발생
  - button_release_event : 버튼이 떼어졌을 때
  - motion_notify_event : 마우스를 움직였을 때
  - expose_event : 화면이 보여질 때
  - configure_event : 위젯이 화면에 뜨기 전
  - clicked : 버튼을 클릭했을 때
  - value_changed : 스핀버튼에서 선택 값이 변경되었을 때
  - color_set : 색상을 선택했을 때

04 GTK 프로그램의 구조

GTK+로 작성된 프로그램들은 X윈도우 기반에서 실행된다.

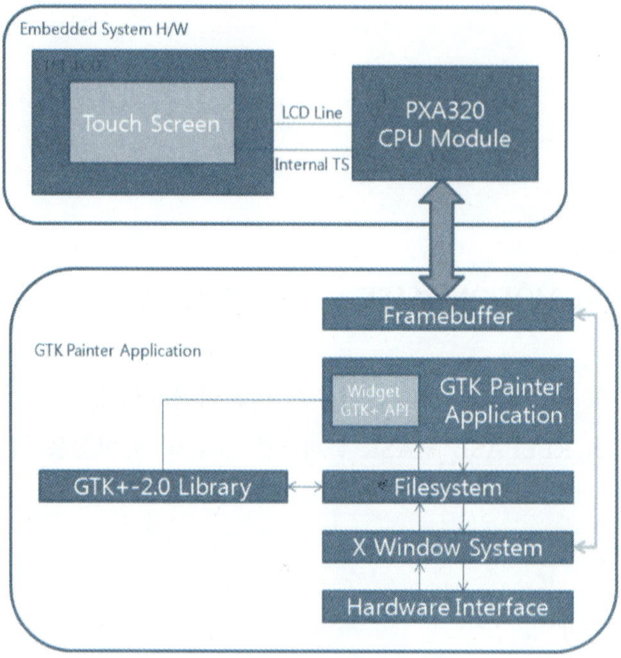

[그림 16-12] GTK+로 작성된 프로그램들은 X윈도우 기반에서 실행

GTK Painter는 터치를 이용하여 조작하게 되며, 입력된 터치 신호는 X윈도우를 거쳐 애플리케이션으로 전달되며 처리된 결과는 X윈도우에서 다시 프레임 버퍼 영역으로 결과를 디스플레이하게 된다. 즉 터치를 이용하여 드래그하면 드래그되는 영역이 선으로 그려지게 되는 것이다.

05 GDK Painter 프로그램의 동작방법

1) Color 버튼

16K의 색상을 선택할 수 있는 Color Map이 창으로 뜨며 원하는 선의 색을 선택할 수 있다.

2) Pitch 스핀버튼

1부터 10까지 선의 굵기를 정할 수 있다.

3) RESET 버튼

현재까지 그려진 그림을 지우고자 할 때 클릭을 하면 그림영역이 초기화된다.

06 GDK Painter의 S/W 구현

GTK Painter 소스 코드는 Glade-2를 이용하여 프로젝트를 생성하고 빌드하게 되면 src 디렉토리에 4개의 소스파일이 생성된다. 4개의 소스파일은 다음과 같다.

- main.c : 메인 함수로 GTK 초기화 및 최상의 윈도우 위젯을 생성하고 GTK 프로그램의 시작을 알린다.
- interface.c : 위젯 생성 및 시그널 연결을 설정한다.
- support.c : 위젯 호출 및 픽스맵 생성 함수의 정의가 작성되어 있다.
- callback.c : 이벤트가 발생했을 때 호출되는 해당 함수가 비어 있는 상태로 정의되어 있다. 이 부분이 사용자가 직접 코딩하고 기능을 구현해야 할 핵심부분이다.

(1) main.h

전역변수로 GC(PEN 설정 구조체) 포인터와 임시로 사용할 위젯을 선언하였다.

```
GdkGC *g_pen;
GtkWidget *drawing_handle;
```

(2) main.c

```
#ifdef HAVE_CONFIG_H
#  include <config.h>
#endif

#include <gtk/gtk.h>

#include "interface.h"
#include "support.h"
#include "main.h"                    // main.h 헤더 선언

int
main (int argc, char *argv[])
{
  GtkWidget *window1;

  gtk_set_locale ();               // locale 설정
  gtk_init (&argc, &argv);         // GTK 초기화

  add_pixmap_directory (PACKAGE_DATA_DIR "/" PACKAGE "/pixmaps");

  /*
   * The following code was added by Glade to create one of each
component
   * (except popup menus), just so that you see something after building
   * the project. Delete any components that you don't want shown
initially.
   */
  window1 = create_window1 (); // window 위젯 생성
  gtk_widget_show (window1);          // window 창을 스크린에 보여줌

  // window 위젯에 대한 임시 핸들러를 생성
  drawing_handle = lookup_widget(GTK_WIDGET(window1), "drawingarea1");
  gtk_widget_set_uposition (window1, 1, 0);

  gtk_main (); // GTK 애플리케이션 시작
  return 0;
}
```

Glade-2로 위젯을 생성하고 빌드하게 되면 기본적으로 위와 같은 코드가 생성된다. 밑줄 친 부분은 직접 추가한 부분이다.

(3) interface.c 주요 코드

```
GtkWidget*
create_window1 (void)        // window 위젯과 하위 위젯들을 생성하기 위한 함수
{ // 위젯 선언
  GtkWidget *window1;
  GtkWidget *fixed1;
  GtkWidget *drawingarea1;
```

```
  GtkWidget *hseparator1;
  GtkWidget *label1;
  GtkWidget *label2;
  GtkWidget *button1;
  GtkWidget *button2;
  GtkObject *spinbutton1_adj;
  GtkWidget *spinbutton1;
  GtkWidget *colorbutton1;
  GdkColor  white = {0, 0xFFFF, 0xFFFF, 0xFFFF};
  window1 = gtk_window_new (GTK_WINDOW_TOPLEVEL);          // window 위젯 생성
  gtk_widget_set_size_request (window1, 800, 480);
  gtk_window_set_title (GTK_WINDOW (window1), "GTK_Painter");
  gtk_window_set_position          (GTK_WINDOW          (window1),
GTK_WIN_POS_CENTER_ALWAYS);
  gtk_window_set_resizable (GTK_WINDOW (window1), FALSE);
  gtk_window_set_type_hint          (GTK_WINDOW          (window1),
GDK_WINDOW_TYPE_HINT_UTILITY);

  fixed1 = gtk_fixed_new ();   // 고정영역 위젯 생성
  gtk_widget_show (fixed1);
  gtk_container_add (GTK_CONTAINER (window1), fixed1);

  drawingarea1 = gtk_drawing_area_new ();     // 그리기 영역 위젯 생성
  gtk_widget_show (drawingarea1);
  gtk_fixed_put (GTK_FIXED (fixed1), drawingarea1, 0, 56);
  gtk_widget_set_size_request (drawingarea1, 800, 424);

  // 그리기 영역 위젯에서 발생할 이벤트 설정
  gtk_widget_set_events   (drawingarea1,   GDK_BUTTON1_MOTION_MASK   |
GDK_BUTTON_PRESS_MASK | GDK_BUTTON_RELEASE_MASK);

  hseparator1 = gtk_hseparator_new ();        // 가로 분리선 위젯 생성
  gtk_widget_show (hseparator1);
  gtk_fixed_put (GTK_FIXED (fixed1), hseparator1, 0, 40);
  gtk_widget_set_size_request (hseparator1, 800, 16);
```

```
  label1 = gtk_label_new ("Color :"); // 라벨 위젯 생성
  gtk_widget_show (label1);
  gtk_fixed_put (GTK_FIXED (fixed1), label1, 0, 8);
  gtk_widget_set_size_request (label1, 50, 30);

  label2 = gtk_label_new ("Pitch :"); // 라벨 위젯 생성
  gtk_widget_show (label2);
  gtk_fixed_put (GTK_FIXED (fixed1), label2, 96, 8);
  gtk_widget_set_size_request (label2, 50, 30);

  button1 = gtk_button_new_with_mnemonic ("RESET");  // 일반 버튼 위젯 생
성
  gtk_widget_show (button1);
  gtk_fixed_put (GTK_FIXED (fixed1), button1, 744, 8);
  gtk_widget_set_size_request (button1, 50, 30);

  button2 = gtk_button_new_with_mnemonic ("QUIT");   // 일반 버튼 위젯 생
성
```

CHAPTER 16

```
  gtk_widget_show (button2);
  gtk_fixed_put (GTK_FIXED (fixed1), button2, 680, 8);
  gtk_widget_set_size_request (button2, 50, 30);

  // 스핀버튼 위젯 생성
  spinbutton1_adj = gtk_adjustment_new (1, 1, 10, 1, 10, 10);
  spinbutton1      =       gtk_spin_button_new      (GTK_ADJUSTMENT
(spinbutton1_adj), 1, 0);
  gtk_widget_show (spinbutton1);
  gtk_fixed_put (GTK_FIXED (fixed1), spinbutton1, 144, 8);
  gtk_widget_set_size_request (spinbutton1, 40, 30);

  // 컬러버튼 위젯 생성
  colorbutton1 = gtk_color_button_new_with_color (&white);  // 초기 컬
러 설정
  gtk_widget_show (colorbutton1);
  gtk_fixed_put (GTK_FIXED (fixed1), colorbutton1, 48, 8);
  gtk_widget_set_size_request (colorbutton1, 40, 30);
  gtk_color_button_set_title    (GTK_COLOR_BUTTON    (colorbutton1),
"Select the color");
```

gtk_fixed_put() 함수는 위젯의 이름과 고정된 영역에 위젯을 위치시킬 오프셋을 설정하는 함수이다.

gtk_widget_set_size_request() 함수는 해당 위젯의 사이즈를 설정하는 함수이다.

컬러버튼 위젯 생성에서 초기 상태로 흰색이 선택되도록 API를 변경하였다.

```
  g_signal_connect ((gpointer) window1, "destroy",
                    G_CALLBACK (on_window1_destroy), NULL);
  g_signal_connect ((gpointer) drawingarea1, "button_press_event",
                    G_CALLBACK    (on_drawingarea1_button_press_event),
NULL);
  g_signal_connect ((gpointer) drawingarea1, "button_release_event",
                    G_CALLBACK  (on_drawingarea1_button_release_event),
NULL);
  g_signal_connect ((gpointer) drawingarea1, "motion_notify_event",
                    G_CALLBACK   (on_drawingarea1_motion_notify_event),
NULL);
  g_signal_connect ((gpointer) drawingarea1, "expose_event",
                    G_CALLBACK (on_drawingarea1_expose_event), NULL);
  g_signal_connect ((gpointer) drawingarea1, "configure_event",
                    G_CALLBACK       (on_drawingarea1_configure_event),
NULL);
  g_signal_connect ((gpointer) button1, "clicked",
                    G_CALLBACK (on_button1_clicked), NULL);
  g_signal_connect ((gpointer) spinbutton1, "value_changed",
                    G_CALLBACK (on_spinbutton1_value_changed), NULL);
  g_signal_connect ((gpointer) colorbutton1, "color_set",
                    G_CALLBACK (on_colorbutton1_color_set), NULL);
  g_signal_connect ((gpointer) button2, "clicked",
                    G_CALLBACK (on_button2_clicked), NULL);
```

```
  /* Store pointers to all widgets, for use by lookup_widget(). */
  GLADE_HOOKUP_OBJECT_NO_REF (window1, window1, "window1");
  GLADE_HOOKUP_OBJECT (window1, fixed1, "fixed1");
  GLADE_HOOKUP_OBJECT (window1, drawingarea1, "drawingarea1");
  GLADE_HOOKUP_OBJECT (window1, hseparator1, "hseparator1");
  GLADE_HOOKUP_OBJECT (window1, label1, "label1");
  GLADE_HOOKUP_OBJECT (window1, label2, "label2");
  GLADE_HOOKUP_OBJECT (window1, button1, "button1");
  GLADE_HOOKUP_OBJECT (window1, spinbutton1, "spinbutton1");
  GLADE_HOOKUP_OBJECT (window1, colorbutton1, "colorbutton1");
  GLADE_HOOKUP_OBJECT (window1, button2, "button2");

  return window1;
}
```

g_signal_connect() 함수는 시그널 발생시 해당 콜백 함수로 연결되도록 설정하는 함수이다.

(4) callback.c

```
#ifdef HAVE_CONFIG_H
#  include <config.h>
#endif

#include <stdio.h>
#include <stdlib.h>
#include <string.h>
#include <gtk/gtk.h>
#include "callbacks.h"
#include "interface.h"
#include "support.h"
#include "main.h"                  // main.h 헤더파일 선언

GdkPixmap *pixmap = NULL;      // Pixmap 구조체 포인터 선언
GdkColor white = {0, 0xffff, 0xffff, 0xffff};
int prex = 0; int prey = 0;
void    // 메인 window 종료시 호출되는 함수
on_window1_destroy                    (GtkObject       *object,
                                        gpointer         user_data)
{
  // 할당했던 color 및 pen의 메모리 해제
  gdk_colormap_free_colors(gdk_colormap_get_system(), &white, sizeof
(white));
  gdk_gc_unref(g_pen);
  exit(0);
}

gboolean       // 버튼을 눌렀을 때 호출되는 함수
on_drawingarea1_button_press_event     (GtkWidget       *widget,
                                        GdkEventButton  *event,
                                        gpointer         user_data)
{
```

CHAPTER 16

```
  if(prex == 0 || prey == 0 ){ // 최초 버튼을 눌렀을 때
      prex = event->x;         // 현재의 X 좌표를 저장
      prey = event->y;         // 현재의 Y 좌표를 저장
  }
  gdk_draw_line  (widget->window,  g_pen,  prex,  prey,  event->x,
event->y);
  gdk_draw_line (pixmap, g_pen, prex, prey, event->x, event->y);
  gtk_object_set_data(GTK_OBJECT(widget), "pixmap", pixmap);
  return FALSE;
}
```

gdk_draw_line() 함수를 이용하여 현재 좌표의 위치에 점을 찍는다.

gdk_draw_line() 함수 두 개를 호출하였는데 전자는 widget->window에 그려서 실제 window 창에 보이게 하는 것이고, 후자는 pixmap에 그리는 것이다. pixmap에 그리는 이유는 그리기 영역을 다른 창이 가리거나 했을 때 핸들을 잃어버리게 되는데 이 때 다시 복구시키기 위해 pixmap에 임시로 그리고 gtk_object_set_data()를 통해 저장하는 것이다.

```
gboolean        // 버튼을 떼었을 때 호출되는 함수
on_drawingarea1_button_release_event   (GtkWidget      *widget,
                                        GdkEventButton  *event,
                                        gpointer        user_data)
{
  prex = 0; prex = 0;    // 좌표 초기화
  return FALSE;
}

gboolean        // 마우스 클릭 상태에서 드래그했을 때 호출되는 함수
on_drawingarea1_motion_notify_event    (GtkWidget      *widget,
                                        GdkEventMotion  *event,
                                        gpointer        user_data)
{
  // 이전 좌표에서 현재 좌표까지 선을 그린다.
  gdk_draw_line  (widget->window,  g_pen,  prex,  prey,  event->x,
event->y);
  // pixmap에 선을 그린다.
  gdk_draw_line (pixmap, g_pen, prex, prey, event->x, event->y);
  gtk_object_set_data(GTK_OBJECT(widget), "pixmap", pixmap);
  prex = event->x;      // 현재 X좌표를 이전 X좌표에 저장
  prey = event->y;      // 현재 Y좌표를 이전 Y좌표에 저장
  return FALSE;
}

gboolean        // 윈도우에 항상 보여질 때마다 호출되는 함수
on_drawingarea1_expose_event          (GtkWidget      *widget,
                                        GdkEventExpose  *event,
                                        gpointer        user_data)
{
  gdk_draw_rectangle(widget->window, widget->style->black_gc, TRUE,
0, 0, 800, 424);        // 그리기 영역을 검정색으로 초기화한다.

  // pixmap에 저장되어 있던 그림을 window에 그린다.
```

```
  gdk_draw_pixmap(widget->window, g_pen, pixmap, 0, 0, 0, 0, 800,
424);
  return FALSE;
}
```

on_drawingarea1_expose_event() 콜백 함수처럼 pixmap에 저장되어 있던 그림들을 window에 나타냄으로써 핸들을 잃어버려도 바로 복구되도록 처리하였다.

```
gboolean        // 윈도우창이 뜨기 전 호출되는 함수 (최초의 한 번만 호출)
on_drawingarea1_configure_event          (GtkWidget       *widget,
                                          GdkEventConfigure *event,
                                          gpointer         user_data)
{
  gint x_size, y_size;
  x_size = widget->allocation.width;
  y_size = widget->allocation.height;
  // pixmap 생성
  pixmap = gdk_pixmap_new (widget->window, x_size, y_size, -1);

  g_pen = gdk_gc_new(widget->window); // GC 생성
  gdk_colormap_alloc_color(gdk_colormap_get_system(), &white, FALSE,
TRUE);
  gdk_gc_set_foreground(g_pen, &white);
  gdk_gc_set_line_attributes(g_pen, 1, GDK_LINE_SOLID, GDK_CAP_ROUND,
GDK_JOIN_ROUND);
  return FALSE;
}

void    // 컬러버튼에서 색상을 지정할 때 호출되는 함수
on_colorbutton1_color_set              (GtkColorButton  *colorbutton,
                                        gpointer         user_data)
{
    GdkColor *color = g_malloc(sizeof(GdkColor));
    memset(color, 0, sizeof(GdkColor));
    gtk_color_button_get_color(colorbutton, color);
   gdk_colormap_alloc_color(gdk_colormap_get_system(), color, FALSE, TRUE);
    gdk_gc_set_foreground(g_pen, color);
}

void    // 버튼 클릭시 호출되는 함수
on_button1_clicked                     (GtkButton       *button,
                                        gpointer         user_data)
{
  gdk_draw_rectangle(pixmap, drawing_handle->style->black_gc, TRUE,
0, 0, 800, 424);
  gdk_draw_pixmap(drawing_handle->window, g_pen, pixmap, 0, 0, 0, 0,
800, 424);
}
```

on_drawingarea1_configure_event() 콜백 함수에서 처음 윈도우가 뜨기 전에 한 번 호출되는 함수로 다음과 같은 초기화 관련 내용들이 작성되어 있다.

- Pixmap을 생성
- GC 핸들을 생성
- 초기에 사용할 색상 설정(팬 브러시 색상)
- GC 속성설정

생성한 위젯 버튼인 RESET 버튼을 클릭하게 되면 on_button1_clicked() 콜백 함수가 호출되는데 이 때 배경색을 검정색으로 초기화하게 된다.

```
void    // 스핀버튼의 값이 변경될 시 호출되는 함수
on_spinbutton1_value_changed          (GtkSpinButton   *spinbutton,
                                        gpointer        user_data)
{
  gint value;
  value = gtk_spin_button_get_value_as_int(spinbutton);      // 스핀버
튼의 값을 저장
  gdk_gc_set_line_attributes(g_pen,      value,       GDK_LINE_SOLID,
GDK_CAP_ROUND, GDK_JOIN_ROUND);       // 스핀버튼의 값을 GC의 라인 굵기에 반
영한다.
}

void
on_button2_clicked                     (GtkButton      *button,
                                        gpointer        user_data)
{
  gdk_colormap_free_colors(gdk_colormap_get_system(),         &white,
sizeof(white));
  gdk_gc_unref(g_pen);
  exit(0);
}
```

스핀버튼을 이용하여 1부터 10까지 값을 조절할 수 있는데 이 때 값이 변경될 때마다 호출되는 함수이다. 값이 변경되었을 때 변경된 값을 value 변수에 저장하여 GC의 라인 속성설정에서 변경되도록 반영을 한다. 마지막으로 종료 버튼을 클릭시 프로그램은 종료된다.

07 GDK Painter 실습 수행방법 및 컴파일

1) automake 설치하기

① sudo apt-get install automake 명령어를 이용해서 설치한다.

```
파일(F) 편집(E) 보기(V) 터미널(T) 도움말(H)
hybus@hybus-desktop:~$ sudo apt-get install automake
```

[그림 16-13] sudo apt-get install automake 명령어를 이용해서 설치

2) GTK Painter 컴파일

① /320app/Application/GTK_Painter 디렉토리로 이동을 한다.

```
파일(F) 편집(E) 보기(V) 터미널(T) 도움말(H)
hybus@hybus-desktop:~$ cd /320app/Application/GTK_Painter/
```

[그림 16-14] 디렉토리로 이동

② ./config-arm 명령어를 이용해서 configure를 한다.

```
파일(F) 편집(E) 보기(V) 터미널(T) 도움말(H)
hybus@hybus-desktop:/320app/Application/GTK_Painter$ sudo ./config-arm
[sudo] password for hybus:
checking for a BSD-compatible install... /usr/bin/install -c
checking whether build environment is sane...
```

[그림 16-15] ./config-arm 명령어를 이용해서 configure

③ sudo make clean 명령어를 이용해 이전에 컴파일되어 있는 것을 삭제한다.

```
파일(F) 편집(E) 보기(V) 터미널(T) 도움말(H)
hybus@hybus-desktop:/320app/Application/GTK_Painter$ sudo make clean
```

[그림 16-16] 이전에 컴파일되어 있는 것을 삭제

④ sudo make 명령어를 이용해서 컴파일한다.

```
파일(F) 편집(E) 보기(V) 터미널(T) 도움말(H)
hybus@hybus-desktop:/320app/Application/GTK_Painter$ sudo make
```

[그림 16-17] sudo make 명령어를 이용해서 컴파일

3) Z-MODEM을 이용한 다운로드

① 터미널창을 열어 minicom을 실행 후 보드를 부팅한다.

② /test_app 디렉토리로 이동을 한다.

```
파일(F) 편집(E) 보기(V) 터미널(T) 도움말(H)
[root@WENDERS root]# cd test_app/
```

[그림 16-18] /test_app 디렉토리로 이동

③ Ctrl + A를 누르고 다시 S를 눌러 /320app/Application/GTK_Painter/src 디렉토리로 이동 후 파일을 다운로드한다.

```
파일(F) 편집(E) 보기(V) 터미널(T) 도움말(H)
[root@WENDERS test_app]#
 +------------------[Select one or more files for upload]-------------------+
 |Directory: /320app/Application/GTK_Painter/src                            |
 | [..]                                                                     |
 | [.deps]                                                                  |
 | Makefile                                                                 |
 | Makefile.am                                                              |
 | Makefile.in                                                              |
 | callbacks.c                                                              |
 | callbacks.h                                                              |
 | callbacks.o      +-------------------------------------+                 |
 | gtk_painter      |No file selected - enter filename:   |                 |
 | interface.c      |> gtk_painter                        |                 |
 | interface.c.bak+-------------------------------------+                   |
 | interface.h                                                              |
 | interface.h.bak                                                          |
 | interface.o                                                              |
 | main.c                                                                   |
 |              ( Escape to exit, Space to tag )                            |
 +--------------------------------------------------------------------------+

              [Goto]  [Prev]  [Show]   [Tag]  [Untag]  [Okay]

CTRL-A Z for help | 38400 8N1 | NOR | Minicom 2.3 | VT102 | Offline
```

[그림 16-19] 디렉토리로 이동 후 파일을 다운로드

4) 실행화면

① ./gtk_painter 명령어를 이용해서 실행해 보자.

```
파일(F) 편집(E) 보기(V) 터미널(T) 도움말(H)
[root@WENDERS test_app]# ./gtk_painter
```

[그림 16-20] /gtk_painter 명령어를 이용해서 실행

② 시작화면이다.

[그림 16-21] 시작화면

③ 그리기 화면이다.

[그림 16-22] 그리기 화면

④ 색상변경 화면이다.

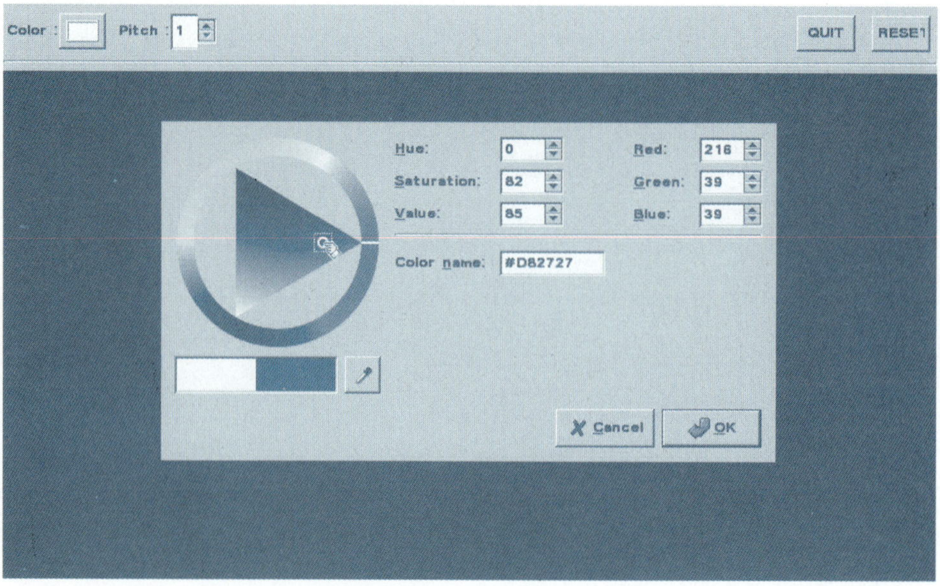

[그림 16-23] 색상변경 화면

⑤ 색상변경 후 그리기 화면이다.

[그림 16-24] 색상변경 후 그리기 화면

⑥ Pith 변경 후 그리기 화면이다.

[그림 16-25] Pith 변경 후 그리기 화면

17 Chapter PXA 카메라 응용

01 개 요

이 프로그램은 X-HYPER320TKU 보드에 CMOS Camera 모듈을 부착하여 Camera에서 영상을 인식하여 TFT-LCD에 스크린해주는 프로그램이다. 이 프로그램은 Marvell사에서 제공해준 Camera 제어용 프로그램으로 기본적으로 CMOS Camera 제어를 위해서 어떻게 구성되어 있고 구현되어 있는지를 잘 보여주는 좋은 예제라고 할 수 있다.

02 관련기술

1) V4L2 인터페이스

V4L은 리눅스를 위한 비디오 캡처 애플리케이션 프로그래밍 인터페이스이다. 아날로그 라디오와 비디오 캡처, 출력 드라이버들을 위한 커널 인터페이스라고 할 수 있다. V4L은 리눅스 커널에 포함되어있으며, 여러 가지의 USB 웹캠, TV 튜너, 그 밖에 다른 비디오 장치들을 지원한다. V4L2는 V4L의 그 두 번째 버전으로 기존의 V4L과 호환성을 가지며 V4L과는 다르게 Multiple 오픈을 지원한다.

(1) V4L2 **디바이스 프로그래밍 단계**

- 디바이스 오픈
- 디바이스 속성 변경 및 비디오와 오디오 입력, 비디오 표준, 명도, 채도 등을 선택
- 데이터 포맷 결정
- 입출력 방식 결정
- 실제 입출력 루프 코딩
- 디바이스 클로즈

(2) V4L2 IOCTL 커맨드

V4L2 디바이스를 제어하기 위해서는 ioctl API를 이용해야 하며 V4L2의 ioctl 커맨드들은 다음과 같다.

커맨드에 대한 정의는 리눅스 커널의 include/linux/videodev2.h에서 찾아볼 수 있다. 커맨드의 자세한 설명들은 V4L2 API 명세서를 참조하기 바란다.

문서의 위치는 다음과 같다.

```
http://v4l2spec.bytesex.org/v4l2spec/v4l2.pdf
```

```
#define VIDIOC_QUERYCAP      _IOR  ('V',  0, struct v4l2_capability)
#define VIDIOC_RESERVED      _IO   ('V',  1)
#define VIDIOC_ENUM_FMT      _IOWR ('V',  2, struct v4l2_fmtdesc)
#define VIDIOC_G_FMT         _IOWR ('V',  4, struct v4l2_format)
#define VIDIOC_S_FMT         _IOWR ('V',  5, struct v4l2_format)
#define VIDIOC_G_MPEGCOMP    _IOR  ('V',  6, struct v4l2_mpeg_compression)
#define VIDIOC_S_MPEGCOMP    _IOW  ('V',  7, struct v4l2_mpeg_compression)
#define VIDIOC_REQBUFS       _IOWR ('V',  8, struct v4l2_requestbuffers)
#define VIDIOC_QUERYBUF      _IOWR ('V',  9, struct v4l2_buffer)
#define VIDIOC_G_FBUF        _IOR  ('V', 10, struct v4l2_framebuffer)
#define VIDIOC_S_FBUF        _IOW  ('V', 11, struct v4l2_framebuffer)
#define VIDIOC_OVERLAY       _IOW  ('V', 14, int)
#define VIDIOC_QBUF          _IOWR ('V', 15, struct v4l2_buffer)
#define VIDIOC_DQBUF         _IOWR ('V', 17, struct v4l2_buffer)
#define VIDIOC_STREAMON      _IOW  ('V', 18, int)
#define VIDIOC_STREAMOFF     _IOW  ('V', 19, int)
#define VIDIOC_G_PARM        _IOWR ('V', 21, struct v4l2_streamparm)
#define VIDIOC_S_PARM        _IOWR ('V', 22, struct v4l2_streamparm)
#define VIDIOC_G_STD         _IOR  ('V', 23, v4l2_std_id)
#define VIDIOC_S_STD         _IOW  ('V', 24, v4l2_std_id)
#define VIDIOC_ENUMSTD       _IOWR ('V', 25, struct v4l2_standard)
#define VIDIOC_ENUMINPUT     _IOWR ('V', 26, struct v4l2_input)
#define VIDIOC_G_CTRL        _IOWR ('V', 27, struct v4l2_control)
#define VIDIOC_S_CTRL        _IOWR ('V', 28, struct v4l2_control)
#define VIDIOC_G_TUNER       _IOWR ('V', 29, struct v4l2_tuner)
#define VIDIOC_S_TUNER       _IOW  ('V', 30, struct v4l2_tuner)
#define VIDIOC_G_AUDIO       _IOR  ('V', 33, struct v4l2_audio)
#define VIDIOC_S_AUDIO       _IOW  ('V', 34, struct v4l2_audio)
#define VIDIOC_QUERYCTRL     _IOWR ('V', 36, struct v4l2_queryctrl)
#define VIDIOC_QUERYMENU     _IOWR ('V', 37, struct v4l2_querymenu)
#define VIDIOC_G_INPUT       _IOR  ('V', 38, int)
#define VIDIOC_S_INPUT       _IOWR ('V', 39, int)
#define VIDIOC_G_OUTPUT      _IOR  ('V', 46, int)
#define VIDIOC_S_OUTPUT      _IOWR ('V', 47, int)
#define VIDIOC_ENUMOUTPUT    _IOWR ('V', 48, struct v4l2_output)
#define VIDIOC_G_AUDOUT      _IOR  ('V', 49, struct v4l2_audioout)
#define VIDIOC_S_AUDOUT      _IOW  ('V', 50, struct v4l2_audioout)
#define VIDIOC_G_MODULATOR   _IOWR ('V', 54, struct v4l2_modulator)
#define VIDIOC_S_MODULATOR   _IOW  ('V', 55, struct v4l2_modulator)
#define VIDIOC_G_FREQUENCY   _IOWR ('V', 56, struct v4l2_frequency)
#define VIDIOC_S_FREQUENCY   _IOW  ('V', 57, struct v4l2_frequency)
```

```
#define VIDIOC_CROPCAP       _IOWR ('V', 58, struct v4l2_cropcap)
#define VIDIOC_G_CROP        _IOWR ('V', 59, struct v4l2_crop)
#define VIDIOC_S_CROP        _IOW  ('V', 60, struct v4l2_crop)
#define VIDIOC_G_JPEGCOMP    _IOR  ('V', 61, struct v4l2_jpegcompression)
#define VIDIOC_S_JPEGCOMP    _IOW  ('V', 62, struct v4l2_jpegcompression)
#define VIDIOC_QUERYSTD      _IOR  ('V', 63, v4l2_std_id)
#define VIDIOC_TRY_FMT       _IOWR ('V', 64, struct v4l2_format)
#define VIDIOC_ENUMAUDIO     _IOWR ('V', 65, struct v4l2_audio)
#define VIDIOC_ENUMAUDOUT    _IOWR ('V', 66, struct v4l2_audioout)
#define VIDIOC_G_PRIORITY    _IOR  ('V', 67, enum v4l2_priority)
#define VIDIOC_S_PRIORITY    _IOW  ('V', 68, enum v4l2_priority)

#if 1
#define VIDIOC_G_SLICED_VBI_CAP _IOR  ('V', 69, struct v4l2_sliced_vbi_cap)
#endif
```

ioctl을 이용한 비디오 디바이스를 제어하는 여러 예제들을 살펴보도록 하겠다.

(3) Video Inputs and Outputs

다음은 현재 비디오의 입력에 대한 정보를 가져오는 예문이다.

```
struct v4l2_input input;
int index;
if (-1 == ioctl (fd, VIDIOC_G_INPUT, &index)) {
        perror ("VIDIOC_G_INPUT");
        exit (EXIT_FAILURE);
}
memset (&input, 0, sizeof (input));
input.index = index;
if (-1 == ioctl (fd, VIDIOC_ENUMINPUT, &input)) {
        perror ("VIDIOC_ENUMINPUT");
        exit (EXIT_FAILURE);
}
printf ("Current input: %s\n", input.name);
```

다음은 첫 번째 비디오 입력을 스위칭하는 예문이다.

```
int index;
index = 0;
if (-1 == ioctl (fd, VIDIOC_S_INPUT, &index)) {
        perror ("VIDIOC_S_INPUT");
        exit (EXIT_FAILURE);
}
```

(4) Audio Inputs and Outputs

이번에는 현재 오디오 입력에 대한 정보를 가져오는 예문이다.

```
struct v4l2_audio audio;
memset (&audio, 0, sizeof (audio));
if (-1 == ioctl (fd, VIDIOC_G_AUDIO, &audio)) {
        perror ("VIDIOC_G_AUDIO");
        exit (EXIT_FAILURE);
}
printf ("Current input: %s\n", audio.name);
```

마찬가지로 첫 번째 오디오 입력을 스위칭하는 예문이다.

```
struct v4l2_audio audio;
memset (&audio, 0, sizeof (audio)); /* clear audio.mode,
audio.reserved */
audio.index = 0;
if (-1 == ioctl (fd, VIDIOC_S_AUDIO, &audio)) {
        perror ("VIDIOC_S_AUDIO");
        exit (EXIT_FAILURE);
}
```

(5) Video Standards

다음은 현재 비디오 표준에 대한 정보를 가져오는 예문이다.

```
v4l2_std_id std_id;
struct v4l2_standard standard;

if (-1 == ioctl (fd, VIDIOC_G_STD, &std_id)) {
/* Note when VIDIOC_ENUMSTD always returns EINVAL this
is no video device or it falls under the USB exception,
and VIDIOC_G_STD returning EINVAL is no error. */
        perror ("VIDIOC_G_STD");
        exit (EXIT_FAILURE);
}

memset (&standard, 0, sizeof (standard));
standard.index = 0;

while (0 == ioctl (fd, VIDIOC_ENUMSTD, &standard)) {
        if (standard.id & std_id) {
                printf ("Current video standard: %s\n", standard.name);
                exit (EXIT_SUCCESS);
        }
        standard.index++;
}
```

```
/* EINVAL indicates the end of the enumeration, which cannot be
empty unless this device falls under the USB exception. */
if (errno == EINVAL || standard.index == 0) {
        perror ("VIDIOC_ENUMSTD");
        exit (EXIT_FAILURE);
}
```

다음은 현재 비디오 입력으로 지원되는 비디오 표준을 나열하는 예문이다.

```
struct v4l2_input input;
struct v4l2_standard standard;
memset (&input, 0, sizeof (input));
if (-1 == ioctl (fd, VIDIOC_G_INPUT, &input.index)) {
        perror ("VIDIOC_G_INPUT");
        exit (EXIT_FAILURE);
}
if (-1 == ioctl (fd, VIDIOC_ENUMINPUT, &input)) {
        perror ("VIDIOC_ENUM_INPUT");
        exit (EXIT_FAILURE);
}
printf ("Current input %s supports:\n", input.name);
memset (&standard, 0, sizeof (standard));
standard.index = 0;
while (0 == ioctl (fd, VIDIOC_ENUMSTD, &standard)) {
        if (standard.id & input.std)
                printf ("%s\n", standard.name);
        standard.index++;
}

/* EINVAL indicates the end of the enumeration, which cannot be
empty unless this device falls under the USB exception. */
if (errno != EINVAL || standard.index == 0) {
        perror ("VIDIOC_ENUMSTD");
        exit (EXIT_FAILURE);
}
```

마지막으로 새로운 비디오 표준을 선택하여 설정하는 예문이다.

```
struct v4l2_input input;
v4l2_std_id std_id;
memset (&input, 0, sizeof (input));

if (-1 == ioctl (fd, VIDIOC_G_INPUT, &input.index)) {
        perror ("VIDIOC_G_INPUT");
        exit (EXIT_FAILURE);
}
```

```
if (-1 == ioctl (fd, VIDIOC_ENUMINPUT, &input)) {
        perror ("VIDIOC_ENUM_INPUT");
        exit (EXIT_FAILURE);
}
if (0 == (input.std & V4L2_STD_PAL_BG)) {
        fprintf (stderr, "Oops. B/G PAL is not supported.\n");
        exit (EXIT_FAILURE);
}

/* Note this is also supposed to work when only B or G/PAL is supported.
*/
std_id = V4L2_STD_PAL_BG;
```

```
if (-1 == ioctl (fd, VIDIOC_S_STD, &std_id)) {
        perror ("VIDIOC_S_STD");
        exit (EXIT_FAILURE);
}
```

(6) User Controls

비디오 디바이스들은 명도나 채도, 투명도 같은 세부사항들을 설정할 수 있다. 이와 같은 설정을 하기 위해서는 Control ID라는 것들이 필요하다. Control ID들을 ioctl에서 V4L2 제어 커맨드 다음 인자값으로 받아들이게 된다.

다음은 Control ID들에 대한 테이블이다.

```
V4L2_CID_BASE
V4L2_CID_USER_BASE
V4L2_CID_BRIGHTNESS                        integer
V4L2_CID_CONTRAST                          integer
V4L2_CID_SATURATION                        integer
V4L2_CID_HUE                               integer
V4L2_CID_AUDIO_VOLUME                      integer
V4L2_CID_AUDIO_BALANCE                     integer
V4L2_CID_AUDIO_BASS                        integer
V4L2_CID_AUDIO_TREBLE                      integer
V4L2_CID_AUDIO_MUTE                        boolean
V4L2_CID_AUDIO_LOUDNESS                    boolean
V4L2_CID_BLACK_LEVEL                       integer
V4L2_CID_AUTO_WHITE_BALANCE                boolean
V4L2_CID_DO_WHITE_BALANCE                  button
V4L2_CID_RED_BALANCE                       integer
V4L2_CID_BLUE_BALANCE                      integer
V4L2_CID_GAMMA                             integer
V4L2_CID_WHITENESS                         integer
V4L2_CID_EXPOSURE                          integer
V4L2_CID_AUTOGAIN                          boolean
V4L2_CID_GAIN                              integer
V4L2_CID_HFLIP                             boolean
V4L2_CID_VFLIP                             boolean
V4L2_CID_HCENTER_DEPRECATED                integer
V4L2_CID_VCENTER_DEPRECATED                integer
V4L2_CID_POWER_LINE_FREQUENCY              integer
V4L2_CID_HUE_AUTO                          boolean
V4L2_CID_WHITE_BALANCE_TEMPERTURE          integer
V4L2_CID_SHARPNESS                         integer
V4L2_CID_BACKLIGHT_COMPENSATION            integer
V4L2_CID_LASTP1
V4L2_CID_PRIVATE_BASE
```

VIDIOC_QUERYCTRL과 VIDIOC_QUERYMENE ioctl을 이용하여 애플리케이션 레벨에서 해당 비디오 장치로 제어가 가능한 Control들을 나열할 수 있고, VIDIOC_G_CTRL과 VIDIOC_S_CTRL을 이용하여 비디오 장치의 Control 값을 가져오거나 설정할 수 있다.

다음은 모든 Control들을 열거하는 예문이다.

```
struct v4l2_queryctrl queryctrl;
struct v4l2_querymenu querymenu;
static void enumerate_menu (void)
{
        printf (" Menu items:\n");
        memset (&querymenu, 0, sizeof (querymenu));
        querymenu.id = queryctrl.id;
        for (querymenu.index = queryctrl.minimum; querymenu.index <=
queryctrl.maximum;
        querymenu.index++) {
                if (0 == ioctl (fd, VIDIOC_QUERYMENU, &querymenu)) {
                    printf (" %s\n", querymenu.name);
                } else {
                    perror ("VIDIOC_QUERYMENU"); exit (EXIT_FAILURE);
                }
        }
}
memset (&queryctrl, 0, sizeof (queryctrl));
for (queryctrl.id = V4L2_CID_BASE; queryctrl.id < V4L2_CID_LASTP1;
queryctrl.id++) {
        if (0 == ioctl (fd, VIDIOC_QUERYCTRL, &queryctrl)) {
                if    (queryctrl.flags    &    V4L2_CTRL_FLAG_DISABLED)
continue;
                printf ("Control %s\n", queryctrl.name);
                if     (queryctrl.type     ==     V4L2_CTRL_TYPE_MENU)
enumerate_menu ();
        } else {
                if (errno == EINVAL) continue;
                perror ("VIDIOC_QUERYCTRL"); exit (EXIT_FAILURE);
        }
}
```

```
for (queryctrl.id = V4L2_CID_PRIVATE_BASE;; queryctrl.id++) {
        if (0 == ioctl (fd, VIDIOC_QUERYCTRL, &queryctrl)) {
                if (queryctrl.flags & V4L2_CTRL_FLAG_DISABLED)
                        continue;
                printf ("Control %s\n", queryctrl.name);
                if (queryctrl.type == V4L2_CTRL_TYPE_MENU)
                        enumerate_menu ();
        } else {
                if (errno == EINVAL)
                        break;
                perror ("VIDIOC_QUERYCTRL");
                exit (EXIT_FAILURE);
        }
}
```

다음은 Control들을 변경하는 예문이다.

```
struct v4l2_queryctrl queryctrl;
```

```
struct v4l2_control control;
memset (&queryctrl, 0, sizeof (queryctrl));
queryctrl.id = V4L2_CID_BRIGHTNESS;
if (-1 == ioctl (fd, VIDIOC_QUERYCTRL, &queryctrl)) {
        if (errno != EINVAL) {
                perror ("VIDIOC_QUERYCTRL");
                exit (EXIT_FAILURE);
        } else {
                printf ("V4L2_CID_BRIGHTNESS is not supported\n");
        }
} else if (queryctrl.flags & V4L2_CTRL_FLAG_DISABLED) {
        printf ("V4L2_CID_BRIGHTNESS is not supported\n");
} else {
        memset (&control, 0, sizeof (control));
        control.id = V4L2_CID_BRIGHTNESS;
        control.value = queryctrl.default_value;
        if (-1 == ioctl (fd, VIDIOC_S_CTRL, &control)) {
                perror ("VIDIOC_S_CTRL");
                exit (EXIT_FAILURE);
        }
}
memset (&control, 0, sizeof (control));
control.id = V4L2_CID_CONTRAST;
if (0 == ioctl (fd, VIDIOC_G_CTRL, &control)) {
        control.value += 1;

        /* The driver may clamp the value or return ERANGE, ignored here
*/
```

```
        if (-1 == ioctl (fd, VIDIOC_S_CTRL, &control) && errno !=
ERANGE) {
                perror ("VIDIOC_S_CTRL");
                exit (EXIT_FAILURE);
        }
/* Ignore if V4L2_CID_CONTRAST is unsupported */
} else if (errno != EINVAL) {
        perror ("VIDIOC_G_CTRL");
        exit (EXIT_FAILURE);
}
control.id = V4L2_CID_AUDIO_MUTE;
control.value = TRUE; /* silence */

/* Errors ignored */
ioctl (fd, VIDIOC_S_CTRL, &control);
```

03 카메라 프로그램의 기능

카메라 프로그램의 기능은 다음과 같이 요약할 수 있다.

① V4l2 Video Format 지원

② YCBCR422 Pixel Format 지원

③ PXA Overlay-2 사용

④ Video Handling

⑤ 640x480 Mode 지원

⑥ OV7660 CMOS Sensor 지원

04 PXA 카메라 프로그램의 구조

콘솔 기반의 PXA 카메라 프로그램은 다음과 같은 구조로 되어 있다.

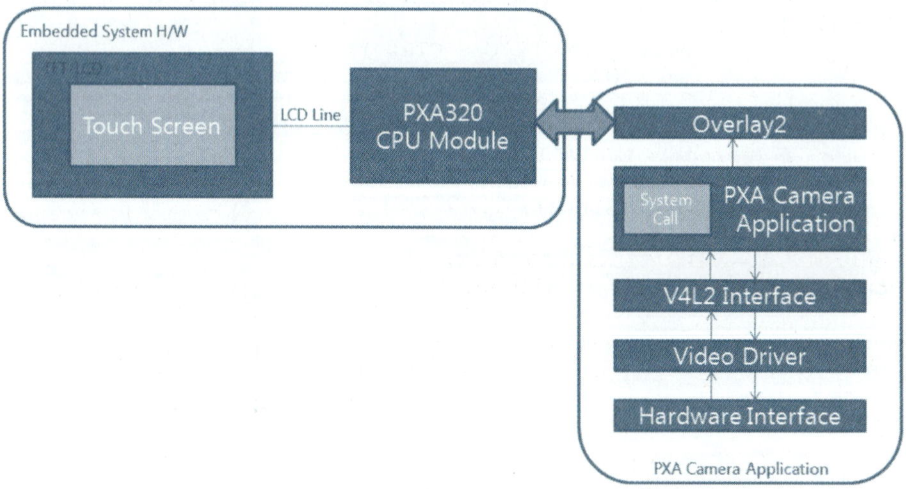

[그림 17-1] PXA 카메라 프로그램 구조

하드웨어 인터페이스를 통해 CMOS 카메라와 연결되고 애플리케이션 레벨에서 ioctl을 통해 V4L2 인터페이스로 비디오 드라이버에 접근하여 제어할 수 있다. CMOS 카메라에서 감지되는 영상신호들은 비디오 디바이스의 데이터 포맷(YCBCR422)으로 변환되어 오버레이2로 전달되고 TFT-LCD에 디스플레이한다.

05 PXA 카메라 S/W 구현

1) PXA 카메라 소스코드

카메라 프로그램은 애플리케이션과 라이브러리 파트로 나눠져 있다. 라이브러리 파트는 카메라와 Overlay-2의 제어를 위한 API로 구성되어 있고 애플리케이션 파트는 만들어진 API들을 토대로 카메라 프로그램으로 작성되어 있다.

(1) 애플리케이션 : camera.c

- camera.c 주요 코드

```
int main(int argc, char* argv[])
{
    int handle;
    int handle_overlay2;
    struct pxa_video_buf* vidbuf;
    struct pxacam_setting camset;
    struct pxa_video_buf vidbuf_overlay;
    int len;

    handle = camera_open(NULL, OV7660_SENSOR);// Camera 오픈 함수

    memset(&camset,0,sizeof(camset));
    camset.mode = CAM_MODE_VIDEO;                   // CAM Mode
    camset.format = pxavid_ycbcr422;                // YCBCR422 Pixel Format
    camset.width = 640;
    camset.height = 480;
    camera_config(handle,&camset);                  // Camera 설정 함수
    camera_start(handle);                           // Camera 동작 시작
    handle_overlay2 = overlay2_open(NULL,pxavid_ycbcr422,NULL, 640,
480, 80 , 0);
    overlay2_getbuf(handle_overlay2,&vidbuf_overlay);
    len = vidbuf_overlay.width*vidbuf_overlay.height;

    while(1){
        vidbuf = camera_get_frame(handle); // Frame 읽어오기

         // TFT-LCD에 Pixel 데이터를 출력
        memcpy(vidbuf_overlay.ycbcr.y, vidbuf->ycbcr.y,len);
        memcpy(vidbuf_overlay.ycbcr.cb, vidbuf->ycbcr.cb,len/2);
        memcpy(vidbuf_overlay.ycbcr.cr, vidbuf->ycbcr.cr,len/2);
```

```
        camera_release_frame(handle,vidbuf);
    }

    camera_stop(handle);                    // Camera 동작 정지
    camera_close(handle);
    return 0;
}
```

(2) 라이브러리 : camera_lib.c, overlay2.c

- camera_lib.c

```
// VIDEOBUF_COUNT must be larger than STILLBUF_COUNT
#define VIDEOBUF_COUNT 3
#define STILLBUF_COUNT 2
#define CAM_STATUS_INIT         0
#define CAM_STATUS_READY        1
#define CAM_STATUS_BUSY         2

struct pxa_camera{        // PXA Camera 구조체
    int handle;           // 핸들
    int status;           // 상태정보
    int mode;             // 비디오 모드
    int sensor;           // CMOS 센서
    int ref_count;
    // Video Buffer
    int width;
    int height;
    enum   pxavid_format format;         // 픽셀 포맷
    struct  videobuf_dev    cambuf[VIDEOBUF_COUNT];};
int camera_open(char* camname,int sensor)     // Camera 오픈 함수
{
    int handle;
    struct pxa_camera* camobj = NULL;

    if(camname==NULL){
        camname="/dev/video0";                         // Video 오픈 디바이스명
    }

    handle = open(camname, O_RDONLY); // video0 오픈
    if (handle<0) {
        ERRMSG("cann't open camera %s (%d)\n",camname,errno);
        ASSERT(handle>=0);
        return 0;
    }

    // CMOS Sensor 설정 - OV7660
    if(ioctl(handle, VIDIOC_S_INPUT, &sensor)<0) {
            ERRMSG("can't set input\n");
            close(handle);
            return 0;
    }
```

```
    // Initialize camera object
    camobj = malloc(sizeof(struct pxa_camera));
    memset(camobj,0,sizeof(struct pxa_camera));
    ASSERT(camobj);
    camobj->handle = handle;
    camobj->status = CAM_STATUS_READY;
    camobj->width = 0;
    camobj->height = 0;
    camobj->sensor = sensor;

    ASSERT(sizeof(int)==sizeof(struct pxa_camera*));
    return (int)camobj;
}
// Camera Configuration
int camera_config(int hcam,struct pxacam_setting* setting)
{
    // V4L2 Interface
    struct  v4l2_format         vformat;
    struct  v4l2_streamparm     streamparm;
    struct  v4l2_requestbuffers        requestbuffers;
    struct  v4l2_buffer         buffer;
    struct  pxa_camera* camera;
    void    *pmapped = NULL;
    int count,i;
    int mode;
    enum    pxavid_format format;
    int width, height;

    mode = setting->mode;
    format = setting->format;
    width = setting->width;
    height = setting->height;

    // set video stream parameter
    camera = (struct pxa_camera*)hcam; // 디바이스 핸들러 포인터 복사
    ASSERT(camera->handle>0 && camera->status!=CAM_STATUS_BUSY);
    ASSERT(camera->ref_count==0);

    streamparm.type = V4L2_BUF_TYPE_VIDEO_CAPTURE;
    streamparm.parm.capture.timeperframe.numerator     = 0;
    streamparm.parm.capture.timeperframe.denominator    = 0;
    streamparm.parm.capture.capturemode = mode;
    streamparm.parm.capture.extendedmode = CI_SSU_SCALE_DISABLE;

    printf("camera_config    :        streamparm.type     =     %d\n",
streamparm.type);
    // Video Stream Parameter 설정
    if(ioctl(camera->handle, VIDIOC_S_PARM, &streamparm)<0) {
        ERRMSG("can't set camera parameter\n");
        return -1;
    }

   // Set video format : Video Capture Mode, YUV422P
    vformat.type               = V4L2_BUF_TYPE_VIDEO_CAPTURE;
    // Only support three pixel formats
    ASSERT(format==pxavid_rggb10    ||    format==pxavid_ycbcr422    ||
```

17

```
format==pxavid_ycbcr420);

    switch(format){    // 픽셀 포맷 선택
    case pxavid_rggb10:
        vformat.fmt.pix.pixelformat  = V4L2_PIX_FMT_SRGGB10;
        break;
    case pxavid_ycbcr422:
        vformat.fmt.pix.pixelformat  = V4L2_PIX_FMT_YUV422P;
        break;
    case pxavid_ycbcr420:
        vformat.fmt.pix.pixelformat  = V4L2_PIX_FMT_YUV420;
        break;
    default:
        ASSERT(0);
        break;
    }

    vformat.fmt.pix.width = width;
    vformat.fmt.pix.height = height;

    // 비디오 포맷 설정
    if(ioctl(camera->handle, VIDIOC_S_FMT, &vformat)<0) {
            ERRMSG("can't set camera format\n");
        goto FAIL_EXIT;
    }

    // Release previous allocated buffer if it's applicable
    if(mode==CAM_MODE_VIDEO){
        count = VIDEOBUF_COUNT; // 캡처 모드
    }else{
        count = STILLBUF_COUNT; // 스틸 모드
    }
    for (i = 0; i < count; ++i) {
        if(camera->cambuf[i].buf){
            munmap(camera->cambuf[i].buf,
                camera->cambuf[i].length);
        }
    }
    memset(camera->cambuf,0,sizeof(camera->cambuf));

    // Request buffers
    requestbuffers.type                 = V4L2_BUF_TYPE_VIDEO_CAPTURE;
    requestbuffers.memory        = V4L2_MEMORY_MMAP;
    requestbuffers.count                = count;

    // Camera Buffer 요청
    if(ioctl(camera->handle, VIDIOC_REQBUFS, &requestbuffers)<0) {
            DBGMSG("can't require camera buffer");
        goto FAIL_EXIT;
    }

    if (requestbuffers.count < (unsigned int)count ) {
            ERRMSG("Insufficient camera buffer allocated\n");
        goto FAIL_EXIT;
        }
```

```
    // do memory map
    for (i = 0; i < (int)requestbuffers.count; i++) {
            memset (&buffer, 0, sizeof(buffer));
            buffer.type         = V4L2_BUF_TYPE_VIDEO_CAPTURE;
            buffer.memory       = V4L2_MEMORY_MMAP;
            buffer.index        = i;

            if (ioctl (camera->handle, VIDIOC_QUERYBUF, &buffer)<0) {
            goto FAIL_EXIT;
            }

             // Video Memory Map 할당
            pmapped = mmap (NULL, buffer.length, PROT_READ ,
                MAP_SHARED, camera->handle, buffer.m.offset);
            if (MAP_FAILED == pmapped) {
                ERRMSG("can't do mmap of camera buffer\n");
            goto FAIL_EXIT;
            }
        ASSERT(camera->cambuf[i].buf==0);
        camera->cambuf[i].buf = pmapped;
        camera->cambuf[i].length = buffer.length;
    }
    // queue buffer for capture
    for (i = 0; i < (int)requestbuffers.count; i++) {
        memset (&buffer, 0, sizeof(buffer));
         buffer.type     = V4L2_BUF_TYPE_VIDEO_CAPTURE;
        buffer.memory    = V4L2_MEMORY_MMAP;
        buffer.index     = i;

        if (ioctl (camera->handle, VIDIOC_QBUF, &buffer)<0) {
             ERRMSG("fatal error - fail to queue buffer\n");
            ASSERT(0);
            goto FAIL_EXIT;
        }
    }

    // Save configuration to device object
    camera->mode = mode;
    camera->width = width;
    camera->height = height;
    camera->format = format;
    camera->status = CAM_STATUS_READY;
    return 0;

FAIL_EXIT:
    for (i = 0; i < VIDEOBUF_COUNT; ++i) {
        if(camera->cambuf[i].buf){
            munmap(camera->cambuf[i].buf,
                camera->cambuf[i].length);
        }
    }
    memset(camera->cambuf,0,sizeof(camera->cambuf));
    camera->width = 0;
    camera->height = 0;
    camera->format = pxavid_invalid;
    camera->status = CAM_STATUS_INIT;
```

```
    return -1;
}
int camera_start(int hcam)     // Camera 동작 시작 함수
{
    int buftype;
    struct  pxa_camera* camera;

    // set video stream parameter
    camera = (struct pxa_camera*)hcam;
    ASSERT(camera->status==CAM_STATUS_READY);

    buftype = V4L2_BUF_TYPE_VIDEO_CAPTURE;

    // 비디오 스트리밍 시작
    if (ioctl (camera->handle, VIDIOC_STREAMON, &buftype)<0) {
           ERRMSG("can't start camera streaming\n");
       return -1;
       }
    camera->status = CAM_STATUS_BUSY;

    return 0;
}

int camera_stop(int hcam)      // Camera 동작 정지 함수
{
    struct  pxa_camera* camera;
    enum v4l2_buf_type buftype;
    // set video stream parameter
    camera = (struct pxa_camera*)hcam;
    ASSERT(camera->status==CAM_STATUS_BUSY);
    ASSERT(camera->ref_count==0);

    buftype = V4L2_BUF_TYPE_VIDEO_CAPTURE;

    // 비디오 스트리밍 정지
    if (ioctl (camera->handle, VIDIOC_STREAMOFF, &buftype)<0) {
           DBGMSG("can't stop streaming\n");
               return -1;
       }

    camera->status = CAM_STATUS_READY;
    return 0;
}
struct pxa_video_buf*  camera_get_frame(int hcam)    // Frame 가져오기
함수
{
    int ret;
    struct  pollfd ufds;
    struct  v4l2_buffer* buffer;
    struct  pxa_camera* camera;
    struct  ext_video_buf*  extbuf;
    struct  pxa_video_buf*  vidbuf;

    // set video stream parameter
    camera = (struct pxa_camera*)hcam;
```

```
    ASSERT(camera->status==CAM_STATUS_BUSY);
    ASSERT(camera->ref_count<VIDEOBUF_COUNT);

    // This function maybe obsolete
    ufds.fd         = camera->handle;
    ufds.events     = POLLIN;
    do {
        ret = poll(&ufds, 1, -1);
    } while (!ret);

    extbuf      =       (struct      ext_video_buf*)malloc(sizeof(struct
ext_video_buf));
    ASSERT(extbuf);
    vidbuf = &extbuf->pxabuf;
    buffer = &extbuf->v4l2buf;
    memset(buffer, 0, sizeof(struct v4l2_buffer));
    buffer->type                = V4L2_BUF_TYPE_VIDEO_CAPTURE;
    buffer->memory      = V4L2_MEMORY_MMAP;

    if (ioctl (camera->handle, VIDIOC_DQBUF, buffer)<0) {
        ERRMSG("can't dequeue camera buffer\n");
        return NULL;
    }

    // Return buffer information
    if(camera->format==pxavid_rggb10){
        vidbuf->width = camera->width;
        vidbuf->height = camera->height;
        vidbuf->format = pxavid_rggb10;
        vidbuf->rggb10.buf                  =                     (unsigned
short*)camera->cambuf[buffer->index].buf;
        vidbuf->rggb10.len = camera->cambuf[buffer->index].length;
    }else if(camera->format==pxavid_ycbcr422){
        cambuf_to_ycbcr422(&camera->cambuf[buffer->index],vidbuf,
                camera->width,camera->height);
    }else if(camera->format==pxavid_ycbcr420){
        cambuf_to_ycbcr420(&camera->cambuf[buffer->index],vidbuf,
                camera->width,camera->height);
    }else {ASSERT(0);}

    camera->ref_count++;

    return (struct pxa_video_buf*)extbuf;
}

int camera_release_frame(int hcam,struct pxa_video_buf* vidbuf)
{
    struct  pxa_camera* camera;
    struct  ext_video_buf* extbuf;
    // set video stream parameter
    camera = (struct pxa_camera*)hcam;
    ASSERT(camera->status==CAM_STATUS_BUSY);
    ASSERT(camera->ref_count>0);

    extbuf = (struct ext_video_buf*)vidbuf;
```

CHAPTER 17

```
        if        (ioctl        (camera->handle,        VIDIOC_QBUF,
(void*)&extbuf->v4l2buf)<0) {
        DBGMSG("can't enqueue buffer\n");
        return -1;
        }

    memset(extbuf,0,sizeof(struct ext_video_buf));
    free(extbuf);                // Video Buffer 해제
    camera->ref_count--;

    return 0;
}
```

- overlay2.c

```
#define FORMAT_PLANAR_422       0x3
#define FORMAT_PLANAR_420       0x4
#define MIN(x, y)   ((x < y) ? x : y)

// Overlay-2 오브젝트 구조체
struct overlay2_object{
    int fd;
    enumpxavid_format format;
    struct      pxa_rect window;
    unsigned char*  map;
    int smem_len;
    struct  pxa_video_buf vidbuf;
};

// Overlay-2 오픈 함수
int  overlay2_open(char*  dev,  enum  pxavid_format  format,  struct
pxa_rect* rect, int w, int h, int w_off, int h_off)
{
    struct overlay2_object* devobj;
    struct fb_var_screeninfo var;
    struct fb_fix_screeninfo fix;
    int disformat;
    int result,mfb;
    struct pxa_rect window;

    ASSERT(format==pxavid_ycbcr422 || format==pxavid_ycbcr420);

    // Overlay-2 오브젝트 초기화
    devobj    =    (struct    overlay2_object*)malloc(sizeof(struct
overlay2_object));
    ASSERT(devobj);
    memset(devobj,0,sizeof(struct overlay2_object));

    if(dev==NULL)
        dev = "/dev/fb2";
    devobj->fd = open(dev, O_RDWR);    // 프레임 버퍼 Overlay-2 오픈
    if(devobj->fd<0)
        goto ERROR_RETURN;
    if(rect==NULL){
```

```
        // Open main framebuffer to know screen resolution
        mfb = open("/dev/fb", O_RDWR);           // 메인 프레임 버퍼 오픈
        result = ioctl(mfb, FBIOGET_VSCREENINFO, &var);
        ASSERT(result==0);
        printf("width=%d, height=%d\n",var.xres,var.yres);
        close(mfb);
        window.x=w_off; window.y=h_off;                 // X Res
        window.width=w; window.height=h;        // Y Res
    }
    else{
        memcpy(&window,rect,sizeof(window));
    }
    memset(&var,0,sizeof(var));
    var.xoffset = window.x;
    var.yoffset = window.y;
    var.xres = window.width;
    var.yres = window.height;
    switch(format){
    case pxavid_ycbcr422:
        var.bits_per_pixel = 16;        // 16bit
        break;
    case pxavid_ycbcr420:
        var.bits_per_pixel = 16;
        break;
    default:
        ASSERT(0);
    }
    // Convert external format to LCD format. This macro shall be
    // defined in LCD driver.
    switch(format){
    case pxavid_ycbcr422:
        disformat = FORMAT_PLANAR_422;
        break;
    case pxavid_ycbcr420:
        disformat = FORMAT_PLANAR_420;
        break;
    default:
        // Other format are not supported
        ASSERT(0);
    }
    var.nonstd = (disformat <<20) | (window.y<< 10) | window.x;
    // set "var" screeninfo
    result = ioctl(devobj->fd, FBIOPUT_VSCREENINFO, &var);
    ASSERT(result==0);

    // get updated screen information
    result = ioctl(devobj->fd, FBIOGET_FSCREENINFO, &fix);
    ASSERT(result==0);
    result = ioctl(devobj->fd, FBIOGET_VSCREENINFO, &var);
    ASSERT(result==0);

    devobj->map = (unsigned char*)mmap(0, fix.smem_len,
            PROT_READ | PROT_WRITE, MAP_SHARED, devobj->fd, 0);
    ASSERT(devobj->map != MAP_FAILED);

    // Save video buffer to overlay object
```

```
    ASSERT(var.xres%2==0);
    devobj->vidbuf.ycbcr.y = devobj->map+var.red.offset;
    devobj->vidbuf.ycbcr.ystep = var.xres;
    devobj->vidbuf.ycbcr.cb = devobj->map+var.green.offset;
    devobj->vidbuf.ycbcr.cbstep = var.xres/2;
    devobj->vidbuf.ycbcr.cr = devobj->map+var.blue.offset;
    devobj->vidbuf.ycbcr.crstep = var.xres/2;
    devobj->vidbuf.width = window.width;
    devobj->vidbuf.height = window.height;
    devobj->vidbuf.format = format;

    devobj->smem_len = fix.smem_len;
    memcpy(&devobj->window,&window,sizeof(window));
    devobj->format = format;

    return (int)devobj;

ERROR_RETURN:
    if(devobj->fd>=0)
        close(devobj->fd);
    free(devobj);
    return 0;
}
void overlay2_close(int handle)
{
    int result;
    struct overlay2_object* devobj;

    devobj = (struct overlay2_object*)handle;
    ASSERT(devobj && devobj->map && devobj->smem_len);

    result = munmap(devobj->map, devobj->smem_len);
    ASSERT(result==0);
    close(devobj->fd);
    memset(devobj,0,sizeof(struct overlay2_object));
    free(devobj);
    return;
}

// Map display buffer to application work space
int overlay2_getbuf(int handle, struct pxa_video_buf* vidbuf)
{
    struct overlay2_object* devobj;

    devobj = (struct overlay2_object*)handle;
    ASSERT(devobj && devobj->map && devobj->smem_len);
    ASSERT(vidbuf);
    memcpy(vidbuf,&devobj->vidbuf,sizeof(devobj->vidbuf));
    return 0;
}
```

06 PXA 카메라 실습 수행결과 및 컴파일

1) PXA Carmera 컴파일

① /320app/Application/PXA_Camera 디렉토리로 이동을 한다.

```
파일(F) 편집(E) 보기(V) 터미널(T) 도움말(H)
hybus@hybus-desktop:~$ cd /320app/Application/PXA_Camera/
```

[그림 17-2] 디렉토리로 이동

② sudo make clean 명령어를 이용해 이전에 컴파일되어 있는 것을 삭제한다.

```
파일(F) 편집(E) 보기(V) 터미널(T) 도움말(H)
hybus@hybus-desktop:/320app/Application/PXA_Camera$ sudo make clean
```

[그림 17-3] 이전에 컴파일되어 있는 것을 삭제

③ sudo make 명령어를 이용해서 컴파일한다.

```
파일(F) 편집(E) 보기(V) 터미널(T) 도움말(H)
hybus@hybus-desktop:/320app/Application/PXA_Camera$ sudo make
/usr/local/armlinux-4.1.1/bin/armlinux-gcc -mcpu=iwmmxt -mtune=iwmmxt -mabi=aa
pcs-linux -Iinclude/    -c -o driver/camera_lib.o driver/camera_lib.c
/usr/local/armlinux-4.1.1/bin/armlinux-gcc -mcpu=iwmmxt -mtune=iwmmxt -mabi=aa
pcs-linux -Iinclude/    -c -o driver/overlay2.o driver/overlay2.c
/usr/local/armlinux-4.1.1/bin/armlinux-gcc -mcpu=iwmmxt -mtune=iwmmxt -mabi=aa
pcs-linux -Iinclude/  -shared -Wl,-soname,libpxadev.so -o lib/libpxadev.so drive
r/camera_lib.o driver/overlay2.o
/usr/local/armlinux-4.1.1/bin/armlinux-gcc -mcpu=iwmmxt -mtune=iwmmxt -mabi=aa
pcs-linux -Iinclude/  -Llib/ -lpxadev  -o bin/camera demo/camera.c
hybus@hybus-desktop:/320app/Application/PXA_Camera$
```

[그림 17-4] sudo make 명령어를 이용해서 컴파일

2) Z-MODEM을 이용한 다운로드

① 터미널창을 열어 minicom을 실행 후 보드를 부팅한다.

② /test_app 디렉토리로 이동을 한다.

```
파일(F) 편집(E) 보기(V) 터미널(T) 도움말(H)
[root@WENDERS root]# cd test_app/
```

[그림 17-5] /test_app 디렉토리로 이동

③ Ctrl + A를 누르고 다시 S를 눌러 /320app/Application/PXA_Camera 디렉토리로 이동 후 파일을 다운로드한다.

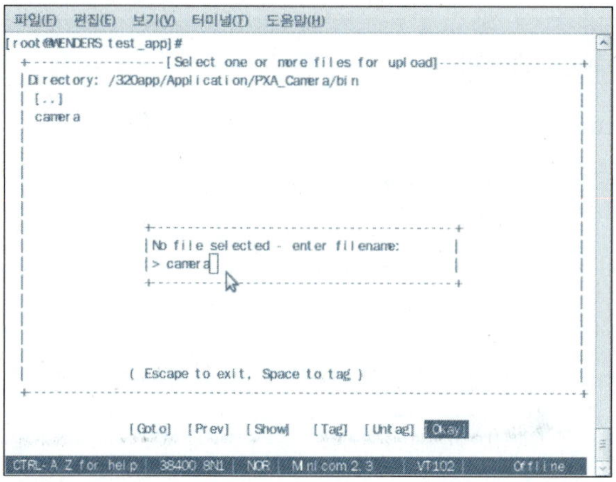

[그림 17-6] 디렉토리로 이동후 파일을 다운로드

3) 실행화면

① ./gtk_painter 명령어를 이용해서 실행해 보자.

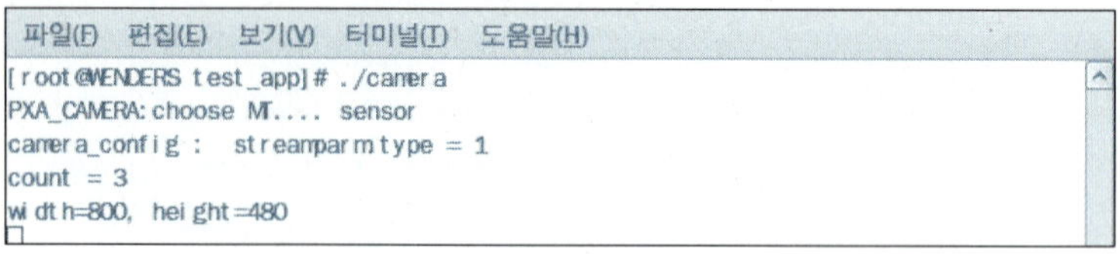

[그림 17-7] ./gtk_painter 명령어를 이용해서 실행

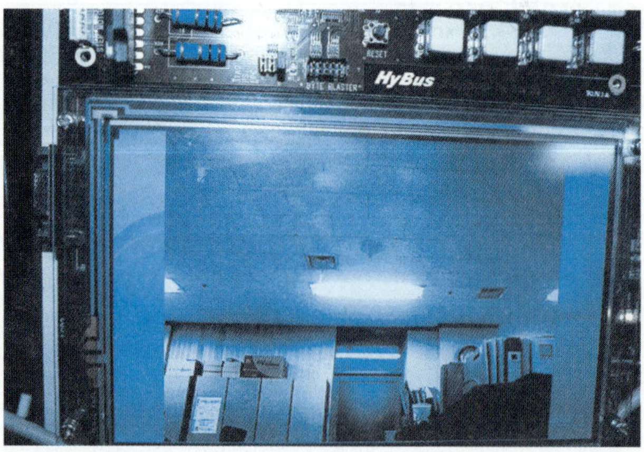

[그림 17-8] CMOS camera를 통해 감지되는 영상들이 TFT-LCD로 디스플레이

18 Chapter SDL 애니메이션 응용

01 개 요

이 장에서는 SDL를 ARM용으로 포팅하는 방법과 SDL 라이브러리를 이용한 애니메이션 프로그램을 작성해 보도록 하겠다.

02 관련기술

1) SDL 개요

SDL은 Simple Direct Media Layer의 약자로 다양한 플랫폼에서 그래픽, 사운드 그리고 입력장치와의 간단한 인터페이스로 표현되는 C로 작성된 오픈소스 기반의 멀티미디어 라이브러리이다. 주로 컴퓨터 게임이나 그밖에 멀티미디어 애플리케이션을 개발하는데 사용되며 리눅스, 윈도우즈, Mac OS X등 같은 운영체제에 기본적으로 포함되어 있다. SDL을 사용함으로써 개발자들은 비디오, 이벤트 처리, 디지털 오디오, CD-ROM, 사운드, 네트워킹 관리할 수 있고 오브젝트 이미지 로딩, 타이머, 스레드와 같은 기능을 API 형태로 제공받을 수 있다.

2) SDL 기능

(1) 비디오

- 원하는 모든 depth(8-bpp 이상)로 비디오 모드를 세팅한다. 하드웨어에 의해 지원되지 않는다면 추가적인 변환을 통해 가능하다.
- 선형 그래픽 프레임 버퍼에 쓰기 선형 그래픽 프레임 버퍼에 쓰기
- 컬러키 또는 알파 블렌딩 속성을 갖는 서페이스(surface) 생성, 컬러키 또는 알파 블렌

딩 속성을 갖는 서페이스(표면)를 생성한다.

- 서페이스 블릿(blits)은 최적화된 블리터(blitter)를 통해 자동적으로 변환되고 가능하다면 하드웨어 가속된다. X86에서는 MMX는 최적화된 블릿이 지원된다.
- 하드웨어 가속 블릿(blits)과 칠하기(fill) 기능은 하드웨어에 의해 지원되는 경우에 사용된다.

(2) 이벤트

- 이벤트는 다음을 위해 제공된다.
    - 애플리케이션의 모양이 변할 때 애플리케이션의 모양이 변할 때
    - 키보드 입력 키보드 입력
    - 마우스 입력 마우스 입력
- 사용자 요구에 의한 종료 사용자 요구에 의한 종료
- 각 이벤트는 SDL_EventState()에 의해 활성화되거나 비활성화될 수 있다.
- 이벤트들은 내부 이벤트 큐로 보내지기 전에 사용자 지정의 필터 함수를 거치게 된다.
- 스레드 - 안전한 이벤트 큐. 스레드 - 안전한 이벤트 큐.

(3) 오디오

- 8비트와 16비트, 모노 또는 스테레오의 오디오 재생설정, 하드웨어에 의해 지원되지 않는 포맷이라면 추가적인 변환을 통해 가능하다.
- 오디오는 별도의 스레드를 사용해 독립적으로 수행되며, 사용자 콜백 메커니즘에 의해 채워진다.
- 커스텀 오디오 믹서를 위해 설계되었지만 예제들을 통해 완전한 오디오/음악 출력 라이브러리를 제공한다.

(4) 타이머

- 밀리세컨드(millisecond) 단위의 경과된 시간을 얻는다.
- 지정된 밀리세컨드 단위의 시간 동안 기다린다.
- 10ms 단위의 단일 주기 타이머를 설정한다.

(5) 엔디안 비의존성(Endian independence)

(6) 스레드

(7) CD-ROM 오디오

3) SDL 플랫폼

(1) 리눅스

• 비디오 디스플레이를 위해서는 X11을 사용한다. XFree86 DGA 익스텐션을 사용하며 풀스크린 디스플레이를 위해서는 새로운 MTRR 가속을 사용한다.

• 사운드를 위해서는 OSS API를 사용한다.

• 스레드는 clone() 시스템 콜과 SysV IPC 또는 glibc-2.1 pthread를 사용해 구현된다.

(2) Win32

• 두 가지 버전이 있는데, 하나는 Win32 API에 기반해서 모든 시스템에 안정적으로 사용할 수 있는 것이고 또 하나는 DirectX API에 기반한 빠른 성능을 낼 수 있는 것이다.

• 안정 버전은 비디오 디스플레이를 위해 GDI를 사용한다. 고성능 버전은 비디오 디스플레이를 위해 DirectDraw를 사용하며, 가능하다면 하드웨어 가속의 도움을 받는다.

• 안정 버전은 사운드를 위해 waveOut API를 사용하고, 고성능 버전은 오디오 재생을 위해 DirectSound를 사용한다.

(3) BeOS

• 비디오 디스플레이를 위해서는 BDirectWindow가 사용된다.

• 사운드를 위해서는 BSoundPlayer가 사용된다.

(4) MacOS, MacOS X

• 비디오 디스플레이를 위해서는 Carbon과 DrawSprockets이 사용된다.

• 사운드를 위해서는 SoundManager API가 사용된다.

• MacOS X에서는 자체 비선점형 스레드가 지원된다.

(5) 비공식적 포팅들, 진행중인 포팅들

• Solaris, IRIX, FreeBSD, QNX, OSF/True64

4) SDL 포팅

여기서는 임베디드 시스템 기반의 X-Hyper320TKU 보드를 타깃으로 ARM용 라이브러리를 생성시키고 포팅하여 타깃보드상에서 SDL 기반으로 작성된 하나의 애니메이션 예제 프로그램을 테스트해보고자 한다. 사용된 SDL 버전은 가장 최근 버전은 1.2.13이고 확장 라이브러리인 SDL Image 버전은 1.2.6을 이용할 것이고 입력장치로 TSLIB를 사용하여 터치 기능을 사용할 수 있도록 할 것이다.

03 SDL 애니메이션 프로그램의 S/W 구현

1) SDL 애니메이션 프로그램의 코드 설명

(1) SDL_animation.cpp 주요 코드

```
//Screen attributes
const int SCREEN_WIDTH = 800; const int SCREEN_HEIGHT = 480;
const int SCREEN_BPP = 16;
//The dimenstions of the stick figure
const int FOO_WIDTH = 64; const int FOO_HEIGHT = 205;
//The direction status of the stick figure
const int FOO_RIGHT = 0; const int FOO_LEFT = 1;

SDL_Surface *foo = NULL;        // 전역변수

bool load_files()               // 이미지 파일 로딩 함수
{
    //Load the sprite sheet
    foo = load_image("foo.png");                // foo.png 파일을 로딩한다.
    //If there was a problem in loading the sprite
    if( foo == NULL ) {
        fprintf(stderr,    "Couldn't   load   image   file:   %s\n",
SDL_GetError());
        return false;
    }
   //If everything loaded fine
    return true;
}
SDL_Surface *load_image(std::string filename)          // 이미지 로딩 함수
{
    //The image that's loaded
    SDL_Surface* loadedImage = NULL;
    //The optimized surface that will be used
    SDL_Surface* optimizedImage = NULL;
    //Load the image
    loadedImage = IMG_Load(filename.c_str()); // PNG 이미지 파일을 로딩
    //If the image loaded
    if(loadedImage != NULL){
        //Create an optimized surface
        optimizedImage = SDL_DisplayFormat(loadedImage);
        //Free the old surface
        SDL_FreeSurface(loadedImage);
        //If the surface was optimized
        if(optimizedImage != NULL){
            //Color key surface
```

```
        SDL_SetColorKey(optimizedImage,            SDL_SRCCOLORKEY,
SDL_MapRGB( optimizedImage->format, 0, 0xFF, 0xFF));
        }
    }
    //Return the optimized surface
    return optimizedImage;
}
void Foo::handle_events()      // TSLIB 이벤트 처리 함수
{
    //If a touch was pressed
    if(event.type == SDL_MOUSEBUTTONDOWN) {    // 터치 펜 다운
        if(offSet < event.button.x) {
            velocity += FOO_WIDTH / 4;
            pointer_status = 1;
        }
        else {
            velocity -= FOO_WIDTH / 4;
            pointer_status = 2;
        }
    }
    else if(event.type == SDL_MOUSEBUTTONUP) {         // 터치 펜 업
        if (pointer_status == 1)
            velocity -= FOO_WIDTH / 4;
        else if (pointer_status == 2)
            velocity += FOO_WIDTH / 4;
    }
}
bool init()     // SDL 서브시스템 초기화 함수
{   //Initialize all SDL subsystems
    if (SDL_Init(SDL_INIT_VIDEO) < 0) {                // SDL 초기화
        fprintf(stderr,    "Couldn't    initialize    SDL:    %s\n",
SDL_GetError());
        return false;
    }
    //Set the window caption
    SDL_WM_SetCaption("Animation Test", "SDL_animation"); // 캡션 설정
    //Set up the screen
    screen    =    SDL_SetVideoMode(SCREEN_WIDTH,    SCREEN_HEIGHT,
SCREEN_BPP, SDL_SWSURFACE);    // 비디오 모드 설정
    //If there was an error in setting up the screen
    if( screen == NULL ) {
        fprintf(stderr,  "Couldn't  set  %dx%dx%d  video  mode:  %s\n",
SCREEN_WIDTH, SCREEN_HEIGHT, SCREEN_BPP, SDL_GetError());
        return false;
    }
    //If everything initialized fine
    return true;
}
int main(int argc, char* args[])                    // 메인 함수
{
    //Quit flag
    bool quit = false;
    //Initialize
    if(init() == false)
        return 1;
    //Load the files
    if(load_files() == false)
        return 1;
```

```
    //Clip the sprite sheet
    set_clips();
    //The frame rate regulator
    Timer fps;
    //The stick figure
    Foo walk;
    //While the user hasn't quit
    while(quit == false) {
        //Start the frame timer
        fps.start();
        //While there's events to handle
        while(SDL_PollEvent(&event)) {              // 이벤트 발생을 감시
            //Handle events for the stick figure
            walk.handle_events();
            //If the user has Xed out the window
            if(event.type == SDL_QUIT) {
                //Quit the program
                quit = true;
            }
        }
        //Move the stick figure
        walk.move();
        //Fill the screen white
        SDL_FillRect(screen,                                   &screen->clip_rect,
SDL_MapRGB(screen->format, 0xff, 0xff, 0xFF));
        //Show the stick figure on the screen
        walk.show();
        //Update the screen
        if(SDL_Flip(screen) == -1)
            return 1;
        //Cap the frame rate
        if(fps.get_ticks() < 1000 / FRAMES_PER_SECOND)
            SDL_Delay((1000 / FRAMES_PER_SECOND) - fps.get_ticks());
    }
    //Clean up
    clean_up();
    return (255);
}
```

04 ARM용 SDL 구축

1) SDL-1.2.13 컴파일

① /320app/Application/SDL_Example/SDL-1.2.13/ 디렉토리로 이동을 한다.

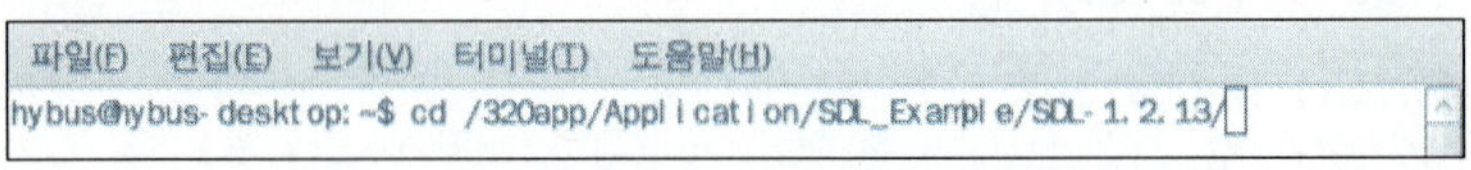

[그림 18-1] SDL-1.2.13/디렉토리로 이동

② vi 에디터를 이용해서 config-arm 파일을 수정한다.

```
파일(F) 편집(E) 보기(V) 터미널(T) 도움말(H)
hybus@hybus-desktop:/320app/Application/SDL_Example/SDL-1.2.13$ sudo vi config-a
rm
```

[그림 18-2] config-arm 파일을 수정

```
#!/bin/sh
export PKG_CONFIG_PATH=/usr/local/arm-linux-4.1.1/arm-iwmmxt-linux-gnueabi
/lib/pkgconfig
export PKG_CONFIG=/usr/local/arm-linux-4.1.1/arm-iwmmxt-linux-gnueabi/bin/
pkg-config
export CC=/usr/local/arm-linux-4.1.1/bin/arm-linux-gcc
export STRIP=/usr/local/arm-linux-4.1.1/bin/arm-linux-strip
export RANLIB=/usr/local/arm-linux-4.1.1/bin/arm-linux-ranlib
export CXX=/usr/local/arm-linux-4.1.1/bin/arm-linux-g++
export AR=/usr/local/arm-linux-4.1.1/bin/arm-linux-ar

./configure --build=i686-pc-linux-gnu \

--prefix=/usr/local/arm-linux-4.1.1/arm-iwmmxt-linux-gnueabi \
          --host=arm-linux \
          --disable-debug --enable-events --disable-joystick \
          --disable-cdrom --disable-diskaudio --disable-mintaudio \
          --disable-esd --disable-nsam --disable-dga \
          --disable-video-x11-dgamouse --disable-video-x11-xv \
          --enable-video-x11-xinerama --disable-video-x11-xme \
          --disable-video-dga --disable-video-photon \
          --disable-video-ps2gs --disable-video-xbios \
          --disable-video-gem --disable-video-opengl \
          --enable-input-event --enable-input-tslib \
          --disable-stdio-redirect                 --disable-directx
--disable-directfb \
          --disable-atari-ldg --disable-video-x11-dpms \
          --disable-video-cocoa                 --disable-video-svga
--disable-video-vgl \
          --disable-video-wscons                 --disable-video-dummy
--disable-ipod \
          --disable-dummyaudio --disable-altivec --disable-esdtest \
          --disable-esd-shared --disable-pulseaudio \
          --disable-pulseaudio-shared --with-x \

--x-includes=/usr/local/arm-linux-4.1.1/arm-iwmmxt-linux-gnueabi/
include \

--x-libraries=/usr/local/arm-linux-4.1.1/arm-iwmmxt-linux-gnueabi/l
ib
```

③ vi 에디터를 사용해서 include/SDL_stdinc.h 133번째 줄을 주석처리한다.

```
파일(F) 편집(E) 보기(V) 터미널(T) 도움말(H)
hybus@hybus-desktop:/320app/Application/SDL_Example/SDL-1.2.13$ sudo vi include/
SDL_stdinc.h
```

[그림 18-3] vi 에디터를 사용(include/SDL_stdinc.h 파일)

```
파일(F) 편집(E) 보기(V) 터미널(T) 도움말(H)
126 #endif
127
128 typedef enum {
129         DUMMY_ENUM_VALUE
130 } SDL_DUMMY_ENUM
131 
132 #ifndef __NDS__
133 //SDL_COMPILE_TIME_ASSERT(enum, sizeof(SDL_DUMMY_ENUM) == sizeof(int));
134 #endif
135
136
137 #include "begin_code.h"
138 /* Set up for C function definitions, even when using C++ */
139 #ifdef __cplusplus
140 extern "C" {
141 #endif
142
143 #ifdef HAVE_MALLOC
144 #define SDL_malloc      malloc
145 #else
146 extern DECLSPEC void * SDLCALL SDL_malloc(size_t size);
147 #endif
148
                                                        131,0-1       21%
```

[그림 18-4] include/SDL_stdinc.h 133번째 줄을 주석처리

④ 다음 절차대로 컴파일 및 설치를 진행한다.

```
파일(F) 편집(E) 보기(V) 터미널(T) 도움말(H)
hybus@hybus-desktop:/320app/Application/SDL_Example/SDL-1.2.13$ sudo chmod 755 c
onfig-arm
```

[그림 18-5] # chmod 755 config-arm

```
파일(F) 편집(E) 보기(V) 터미널(T) 도움말(H)
hybus@hybus-desktop:/320app/Application/SDL_Example/SDL-1.2.13$ sudo ./config-ar
m
```

[그림 18-6] # ./config-arm

```
파일(F) 편집(E) 보기(V) 터미널(T) 도움말(H)
hybus@hybus-desktop:/320app/Application/SDL_Example/SDL-1.2.13$ sudo make
```

[그림 18-7] make;

```
파일(F) 편집(E) 보기(V) 터미널(T) 도움말(H)
hybus@hybus-desktop:/320app/Application/SDL_Example/SDL-1.2.13$ sudo make instal
l
```

[그림 18-8] make install

⑤ vi 에디터를 이용해서 config-fs 내용을 수정한다.

```
파일(F) 편집(E) 보기(V) 터미널(T) 도움말(H)
hybus@hybus-desktop:/320app/Application/SDL_Example/SDL-1.2.13$ sudo vi config-fs
```

[그림 18-9] vi config-fs

```
파일(F) 편집(E) 보기(V) 터미널(T) 도움말(H)
#!/bin/sh
export PKG_CONFIG_PATH=/usr/local/arm-linux-4.1.1/arm-iwmmxt-linux-gnueabi/lib/pkgconfig
export PKG_CONFIG=/usr/local/arm-linux-4.1.1/arm-iwmmxt-linux-gnueabi/bin/pkg-config
export CC=/usr/local/arm-linux-4.1.1/bin/arm-linux-gcc
export STRIP=/usr/local/arm-linux-4.1.1/bin/arm-linux-strip
export RANLIB=/usr/local/arm-linux-4.1.1/bin/arm-linux-ranlib
export CXX=/usr/local/arm-linux-4.1.1/bin/arm-linux-g++
export AR=/usr/local/arm-linux-4.1.1/bin/arm-linux-ar

./configure --build=i686-pc-linux-gnu \
            --prefix=/usr \
            --host=arm-linux \
            --disable-debug \
            --enable-events \
            --disable-joystick \
            --disable-cdrom \
            --disable-diskaudio \
            --disable-mintaudio \
            --disable-esd \
            --disable-nsam \
            --disable-dga \
-- 끼워넣기 --                                  11,24-30    꼭대기
```

[그림 18-10] --prefix=/usr 변경

⑥ 그리고 계속해서 컴파일 및 설치를 한다.

```
파일(F) 편집(E) 보기(V) 터미널(T) 도움말(H)
hybus@hybus-desktop:/320app/Application/SDL_Example/SDL-1.2.13$ sudo chmod 755 config-fs
```

[그림 18-11] # chmod 755 config-fs

```
파일(F) 편집(E) 보기(V) 터미널(T) 도움말(H)
hybus@hybus-desktop:/320app/Application/SDL_Example/SDL-1.2.13$ sudo make distclean
```

[그림 18-12] # make distclean

```
파일(F) 편집(E) 보기(V) 터미널(T) 도움말(H)
hybus@hybus-desktop:/320app/Application/SDL_Example/SDL-1.2.13$ sudo ./config-fs
```

[그림 18-13] # ./config-fs

```
파일(F) 편집(E) 보기(V) 터미널(T) 도움말(H)
hybus@hybus-desktop:/320app/Application/SDL_Example/SDL-1.2.13$ sudo make
```

[그림 18-14] make

CHAPTER 18

⑦ make install을 진행할 시 설치 디렉토리를 반드시 지정해야 한다. 그렇지 않으면 X86상의 /usr 밑에 설치되어 기존의 설치된 X86용 SDL 라이브러리와 겹치게 되는 문제가 발생한다.

```
파일(F) 편집(E) 보기(V) 터미널(T) 도움말(H)
hybus@hybus-desktop:/320app/Application/SDL_Example/SDL-1.2.13$ sudo make install DESTDIR=$PWD/_install-fs
```

[그림 18-15] # make install DESTDIR=$PWD/__install-fs

⑧ 설치가 완료되었으면 _install-fs/usr 디렉토리로 이동을 한다.

```
파일(F) 편집(E) 보기(V) 터미널(T) 도움말(H)
hybus@hybus-desktop:/320app/Application/SDL_Example/SDL-1.2.13$ cd _install-fs/usr/
```

[그림 18-16] # cd __install-fs/usr

⑨ 확인 후 lib 디렉토리를 제외한 나머지 디렉토리를 삭제한다.

```
파일(F) 편집(E) 보기(V) 터미널(T) 도움말(H)
hybus@hybus-desktop:/320app/Application/SDL_Example/SDL-1.2.13/_install-fs/usr$ sudo rm -rf include bin share
```

[그림 18-17] # rm -rf include bin share

⑩ 그리고 lib 디렉토리로 이동 후 pkgconfig 디렉토리도 삭제를 한다.

```
파일(F) 편집(E) 보기(V) 터미널(T) 도움말(H)
hybus@hybus-desktop:/320app/Application/SDL_Example/SDL-1.2.13/_install-fs/usr/lib$ sudo rm -rf pkgconfig
```

[그림 18-18] # rm -rf pkgconfig

⑪ 그리고 다시 하위 디렉토리로 이동 후 usr 디렉토리를 압축한다.

```
파일(F) 편집(E) 보기(V) 터미널(T) 도움말(H)
hybus@hybus-desktop:/320app/Application/SDL_Example/SDL-1.2.13/_install-fs$ sudo tar zcvf sdl.tgz usr/
usr/
usr/lib/
usr/lib/libSDL-1.2.so.0
usr/lib/libSDL.a
usr/lib/libSDLmain.a
usr/lib/libSDL-1.2.so.0.11.2
usr/lib/libSDL.la
usr/lib/libSDL.so
hybus@hybus-desktop:/320app/Application/SDL_Example/SDL-1.2.13/_install-fs$
```

[그림 18-19] # tar cvfz sdl.tgz usr/

⑫ 압축 파일을 보드에다가 다운로드시켜 보겠다. minicom를 실행시킨 후 최상위 디렉토리로 이동 /320app/Application/SDL_Example/SDL-1.2.13/_install-fs 디렉토리에 있는 sdl.tgz 파일을 보드로 다운로드한다.

```
파일(F) 편집(E) 보기(V) 터미널(T) 도움말(H)
[root@WENDERS root]# cd /
```

[그림 18-20] cd /로 이동

```
파일(F) 편집(E) 보기(V) 터미널(T) 도움말(H)
[root@WENDERS /]#

+----------[zmodem upload - Press CTRL-C to quit]-----------+
|Sending: sdl.tgz                                            |
|Bytes Sent:   5120/1402309   BPS:4543     ETA 05:07         |
|                                                            |
+------------------------------------------------------------+

CTRL-A Z for help | 38400 8N1 | NOR | Minicom 2.3 | VT102 | Offline
```

[그림 18-21] sdl.tgz 파일을 다운로드

⑬ 다운로드가 끝났으면 압축을 푼다.

```
파일(F) 편집(E) 보기(V) 터미널(T) 도움말(H)
[root@WENDERS /]# tar zxvf sdl.tgz
```

[그림 18-22] # tar xzf sdl.tgz

이것으로 라이브러리 설치가 완료되었다. 이어서 SDL 확장 라이브러리를 설치하도록 하겠다. 확장라이브러리의 설치방법은 라이브러리 설치방법과 동일하다.

⑭ /320app/Application/SDL_Example/SDL_image-1.2.6/ 디렉토리로 이동한다.

```
파일(F) 편집(E) 보기(V) 터미널(T) 도움말(H)
hybus@hybus-desktop:~$ cd /320app/Application/SDL_Example/SDL_image-1.2.6/
```

[그림 18-23] SDL image-1.2.6/ 디렉토리로 이동

⑮ vi편집기를 이용해서 config-arm 내용을 아래와 같이 수정한다.

[그림 18-24] # vi config-arm

```
#!/bin/sh
export
PKG_CONFIG_PATH=/usr/local/arm-linux-4.1.1/arm-iwmmxt-linux-gnueabi
/lib/pkgconfig
export
PKG_CONFIG=/usr/local/arm-linux-4.1.1/arm-iwmmxt-linux-gnueabi/bin/
pkg-config
export CC=/usr/local/arm-linux-4.1.1/bin/arm-linux-gcc
export STRIP=/usr/local/arm-linux-4.1.1/bin/arm-linux-strip
export RANLIB=/usr/local/arm-linux-4.1.1/bin/arm-linux-ranlib
export CXX=/usr/local/arm-linux-4.1.1/bin/arm-linux-g++
export AR=/usr/local/arm-linux-4.1.1/bin/arm-linux-ar

./configure \
       --build=i686-pc-linux-gnu \
       --host=arm-linux \

--prefix=/usr/local/arm-linux-4.1.1/arm-iwmmxt-linux-gnueabi \
       --disable-sdltest
```

⑯ 다음 절차대로 컴파일 및 설치를 진행한다.

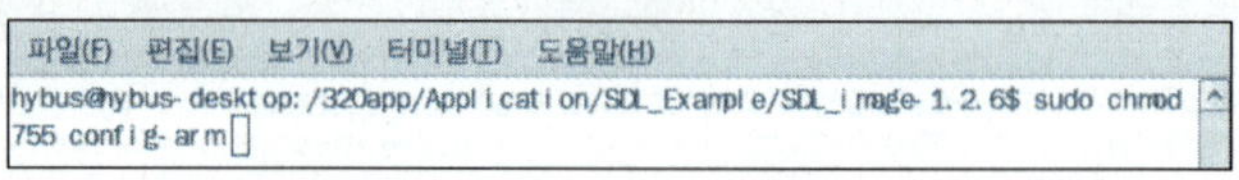

[그림 18-25] # chmod 755 config-arm

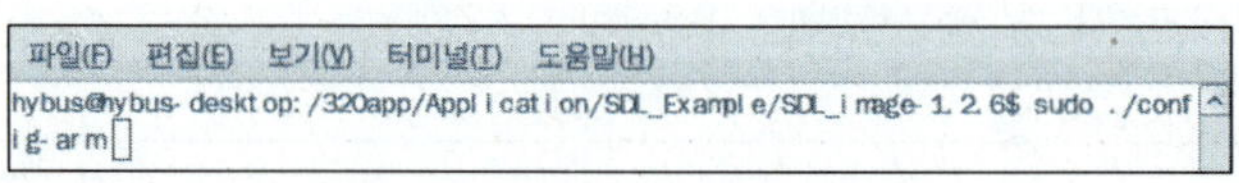

[그림 18-26] # ./config-arm

[그림 18-27] make

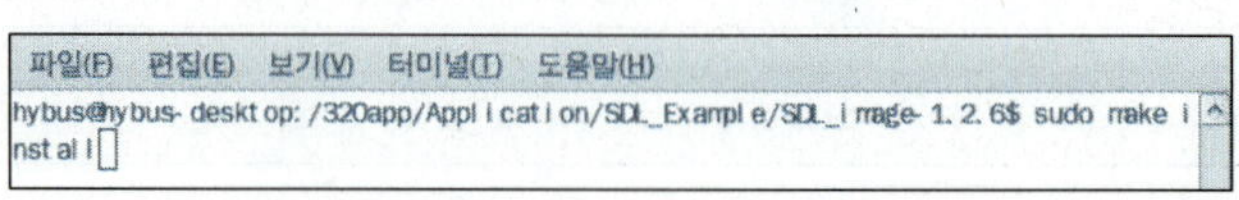

[그림 18-28] # make install

⑰ 이름을 바꿔서 복사를 한 다음 vi 에디터를 이용해서 config-fs를 아래와 같이 수정한다.

```
파일(F) 편집(E) 보기(V) 터미널(T) 도움말(H)
hybus@hybus-desktop:/320app/Application/SDL_Example/SDL_image-1.2.6$ sudo cp con
fig-arm config-fs
```

[그림 18-29] # cp config-arm config-fs

```
파일(F) 편집(E) 보기(V) 터미널(T) 도움말(H)
hybus@hybus-desktop:/320app/Application/SDL_Example/SDL_image-1.2.6$ sudo vi con
fig-fs
```

[그림 18-30] # vi config-fs

```
#!/bin/sh
export
PKG_CONFIG_PATH=/usr/local/arm-linux-4.1.1/arm-iwmmxt-linux-gnueabi
/lib/pkgconfig
export
PKG_CONFIG=/usr/local/arm-linux-4.1.1/arm-iwmmxt-linux-gnueabi/bin/
pkg-config
export CC=/usr/local/arm-linux-4.1.1/bin/arm-linux-gcc
export STRIP=/usr/local/arm-linux-4.1.1/bin/arm-linux-strip
export RANLIB=/usr/local/arm-linux-4.1.1/bin/arm-linux-ranlib
export CXX=/usr/local/arm-linux-4.1.1/bin/arm-linux-g++
export AR=/usr/local/arm-linux-4.1.1/bin/arm-linux-ar
export
SDL_CONFIG=/usr/local/arm-linux-4.1.1/arm-iwmmxt-linux-gnueabi/bin/
sdl
-config
./configure \
        --build=i686-pc-linux-gnu \
        --host=arm-linux \
        --prefix=/usr \
        --disable-sdltest
```

⑱ 아래와 같이 컴파일 및 설치를 진행한다.

```
파일(F) 편집(E) 보기(V) 터미널(T) 도움말(H)
hybus@hybus-desktop:/320app/Application/SDL_Example/SDL_image-1.2.6$ sudo chmod
755 config-fs
```

[그림 18-31] # chmod 755 config-fs

```
파일(F) 편집(E) 보기(V) 터미널(T) 도움말(H)
hybus@hybus-desktop:/320app/Application/SDL_Example/SDL_image-1.2.6$ sudo make d
istclean
```

[그림 18-32] # make distclean

```
파일(F) 편집(E) 보기(V) 터미널(T) 도움말(H)
hybus@hybus-desktop:/320app/Application/SDL_Example/SDL_image-1.2.6$ sudo ./conf
ig-fs
```

[그림 18-33] # ./config-fs

```
파일(F) 편집(E) 보기(V) 터미널(T) 도움말(H)
hybus@hybus-desktop:/320app/Application/SDL_Example/SDL_image-1.2.6$ sudo make
```

[그림 18-34] make

⑲ make install을 진행할 시 설치 디렉토리를 반드시 지정해야 한다. 그렇지 않으면 X86상의 /usr 밑에 설치되어 기존의 설치된 X86용 SDL 라이브러리와 겹치게 되는 문제가 발생한다.

```
파일(F) 편집(E) 보기(V) 터미널(T) 도움말(H)
hybus@hybus-desktop:/320app/Application/SDL_Example/SDL_image-1.2.6$ sudo make i
nstall DESTDIR=$PWD/_install-fs
```

[그림 18-35] # make install DESTDIR=$PWD/__install-fs

⑳ 설치가 끝나면 _install-fs/usr/ 디렉토리로 이동을 한다.

```
파일(F) 편집(E) 보기(V) 터미널(T) 도움말(H)
hybus@hybus-desktop:/320app/Application/SDL_Example/SDL_image-1.2.6$ cd _install
-fs/usr/
```

[그림 18-36] # cd __install-fs/usr

㉑ lib 디렉토리를 제외한 나머지는 모두 삭제한다.

```
파일(F) 편집(E) 보기(V) 터미널(T) 도움말(H)
hybus@hybus-desktop:/320app/Application/SDL_Example/SDL_image-1.2.6/_install-fs/
usr$ sudo rm -rf include
```

[그림 18-37] # rm -rf include

㉒ 지우고 난 뒤 하위 디렉토리로 이동한 후 usr 디렉토리를 압축한다.

```
파일(F) 편집(E) 보기(V) 터미널(T) 도움말(H)
hybus@hybus-desktop:/320app/Application/SDL_Example/SDL_image-1.2.6/_install-fs/
usr$ cd ..
```

[그림 18-38]]# cd ..

```
파일(F) 편집(E) 보기(V) 터미널(T) 도움말(H)
hybus@hybus-desktop:/320app/Application/SDL_Example/SDL_image-1.2.6/_install-fs$
 sudo tar zcvf sdl_image.tgz usr/
```

[그림 18-39] # tar cvfz sdl_imgae.tgz usr/

㉓ 압축 파일을 보드에다가 다운로드시켜 보겠다. minicom를 실행시킨 후 최상위 디렉토리로 이동 /320app/Application/SDL_Example/SDL-image-1.2.6/_install-fs 디렉토리에 있는 sdl_image..tgz 파일을 보드로 다운로드한다.

```
파일(F) 편집(E) 보기(V) 터미널(T) 도움말(H)
[root@WENDERS root]# cd /
```

[그림 18-40] cd /

```
파일(F) 편집(E) 보기(V) 터미널(T) 도움말(H)
[root@WENDERS /]#

    +-----------[zmodem upload - Press CTRL-C to quit]------------+
    |Sending: sdl_image.tgz                                        |
    |Bytes Sent:  14336/ 159565   BPS:4652    ETA 00:31            |
    |                                                              |
    +--------------------------------------------------------------+

CTRL-A Z for help | 38400 8N1 | NOR | Minicom 2.3 | VT102 | Offline
```

[그림 18-41] 최상위 디렉토리에 sdl_image.tgz 파일을 다운로드

㉔ 다운로드가 끝나게 되면 압축을 푼다.

```
파일(F) 편집(E) 보기(V) 터미널(T) 도움말(H)
[root@WENDERS /]# tar zxvf sdl_image.tgz
usr
usr/lib
usr/lib/libSDL_image-1.2.so.0.1.5
usr/lib/libSDL_image.la
usr/lib/libSDL_image-1.2.so.0
usr/lib/libSDL_image.so
usr/lib/libSDL_image.a
[root@WENDERS /]#
```

[그림 18-42] # tar xzf sdl_image.tgz

이것으로 ARM용 SDL 라이브러리 포팅을 완료하였다.

CHAPTER 18

05 SDL 애니메이션 기능

PNG 이미지 파일을 로드하여 디스플레이를 한다.

TSLIB를 이용하여 터치를 사용할 수 있다.

여러 개의 이미지로 애니메이션 효과를 나타낼 수 있다.

06 SDL 애니메이션 프로그램의 구조

SDL 애니메이션 프로그램의 구조는 다음과 같다.

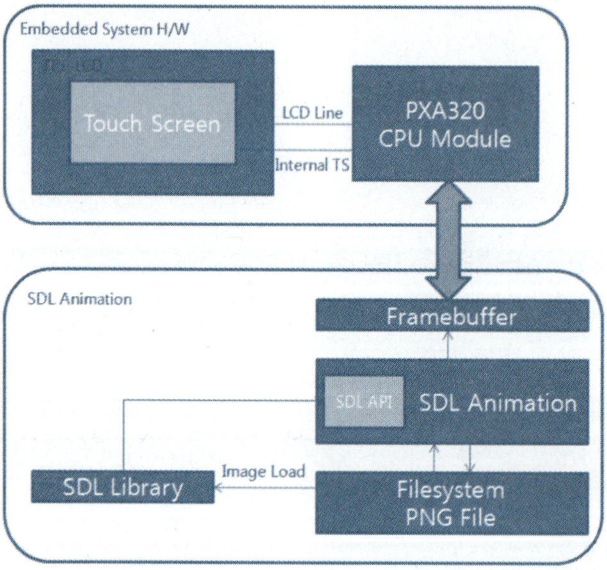

[그림 18-43] SDL 애니메이션 프로그램의 구조

SDL 확장 API인 Image Loader를 사용하여 파일시스템에 저장되어 있는 특정 PNG 이미지 파일을 가져오고 SDL 애니메이션 프로그램에서 SDL API를 이용하여 애니메이션 효과를 나타내게 된다. 애니메이션 효과는 TFT-LCD를 통해 디스플레이되고 이 때 TSLIB 터치를 이용하여 캐릭터의 방향을 정하여 움직이게 할 수 있다. [그림 18-44]는 터치에 따라 좌측 또는 우측으로 움직이는 효과를 나타내기 위한 'foo.png' 파일이다.

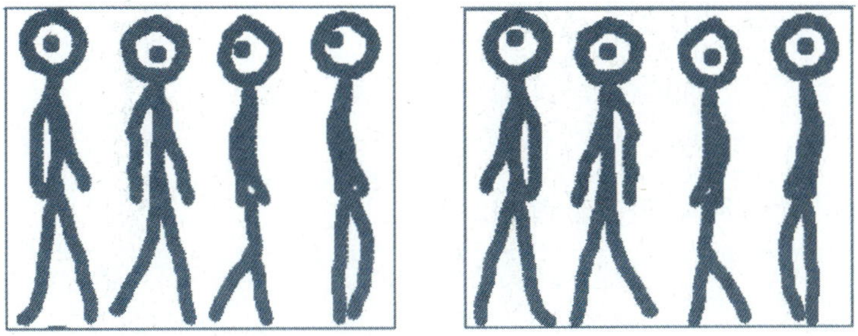

[그림 18-44] 움직이는 효과를 나타내기 위한 'foo.png' 파일

07 SDL 애니메이션 수행결과 및 컴파일

1) SDL 애니메이션 컴파일

① /320app/Application/SDL_Example/SDL_Animation 디렉토리로 이동을 한다.

```
파일(F) 편집(E) 보기(V) 터미널(T) 도움말(H)
hybus@hybus-desktop:~$ cd /320app/Application/SDL_Example/SDL_Animation
```

[그림 18-45] SDL_Animation 디렉토리로 이동

② sudo make clean 명령어를 이용해 이전에 컴파일되어 있는 것을 삭제한다.

```
파일(F) 편집(E) 보기(V) 터미널(T) 도움말(H)
hybus@hybus-desktop:/320app/Application/SDL_Example/SDL_Animation$ sudo make clean
rm -rf SDL_animation SDL_animation SDL_animation.o test.o
hybus@hybus-desktop:/320app/Application/SDL_Example/SDL_Animation$
```

[그림 18-46] 이전에 컴파일되어 있는 것을 삭제

③ sudo make 명령어를 이용해서 컴파일한다.

```
파일(F) 편집(E) 보기(V) 터미널(T) 도움말(H)
hybus@hybus-desktop:/320app/Application/SDL_Example/SDL_Animation$ sudo make
/usr/local/arm-linux-4.1.1/bin/arm-linux-g++ -o SDL_animation SDL_animation.cpp -g -O2 `/usr/local/arm-linux-4.1.1/arm-iwmmxt-linux-gnueabi/bin/sdl-config --cflags` `/usr/local/arm-linux-4.1.1/arm-iwmmxt-linux-gnueabi/bin/sdl-config --libs` -lSDL_image -L/usr/local/arm-linux-4.1.1/arm-iwmmxt-linux-gnueabi/lib -lpng -lpthread
hybus@hybus-desktop:/320app/Application/SDL_Example/SDL_Animation$
```

[그림 18-47] sudo make 명령어를 이용해서 컴파일

2) Z-MODEM을 이용한 다운로드

① 터미널창을 열어 minicom을 실행 후 보드를 부팅한다.

② /test_app 디렉토리로 이동을 한다.

```
파일(F) 편집(E) 보기(V) 터미널(T) 도움말(H)
[root@WENDERS root]# cd test_app/
```

[그림 18-48] /test_app 디렉토리로 이동

③ Ctrl+A를 누르고 다시 S를 눌러 /320app/Application/SDL_Example/SDL_ Animation 디렉토리로 이동 후 파일을 다운로드한다. (SDL_animation, foo.png)

```
+----------[zmodem upload - Press CTRL-C to quit]-----------+
|Sending: SDL_animation                                     |
|Bytes Sent:   1024/  50054   BPS:12153    ETA 00:04        |
|                                                           |
|                                                           |
|                                                           |
|                                                           |
+-----------------------------------------------------------+
```

[그림 18-49] SDL_ Animation 디렉토리로 이동 후

```
+----------[zmodem upload - Press CTRL-C to quit]-----------+
|Sending: foo.png                                           |
|Bytes Sent:   1024/   7111   BPS:13005    ETA 00:00        |
|                                                           |
|                                                           |
|                                                           |
|                                                           |
+-----------------------------------------------------------+
```

[그림 18-50] 파일을 다운로드

3) 실행화면

① ./SDL_animation 명령어를 이용해서 실행해 보자.

```
파일(F) 편집(E) 보기(V) 터미널(T) 도움말(H)
[root@WENDERS test_app]# ./SDL_animation
```

[그림 18-51] /SDL_animation 명령어를 이용해서 실행

② 터치를 이용하여 캐릭터의 오른쪽으로 입력하면 캐릭터가 오른쪽으로 이동하게 되고 왼쪽으로 입력하면 반대방향으로 움직이게 된다.

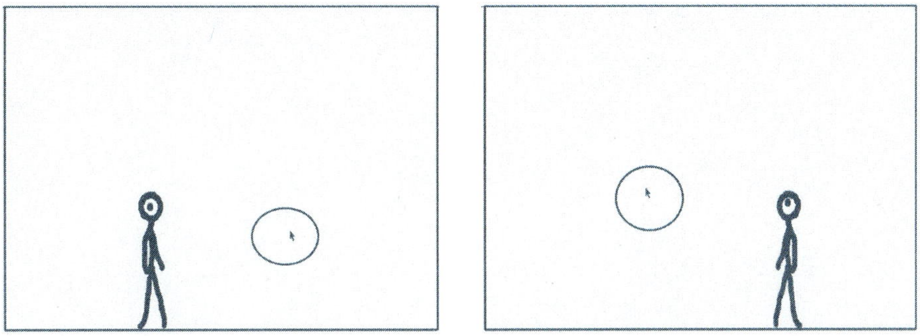

캐릭터 오른쪽 터치　　　　캐릭터 왼쪽 터치

[그림 18-52] 터치를 이용하여 캐릭터 이동

부록

01 fedora9 다운받기

① 인터넷 주소창에 http://www.fedoraproject.org/을 입력한다.

[그림 1] http://www.fedoraproject.org/ 입력

② 왼쪽 메뉴에서 fedora 받기를 클릭한다.

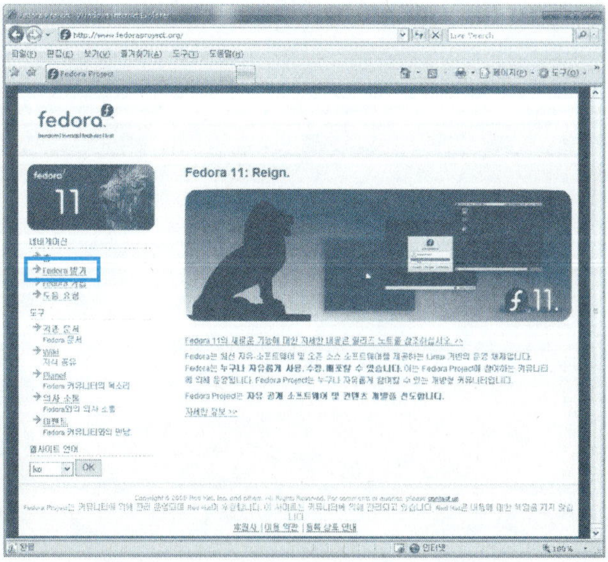

[그림 2] 왼쪽 메뉴에서 fedora 받기를 클릭

③ 스크롤을 밑으로 내려 모든 미러 서버 보기를 클릭한다.

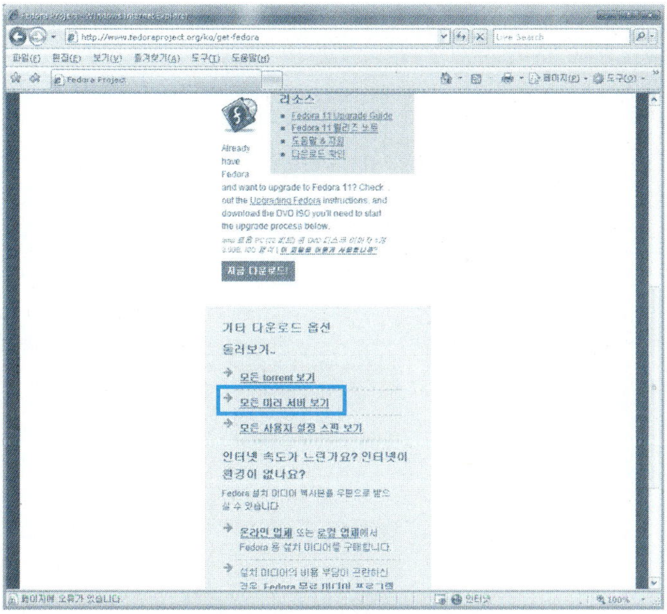

[그림 3] 모든 미러 서버 보기를 클릭

④ 그러면 fedora 버전별로 다운받을 수가 있다. 우리는 fedora9를 다운받아야 하므로 version 9에 i386을 클릭한다. 그런 다음 스크롤을 내려 IE HEAnet를 찾아서 conetent에서 ftp를 클릭한다.

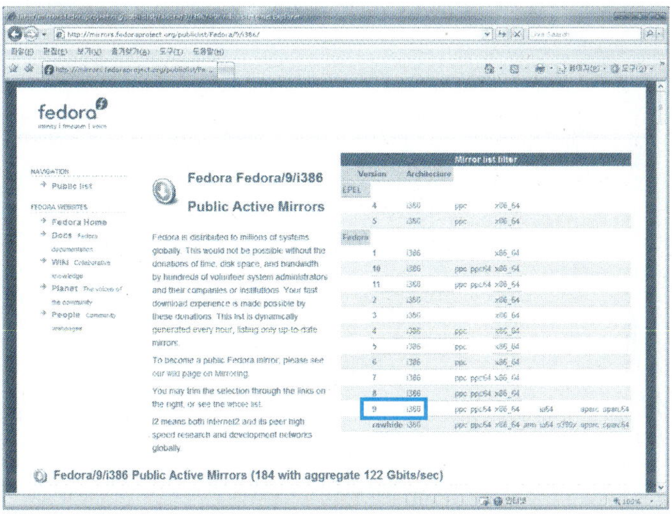

[그림 4] version 9에 i386을 클릭

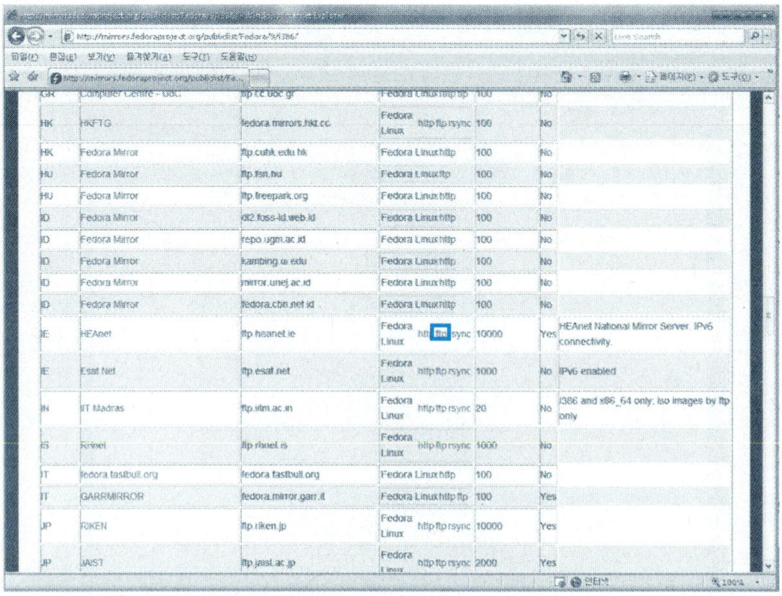

[그림 5] conetent에서 ftp를 클릭

5 화면에서 releases 클릭→9클릭→Fedora 클릭→i386클릭→iso클릭→Fedora-9-i386-DVD.iso 클릭을 하게 되면 [그림 6]이 나온다. 저장을 클릭하고 다시 저장을 클릭을 하게 되면 다운받을 수 있다.

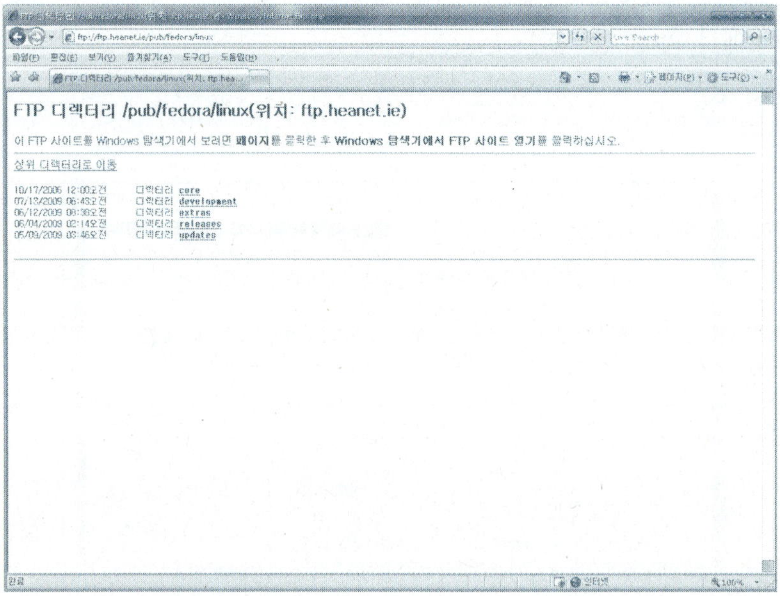

[그림 6] Fedora-9-i386- DVD.iso 클릭

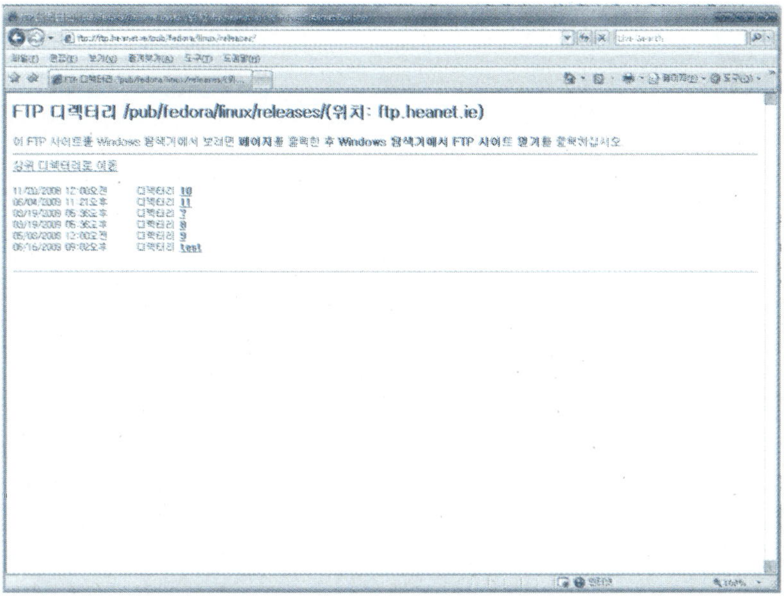

[그림 7] 저장을 클릭

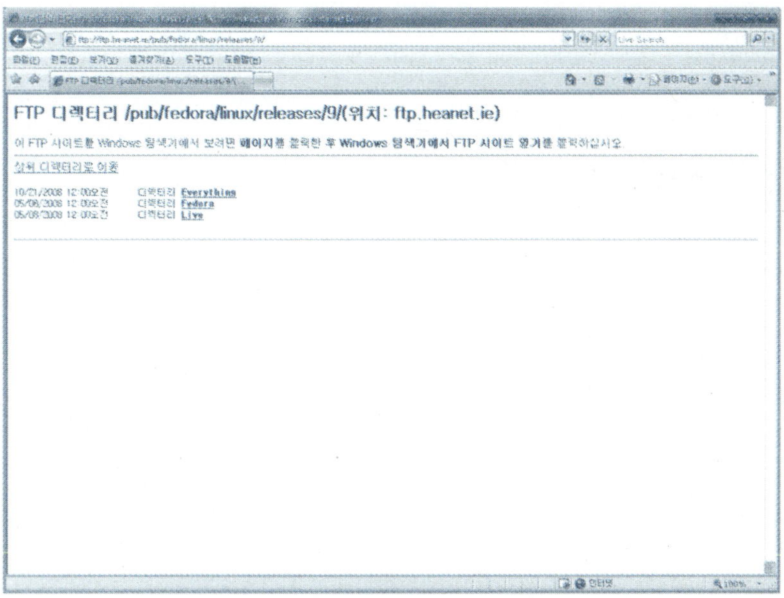

[그림 8] 다시 저장을 클릭을 하게 되면 다운

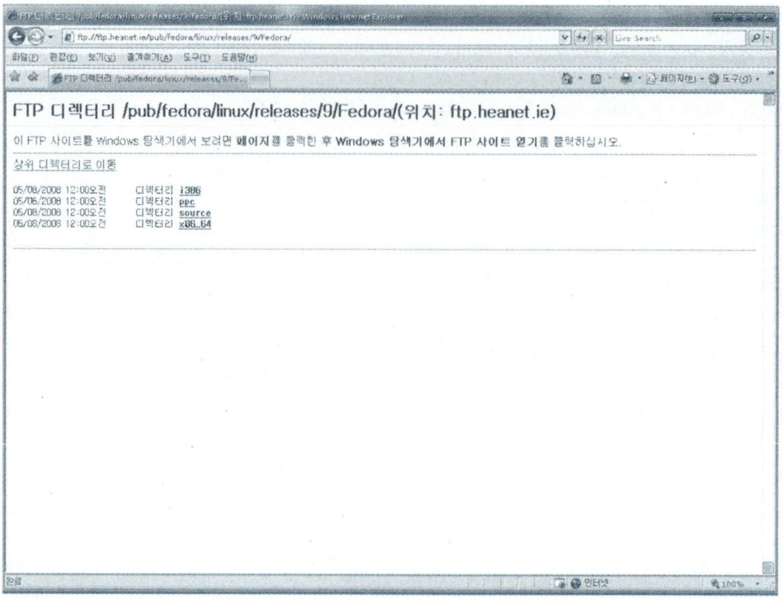

[그림 9]

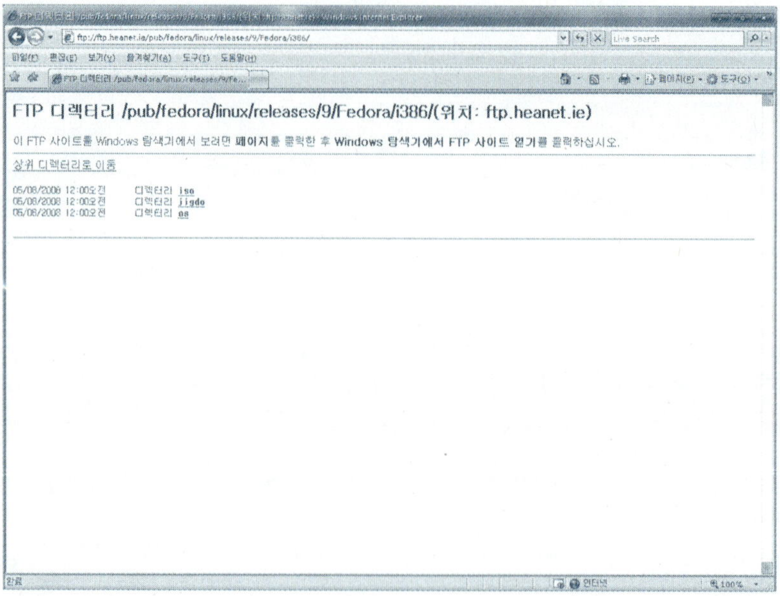

[그림 10]

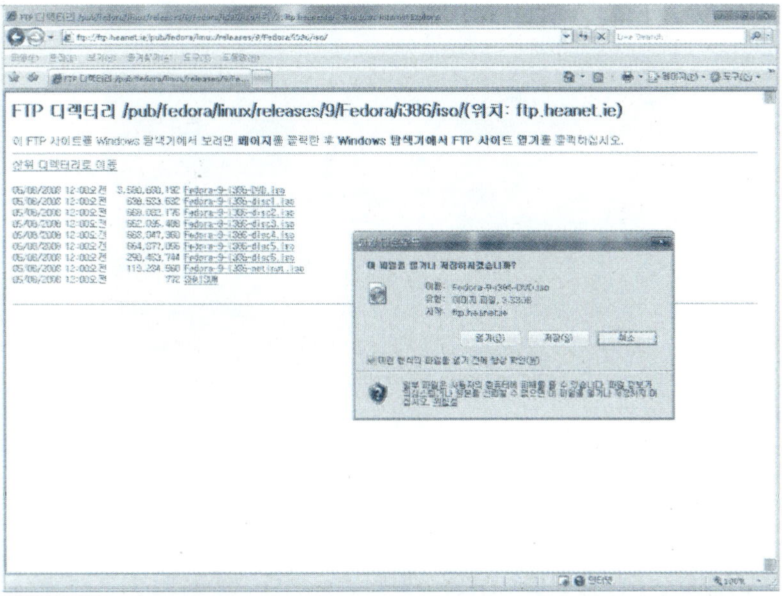

[그림 11]

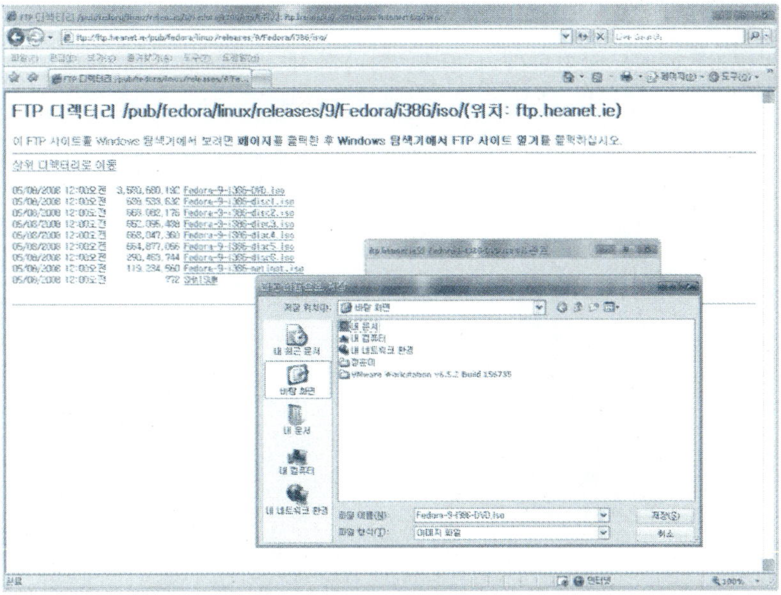

[그림 12]

[그림 13]

02 VMware6.5.2를 이용한 fedora9 설치하기

1) VMware 설치하기

① VMware6.5.2.exe을 클릭한다. 그러면 다음과 같은 창이 뜨게 된다.

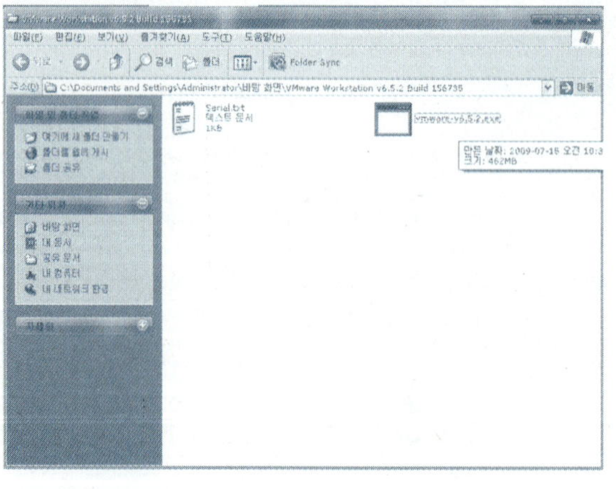

[그림 14] VMware6.5.2.exe을 클릭

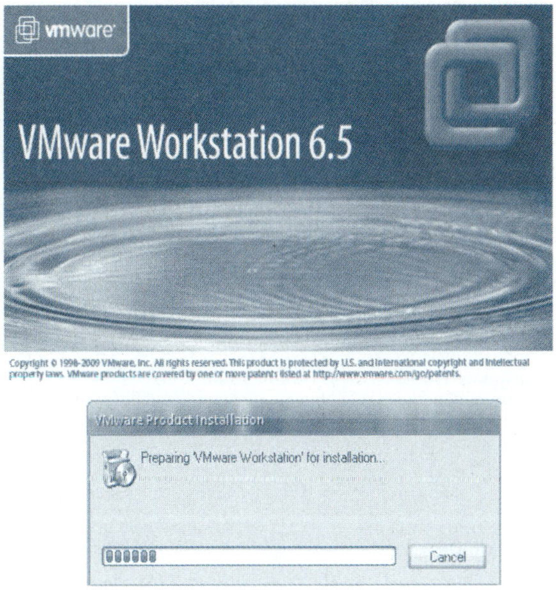

[그림 15]

② 설치화면이 뜨게 되면 Next를 클릭한다.

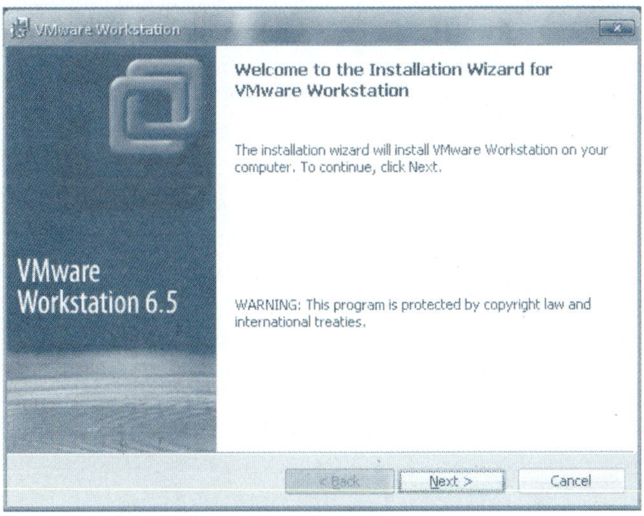

[그림 16] 설치화면이 뜨게 되면 Next를 클릭

③ Setup Type창이 나오게 되는 Setup Type을 Typical로 설정한 후 Next를 클릭한다.

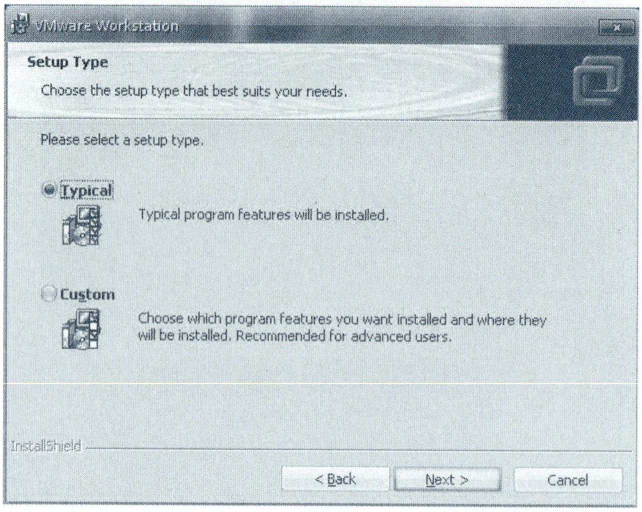

[그림 17] Setup Type을 Typical로 설정한 후 Next를 클릭

④ 경로를 지정하는 창이 나오게 되면 원하는 경로명을 지정한 후 Next를 클릭한다.

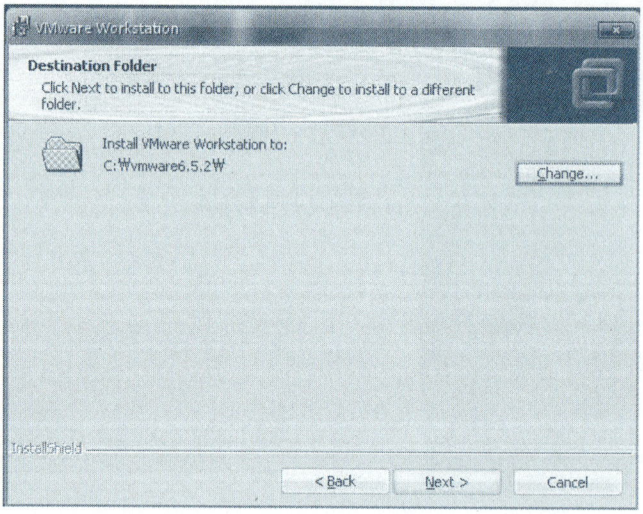

[그림 18] 원하는 경로명을 지정한 후 Next를 클릭

⑤ Creates program shortcuts 창이 뜨게 되면 다 선택한 후 Next를 클릭한다.

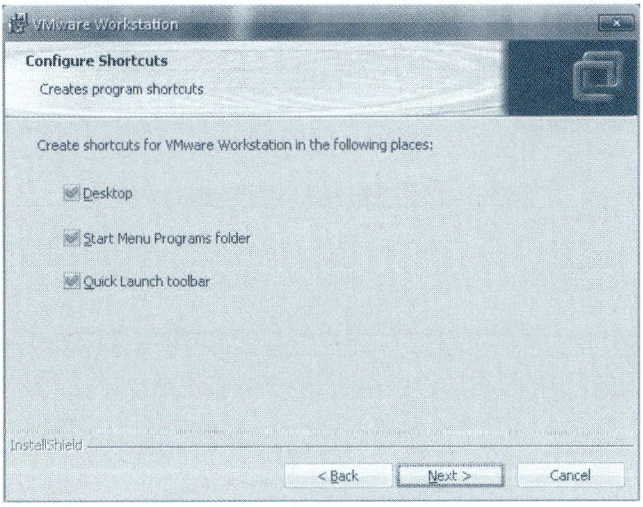

[그림 19] 다 선택한 후 Next를 클릭

⑥ 모든 설정이 끝나고 이제 Install 버튼을 누르게 되면 설치된다.

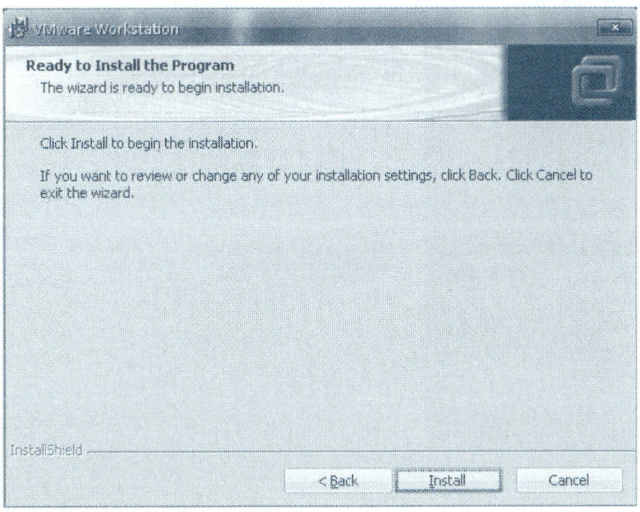

[그림 20] Install 버튼을 누른다.

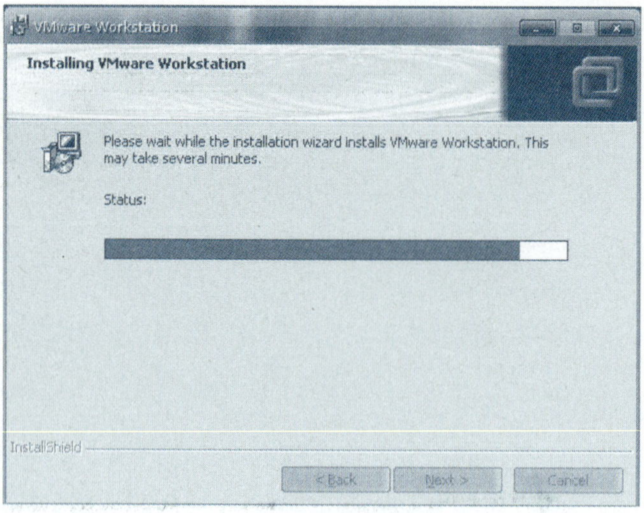

[그림 21] 설치

⑦ 설치가 완료되고 나면 재부팅을 해야 한다는 버튼이 나오게 되는데 나중에 재부팅을 하지 말고 바로 재부팅을 하여야 한다.

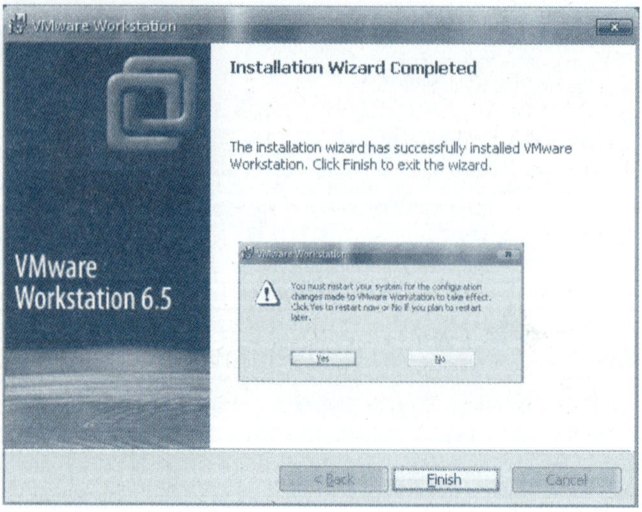

[그림 22] 설치가 완료되고 나면 재부팅을 해야 한다는 버튼

⑧ 재부팅을 하고 바탕 화면을 보게 되면 VMware 버튼이 생겼는데 이것을 클릭하면 VMware 화면이 뜨게 된다.

[그림 23] VMware 버튼이 생성

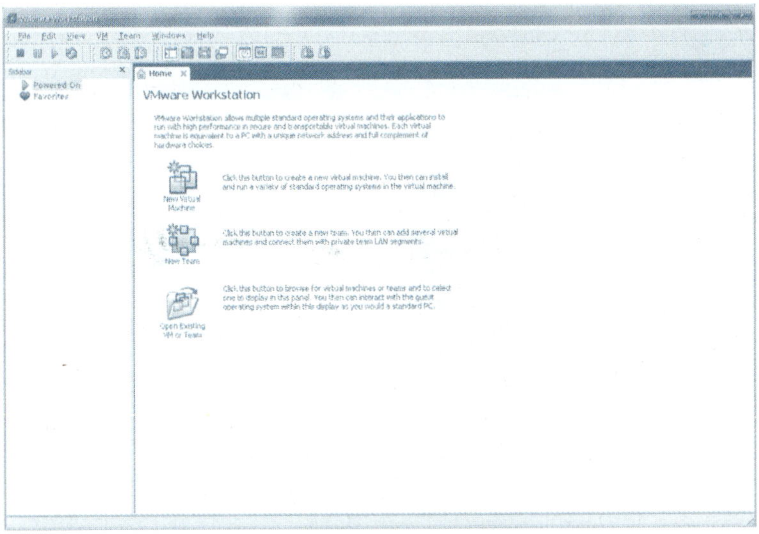

[그림 24] VMware 화면이 뜨게 된다.

이것으로 VMware 설치가 끝나게 된다.

2) fedora9 설치하기

① VMware을 실행시킨 후 file → new → virtual machine를 클릭한다.

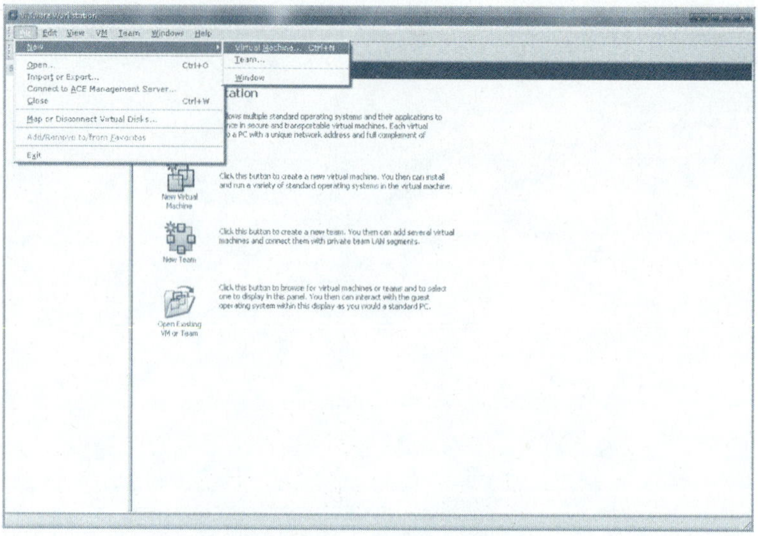

[그림 25] Virtual Machine을 클릭

② New Virtual Machine Wizard 창이 나오게 되면 Typical을 선택 후 Next 버튼을 클릭 한다.

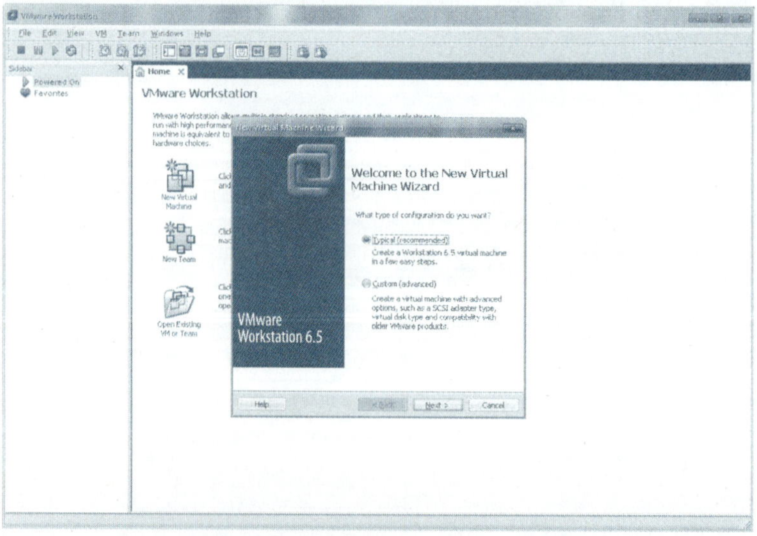

[그림 26] Typical을 선택 후 Next 버튼을 클릭

③ Guest operating system installation에서 Install disc image file(iso)을 선택해야 한다. Browse을 클릭하고 먼저 받은 fedora-9-i386-DVD.iso를 선택한다. 그리고 Next 버튼을 클릭한다.

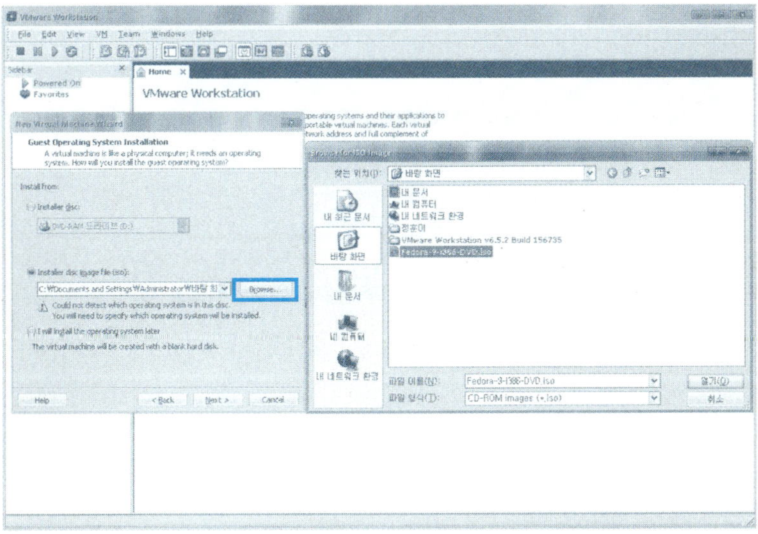

[그림 27] fedora-9-i386-DVD.iso를 선택

④ Guest operation system을 선택하라는 화면이 나오게 되면 Linux를 선택한 후 version은 Other Linux 2.6.x kernel을 선택한다. 그 이유는 fedora9 버전의 kernel 버전은 2.6.x이기 때문이다. 그리고 Next 버튼을 클릭한다.

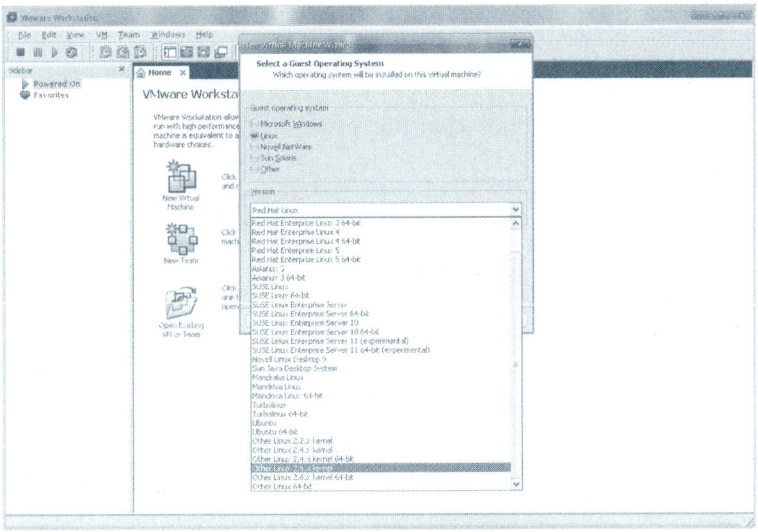

[그림 28] Other Linux 2.6.x kernel을 선택

⑤ virtual machine name과 location을 선택하라는 화면이 나오게 된다. 이것은 중요한 것이 아니기 때문에 virtual machine name은 원하는 것을 하면 되고 location 또한 Browse을 선택하여 자신이 원하는 경로를 지정하면 된다. 그리고 Next 버튼을 클릭한다.

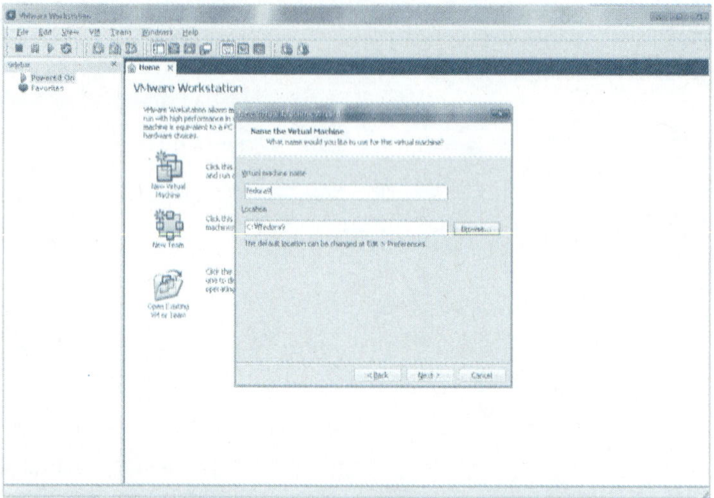

[그림 29] location 또한 Browse을 선택

⑥ specify disk capacity창이 뜨면 이것은 자신이 이 리눅스 시스템에서 얼마만큼의 용량을 사용할 것인가를 설정하는 것이다. 대략 20GB로 설정한다. 그리고 Next 버튼을 클릭한다.

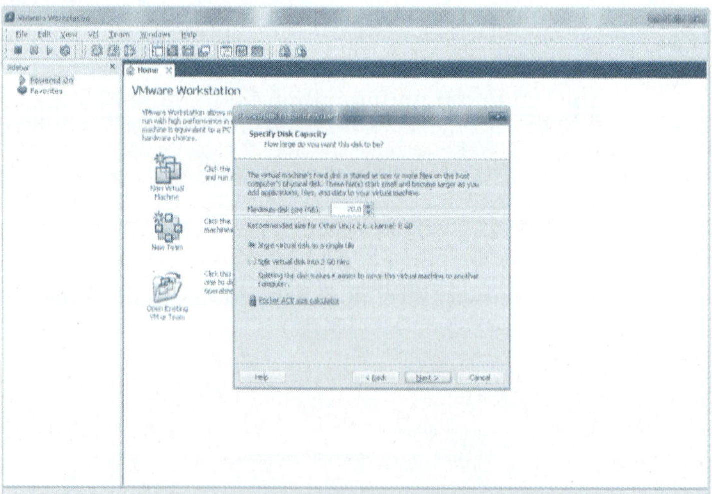

[그림 30] 대략 20GB로 설정

⑦ 이 화면이 나오게 되면 모든 설정이 끝나게 된다. Finish 버튼을 클릭한다.

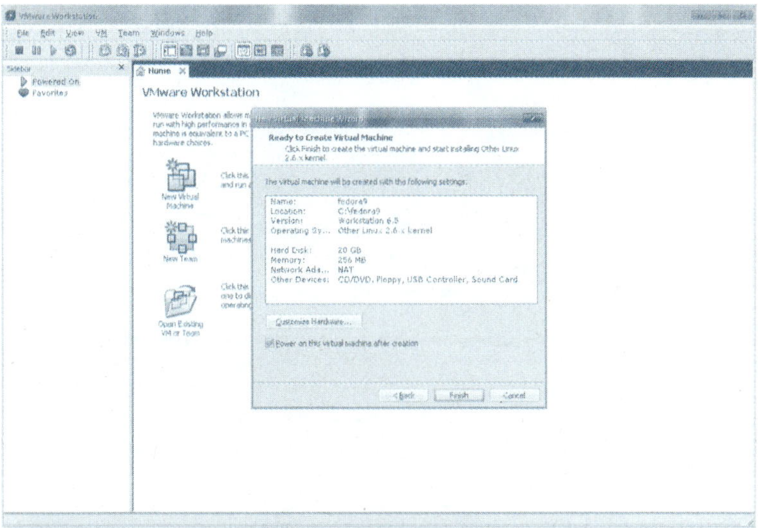

[그림 31] 모든 설정

⑧ Welcome to Fedora 9!가 뜨게 된다. Install or upgrade an existing system을 선택한 후 Enter를 누른다.

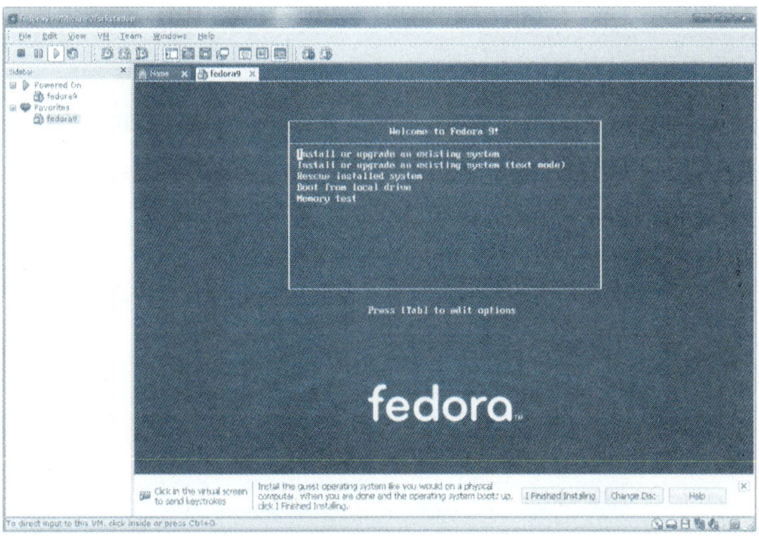

[그림 32] Install or upgrade an existing system을 선택

9 이 화면은 Fedora를 설치하기에 앞서 CD에 이상이 있는지 없는지 확인하는 화면이다. 아무 이상이 없다고 가정 하에 Skip을 선택한 후 Enter를 누른다.

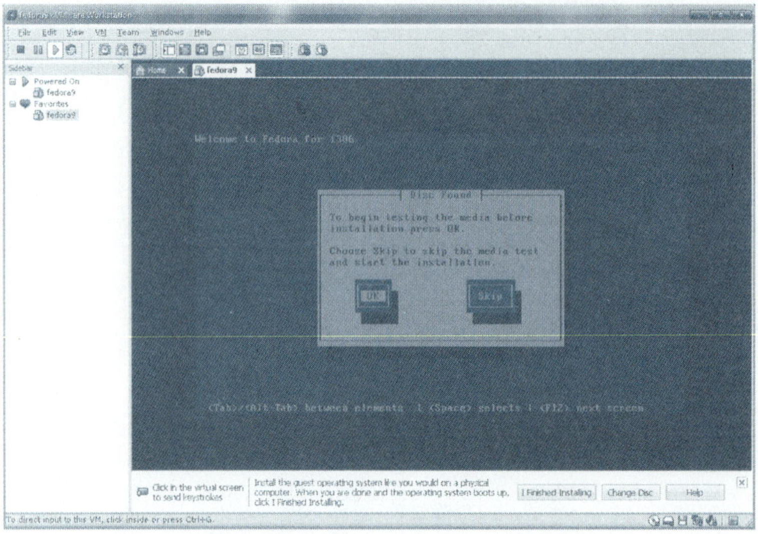

[그림 33] Skip을 선택한 후 Enter

10 이 화면은 fedora9 설치 첫 화면이다. Next를 클릭한다.

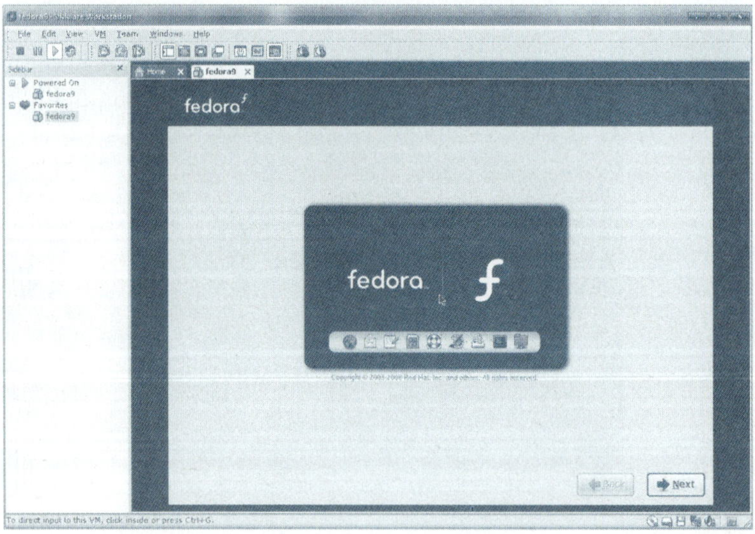

[그림 34] fedora9 설치 첫 화면

⑪ 언어를 선택하는 화면이다. Korean을 선택한 후 Next를 클릭한다.

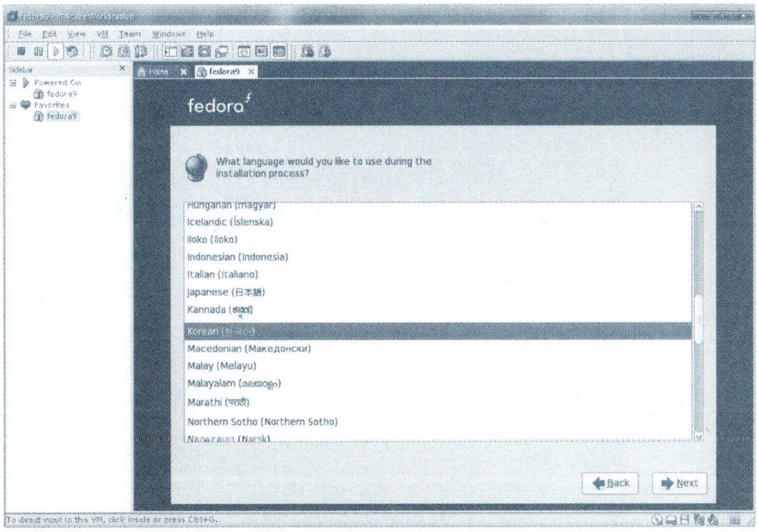

[그림 35] Korean을 선택한 후 Next를 클릭

⑫ 시스템에 사용할 키보드를 선택하라는 화면이다. 한국어를 클릭 후 다음 버튼을 클릭한다. 그러고 나면 경고 메시지를 볼 수 있는데 예를 누르면 된다.

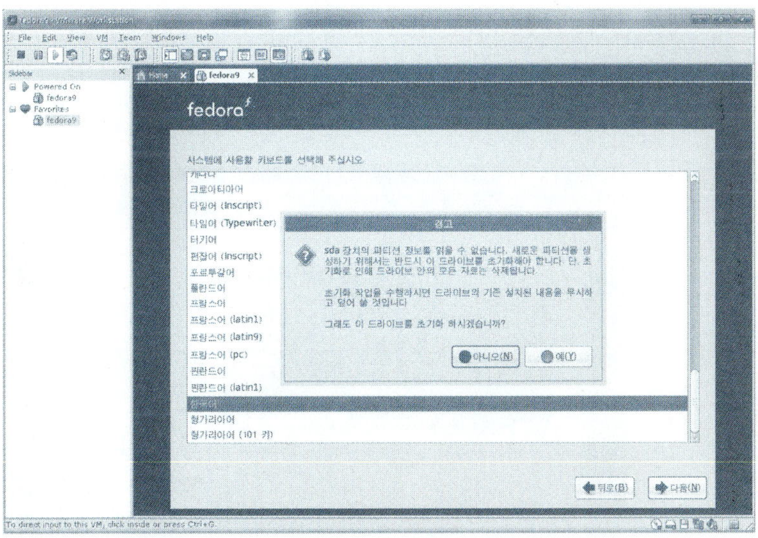

[그림 36] 경고 메시지를 볼 수 있는데 예를 누르면 된다.

⑬ 네트워크 장치를 설정하는 화면이다. 그냥 아무것도 건들이지 말고 다음 버튼을 클릭한다. 그 이유는 굳이 여기서 네트워크를 설정을 안 해도 VMware가 알아서 설정해 주기 때문이다.

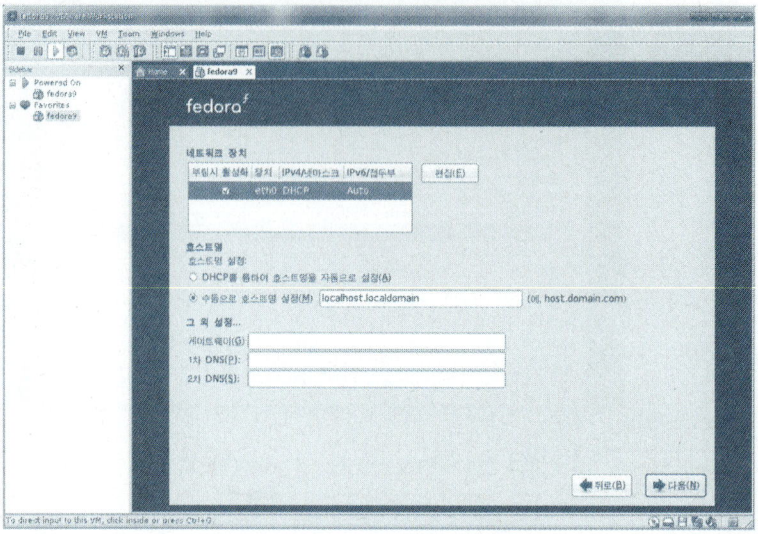

[그림 37] VMware가 알아서 설정

⑭ 자신이 위치하는 도시를 클릭하는 화면이다. 당연히 서울을 선택한 후 다음 버튼을 클릭한다.

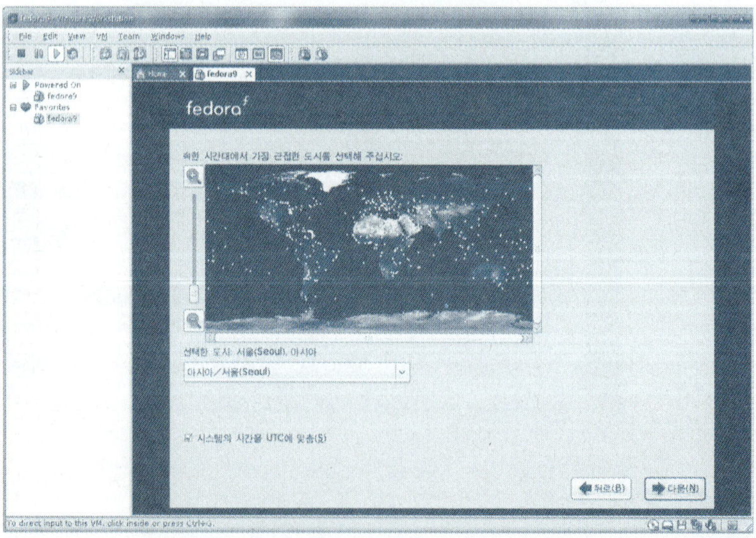

[그림 38] 서울을 선택한 후 다음 버튼을 클릭

⑮ root 계정 비밀번호를 입력하는 화면이다. 자신이 원하는 비밀번호를 입력 후 다음 버튼을 누른다.

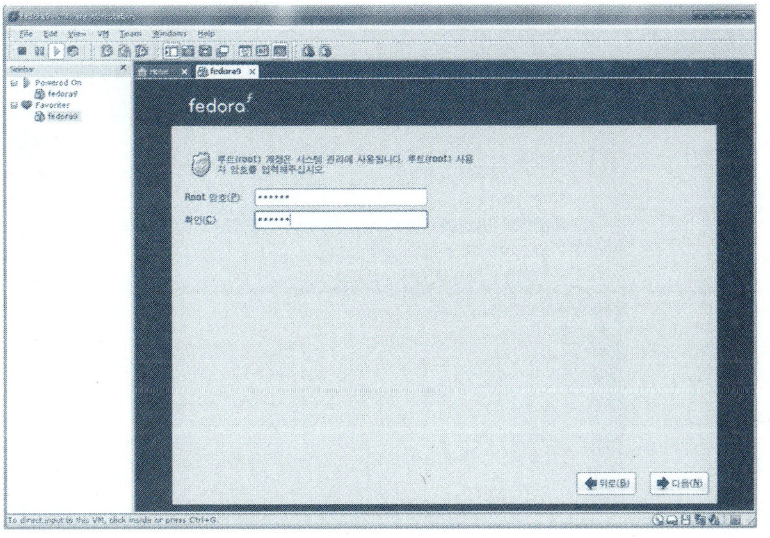

[그림 39] 비밀번호를 입력

⑯ 하드디스크의 파티션을 나누는 화면이다. 굳이 나눌 필요가 없기 때문에 다음 버튼을 클릭한다. 그러고 나면 디스크에 파티션 설정기록을 할 것인지 아니면 뒤로 갈 것인지 나타나는 창이 뜨는데 디스크에 변경사항 기록 버튼을 클릭한다.

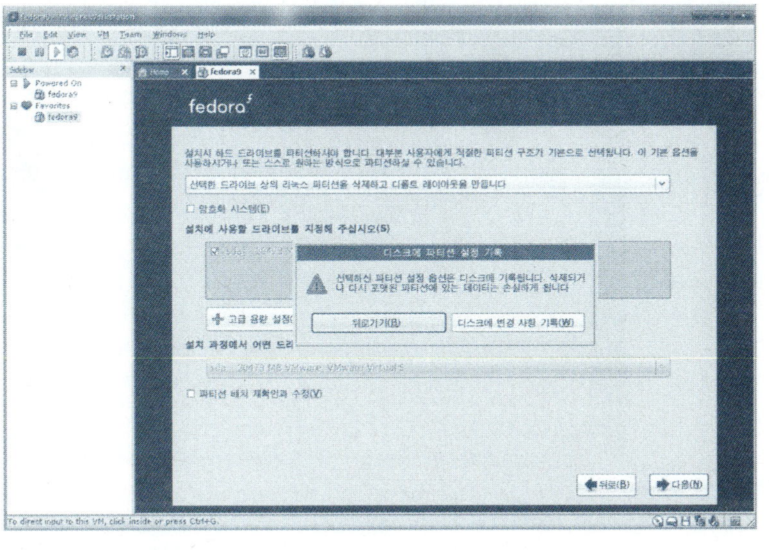

[그림 40] 디스크에 변경사항 기록 버튼을 클릭

⑰ fedora9를 어떤 용도로 쓸 것인지 확인하는 창이다. Additional Fedora Software를 제외한 모든 것을 선택한 후 다음 버튼을 클릭한다.

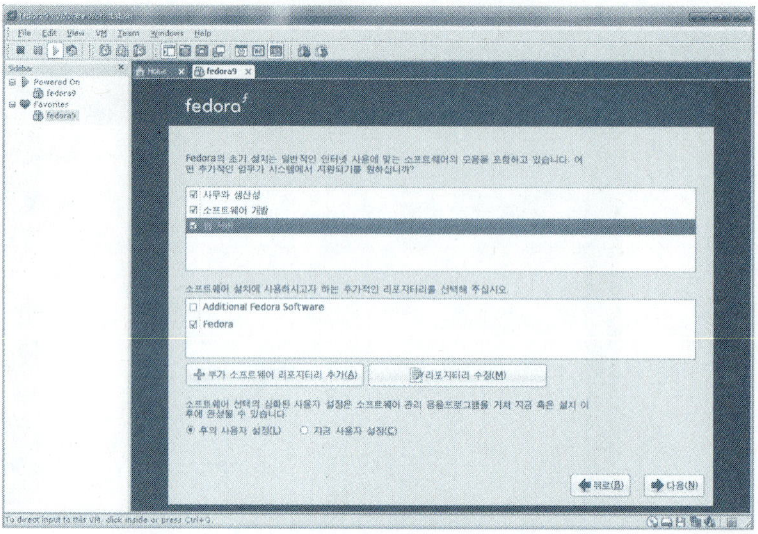

[그림 41] 모든 것을 선택한 후 다음 버튼

⑱ 본격적으로 fedora9를 설치하는 화면이다. 컴퓨터 사항에 따라서 시간이 다소 오래 걸릴 수 있다.

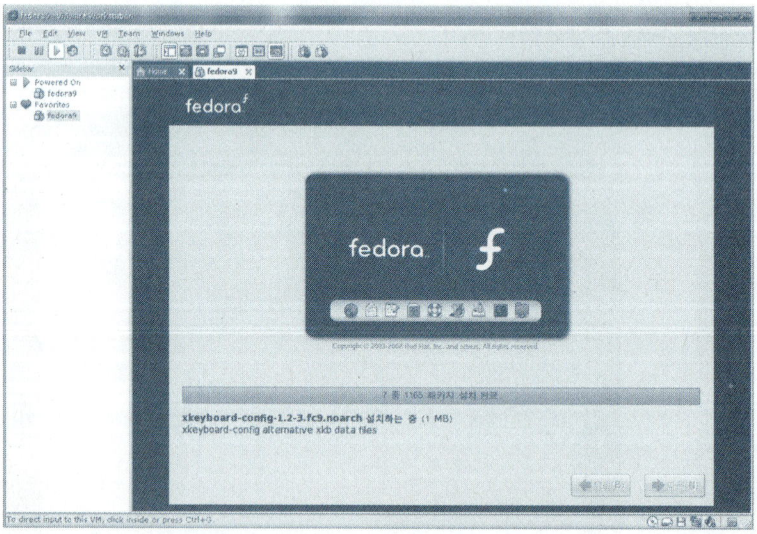

[그림 42] fedora9를 설치하는 화면

⑲ 설치가 완료되었다는 창이다. 재부팅을 클릭한다. VMware에서의 재부팅이지 컴퓨터가 실재로 재부팅되는 것은 아니다.

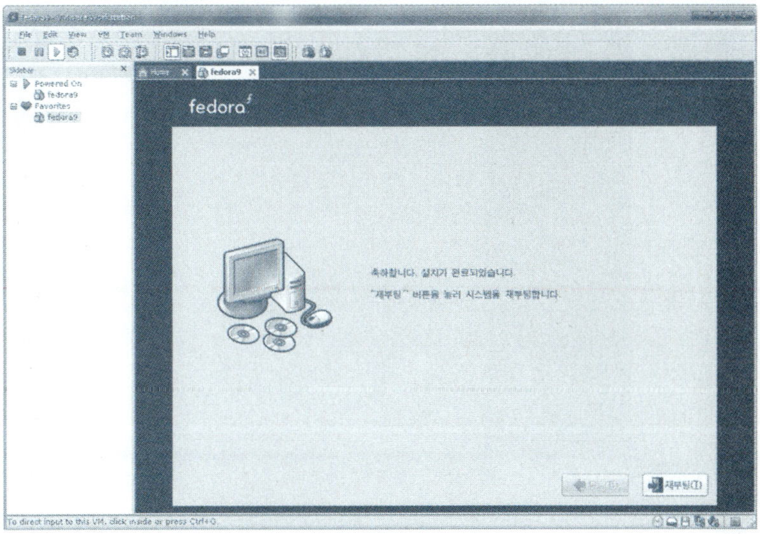

[그림 43] 재부팅을 클릭

⑳ 재부팅이 완료하게 되면 환영합니다. 라는 글과 함께 몇 가지 더 설정을 해주어야 한다. 앞으로를 클릭한다.

[그림 44] 완료하게 되면 환영

㉑ 라이센스 정보창이다. 글을 한번쯤 읽어보고 앞으로를 클릭한다.

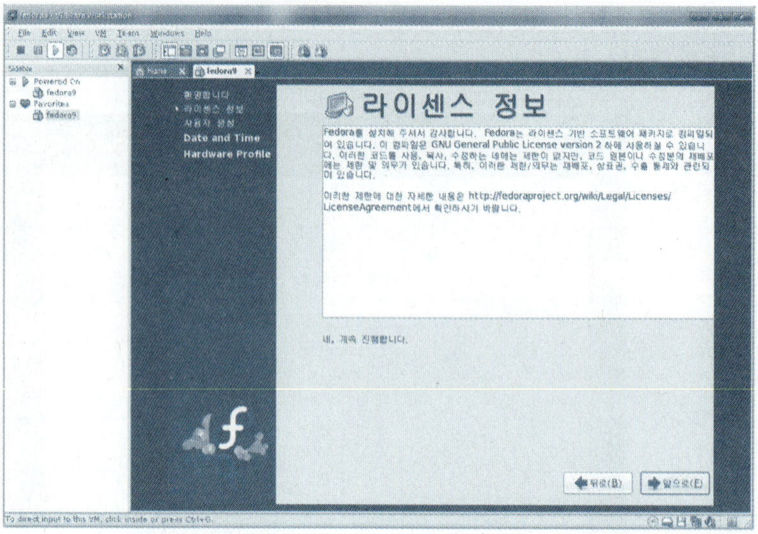

[그림 45] 라이센스 정보창

㉒ 사용자 계정 생성하는 화면이다. 사용자 이름, 성명, 암호를 입력 후 앞으로를 클릭한다. 여기서 사용자 이름을 잘 기억해놓아야 한다. 자신이 쓸 ID이기 때문이다.

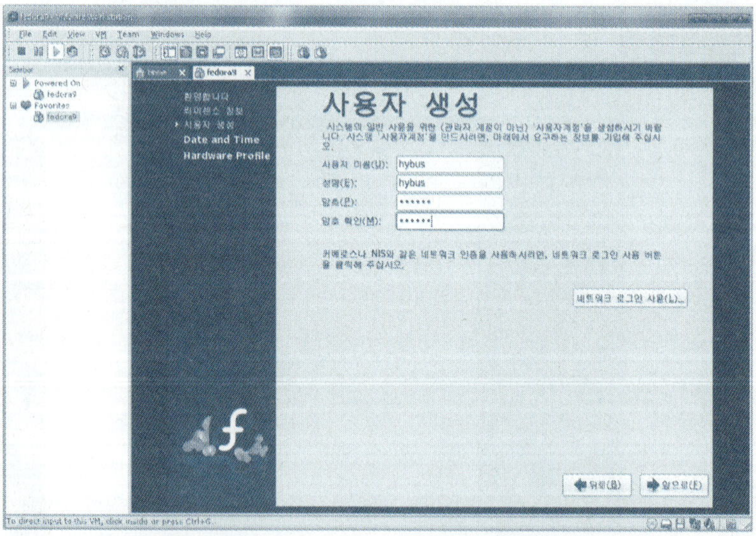

[그림 46] 사용자 계정 생성하는 화면

㉓ 현재 날짜와 시간을 입력하는 화면이다. 날짜와 시간설정 후 앞으로를 클릭한다.

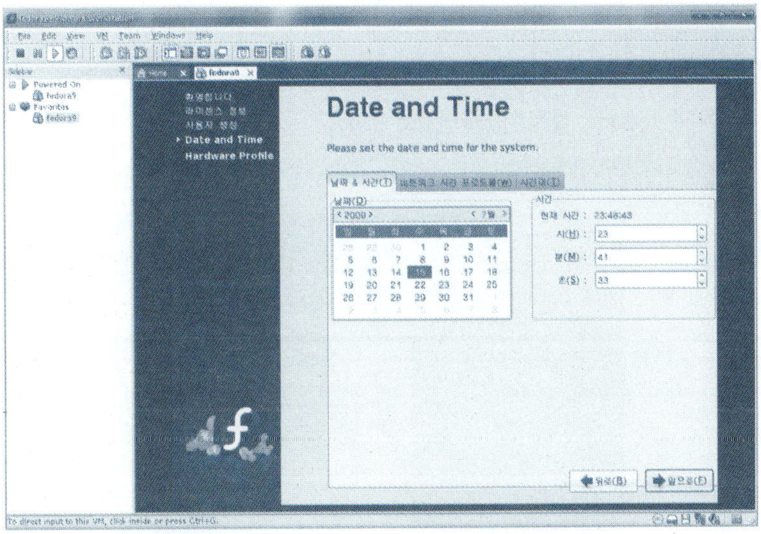

[그림 47] 현재 날짜와 시간을 입력하는 화면

㉔ Hardware profile이다. Do not send profile을 선택 후 완료 버튼을 클릭한다. 그리고 나면 창이 하나 뜨게 되는데 No do not send 버튼을 클릭한다.

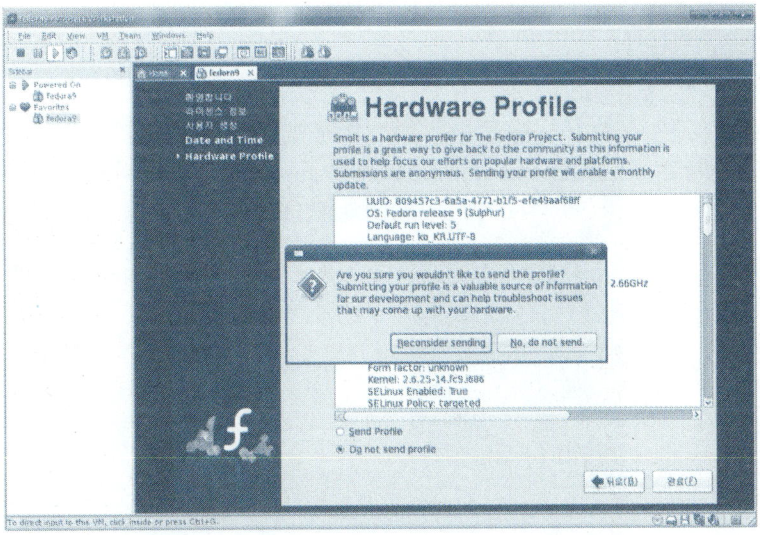

[그림 48] Do not send profile을 선택 후 완료 버튼을 클릭

㉕ Fedora9를 실행했을 시 첫화면이다. 기타 버튼을 클릭후 username에 root를 입력후 Enter를 치게 되면 패스워드를 입력하라고 나온다. fedora 설치시 입력했던 비밀번호를 입력하면 된다. 그러고 나면 경고창이 뜨게 되는데 계속 버튼을 클릭한다. 그러고 나면 이제 fedora 설치가 끝난 것이다.

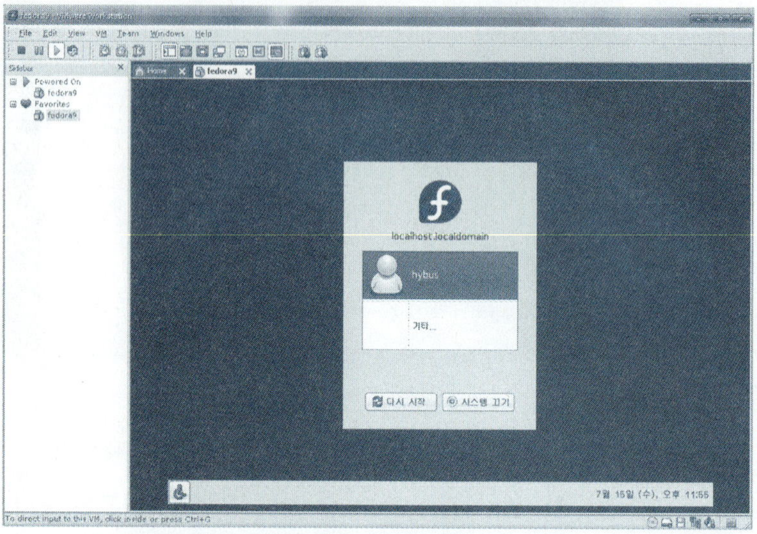

[그림 49] Fedora9를 실행했을 시 첫화면

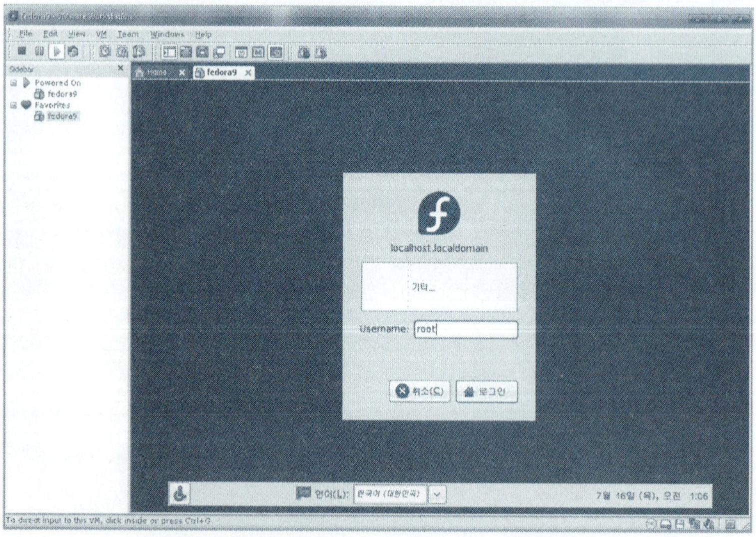

[그림 50] Username에 root를 입력

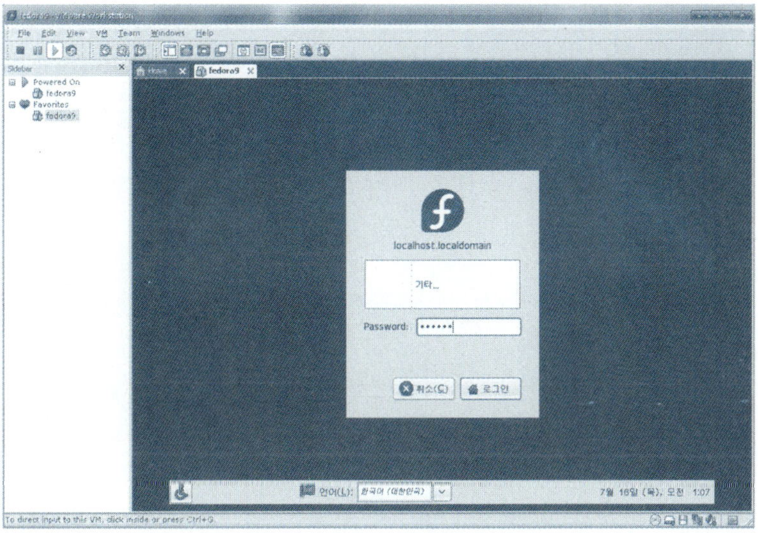

[그림 51] 패스워드를 입력

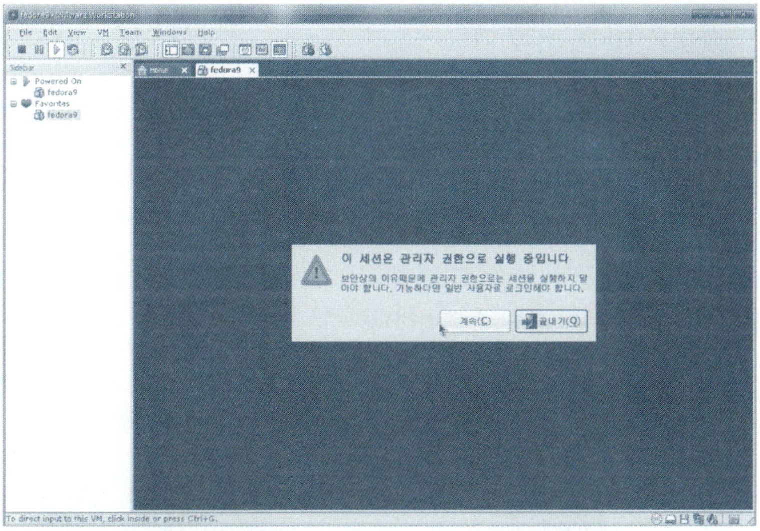

[그림 52] 계속 버튼을 클릭

부록

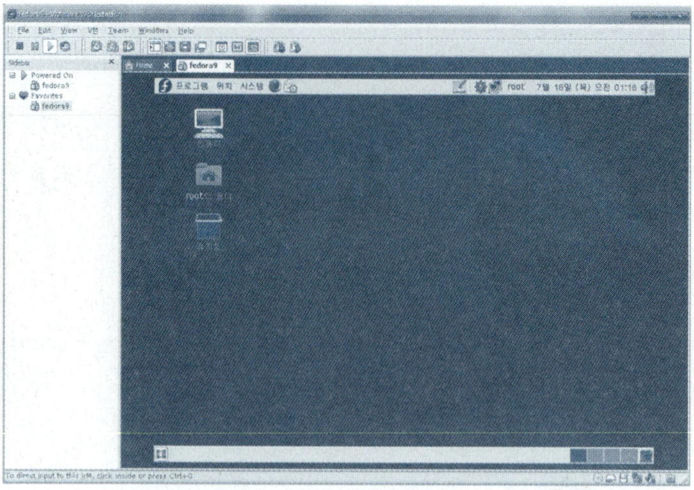

[그림 53] fedora 설치가 끝난 것

03 fedora9 알아보기

1) 화면크기 조절하기

fedora 기본 해상도가 낮아서 많은 것을 한꺼번에 볼 수가 없다. 그래서 해상도를 조절해 보겠다.

1 시스템 → 관리 → 화면 표시를 클릭한다.

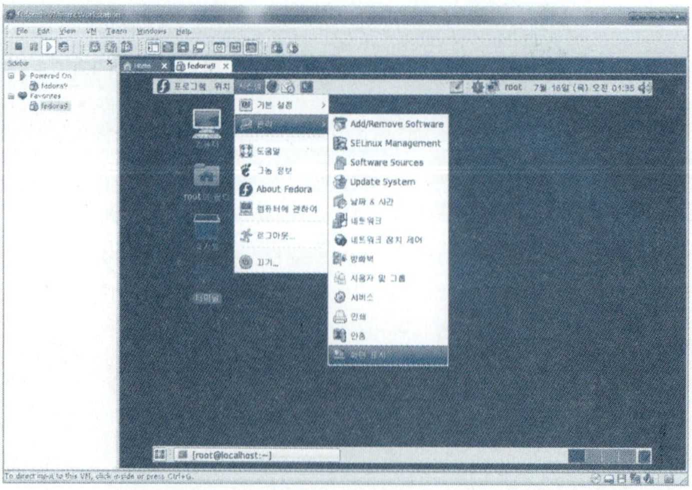

[그림 54] 화면 표시를 클릭

② 탭에서 하드웨어를 선택 설정을 클릭한다.

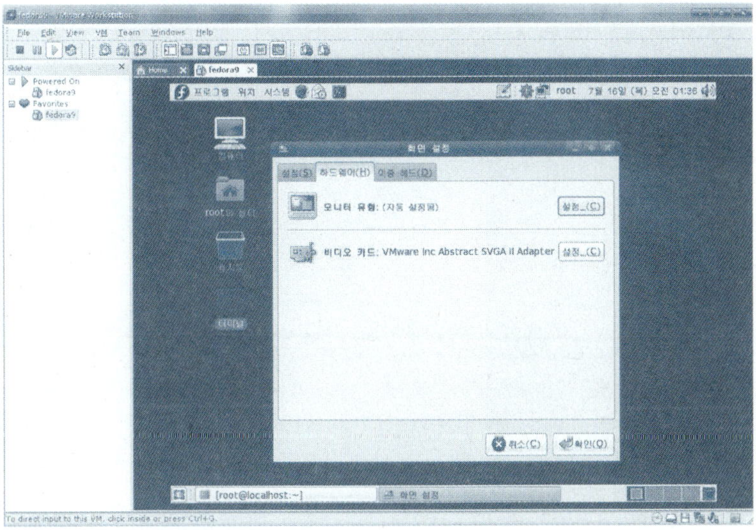

[그림 55] 하드웨어를 선택 설정을 클릭

③ Generic LCD Display를 클릭하게 되면 다양한 해상도가 나온다. 자신이 원하는 해상도를 선택한 후 확인 버튼을 클릭한다.

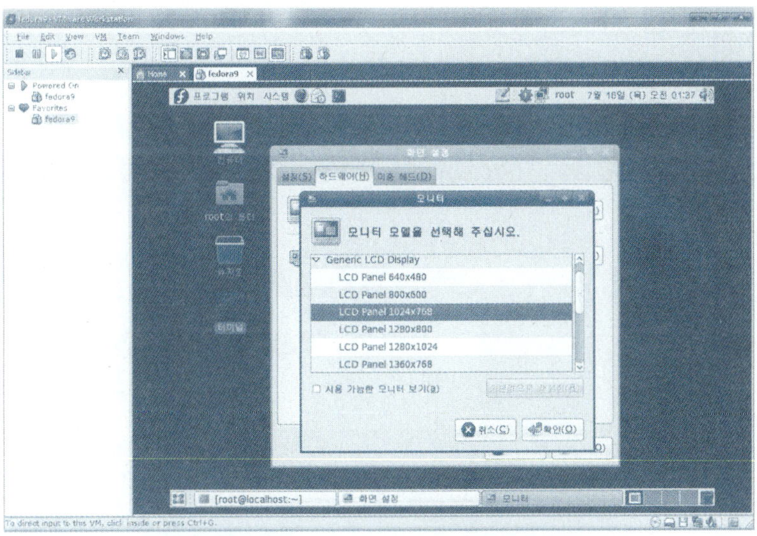

[그림 56] Generic LCD Display를 클릭

④ 설정 탭으로 돌아와서 해상도를 자신이 원하는 해상도를 선택 후 확인 버튼을 누른다.

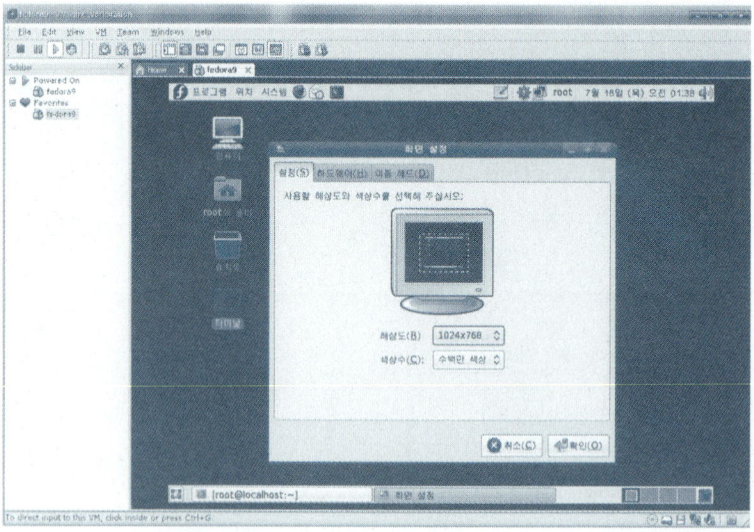

[그림 57] 해상도를 선택 후 확인 버튼

⑤ 화면 표시 설정이 변경되었다는 창이 뜨게 되면 확인 버튼을 클릭한다. fedora는 window와 달리 해상도를 변경하게 되면 로그아웃 또는 재부팅을 해주어야 한다. 우리는 간단히 로그아웃만 하겠다.

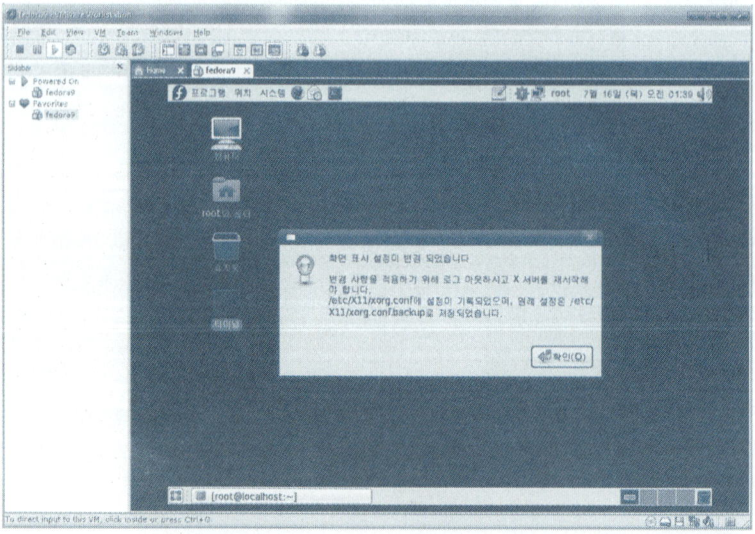

[그림 58] 화면표시 설정이 변경

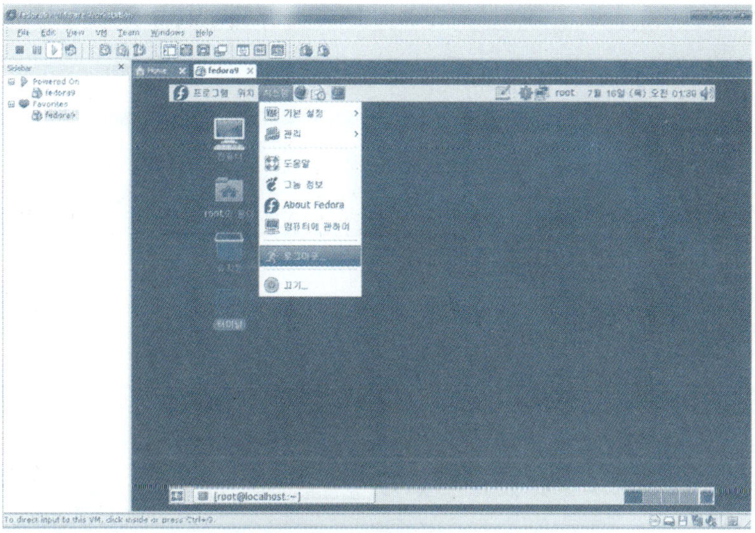

[그림 59] 로그아웃 또는 재부팅

2) 한글입력기 설치하기

fedora를 설치할 때 언어와 키보드 언어를 한글로 선택했음에도 불구하고 fedora9에서 한글을 쓸려고 하면 한글 입력기를 설치해야 한다.

① 프로그램 → 시스템 도구 → 터미널을 실행시킨다.

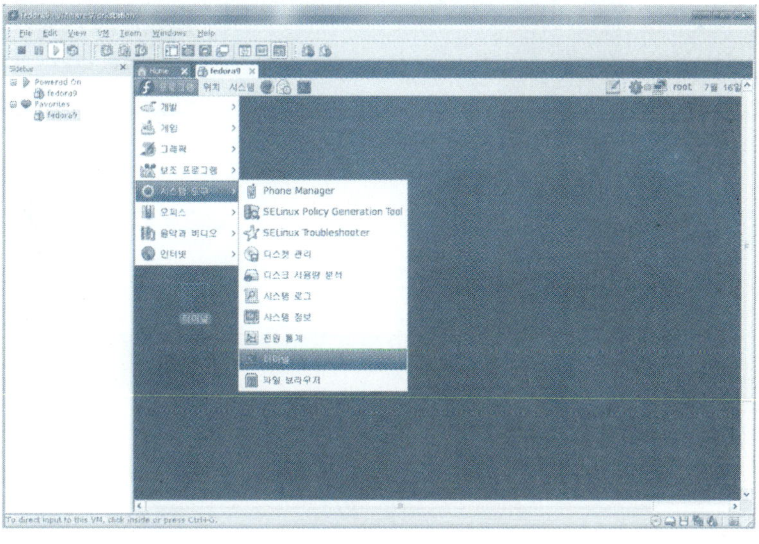

[그림 60] 터미널을 실행

② 다음과 같은 창이 뜨게 되면 yum install scim-lnag-korean을 치고 Enter를 누른다.

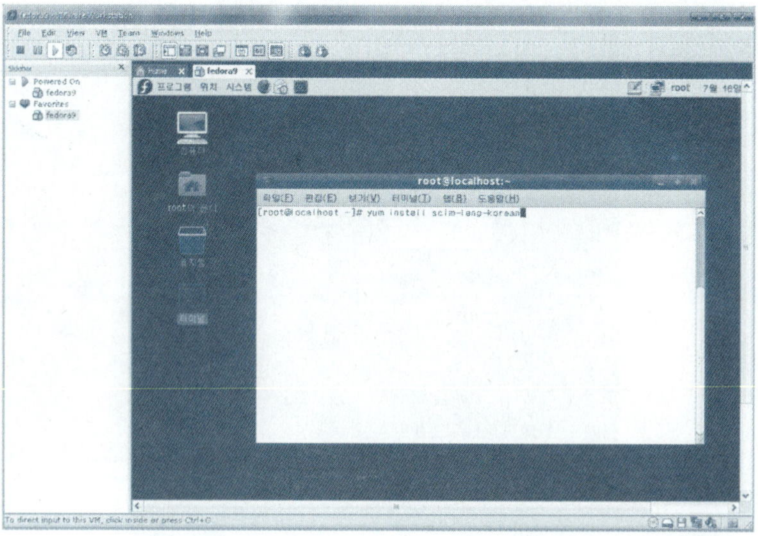

[그림 61] yum install scim-lnag-korean을 치고 Enter

③ 설치를 할 것인지 말 것인지 묻게 된다. y를 누르고 Enter를 친다.

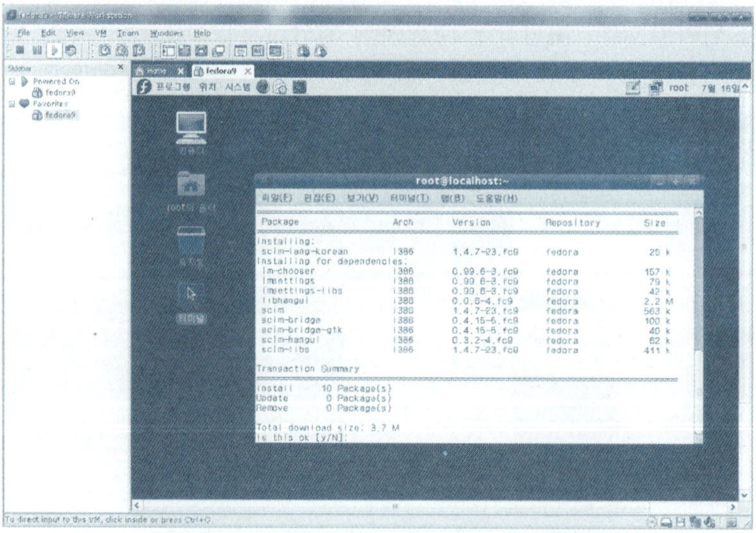

[그림 62] y를 누르고 Enter

④ 설치가 끝나게 되면 위에서와 마찬가지로 로그아웃을 하고 다시 로그인을 한다.

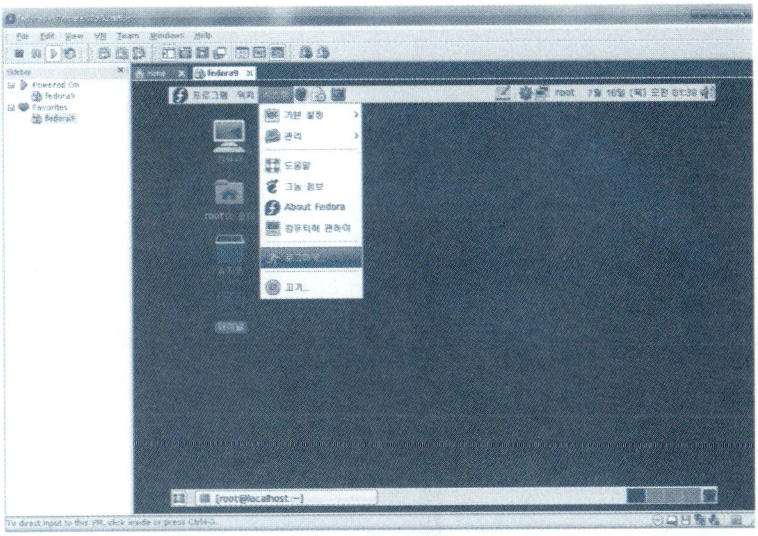

[그림 63] 로그아웃을 하고 다시 로그인

3) fedora 명령어

① ls : 디렉토리 내용을 볼 수 있다.

② cat : 화면상에서 파일을 볼 수 있다.

③ rpm : 프로그램 추가/삭제를 할 수 있다.

④ grep : 특정 문자(열) 검색할 수 있다.

⑤ vi : vi 에디터 명령으로 소스편집이 가능하다.

⑥ rm : 파일을 지울 수 있다.

⑦ cp : 파일을 복사할 수 있다.

⑧ mv : 파일을 옮길 수 있다.

⑨ find : 파일을 찾을 수 있다.

⑩ mkdir : 디렉토리를 풀 수 있다.

⑪ tar : 파일을 묶기/풀기를 할 수 있다.

⑫ chmod : 파일 권한을 바꿀 수 있다.

⑬ cd : 디렉토리를 변경할 수 있다.

참고문헌

[1] 남상엽 · 최병호 · 박용후, "유비쿼터스 홈네트워크 구성 및 응용", 상학당 2006. 5. 25.

[2] 남상엽 · 송병훈, "무선 센서 네트워크 활용", 상학당, 2006. 2. 25.

[3] 남상엽 · 정완균 · 최영진, "지능형 로봇 구조 및 응용," 상학당, 2006. 10. 15.

[4] 남상엽 · 김영일 · 하판봉, "임베디드 소프트웨어 쉽게 배우기," 상학당, 2007. 3. 15.

[5] 남상엽 · 윤종호 · 정영준 · 하기종 · 손정만, "임베디드 솔루션," 상학당, 2007. 3. 5.

[6] 나종화 · 강순주 · 윤용익 · 박윤용 · 은성배 · 김홍남, "임베디드 시스템 프로그래밍," 사이텍미디어, 2005. 3. 2.

[7] 안효복, "ARM으로 배우는 임베디드 시스템," 한빛 미디어, 2006. 12. 16.

[8] 남상엽 · 노성동 · 노태상 · 우종정, "임베디드 시스템 구조 및 응용," 상학당, 2007. 5. 1.

[9] 남상엽 · 박춘명 · 이강현 "임베디드 시스템 개론," 상학당, 2007. 8. 30.

[10] 남상엽 · 조상영 · 이무영, "임베디드 시스템 설계와 응용", 상학당, 2004. 7. 1.

[11] 김용민 · 남상엽 · 박신성, "임베디드 리눅스 프로그래밍", 상학당, 2005. 10. 20.

[12] 남상엽 · 홍원기 · 이용규, "Windows CE 5.0 설계 및 응용", 상학당, 2007. 5. 10.

[13] 남상엽, "유비쿼터스 센서 네트워크 응용," 상학당, 2007. 2. 1.

[14] 남상엽, 하이버스(주), "컨버전스 RFID/USN임베디드 시스템",상학당, 2009. 2. 25.

[15] 남상엽, 하이버스(주), "PXA320을 이용한 Windows CE 개발 및 응용", 2009. 1. 10.

저자 약력

■ 남 상 엽

- 공학박사
- 삼성종합기술원 정보시스템연구소 근무
- 모토로라 반도체통신(주) 기술연구소 근무
- (현) 국제대학 IT계열 교수

■ 최 명 복

- (현) 강릉원주대학교 컴퓨터공학부 교수
- (현) 한국정보과학회 전문대학 논문지 편집위원
- (현) 한국정보과학회 전산교육연구회 운영위원
- (현) 한국인터넷방송통신학회 이사 및 강원지부장

■ 하이버스(주) 기술연구소

임베디드 리눅스 시스템 응용

2010년 6월 15일 1판 1쇄 발행

저 자 남 상 엽 · 최 명 복
하이버스(주) 기술연구소
발행인 남 승 우

발행처 도서출판 상尙 학學 당堂

서울시 동작구 조홍1길 4(사당3동 220-43)
TEL : 02) 595-1692~4
FAX : 02) 595-1394
E-mail : namdoo6@unitel.co.kr
신고 : 2-155호 (1968. 11. 29)

(CD 포함) **정가 22,000원**

ISBN 978-89-93383-80-5 93560